Schnelle
Schachsiege

Schach-Bibliothek

Sergiu Samarian

Schnelle Schachsiege

Das meisterliche Gambitspiel

Vom selben Autor ist bereits erschienen:
»Das systematische Schachtraining«
Offizielles Lehrbuch des Deutschen Schachbundes (Nr. 857)

Weitere Titel aus der umfangreichen Schachbibliothek der FALKEN Bücherei
erfragen Sie bitte bei Ihrem Buchhändler.

Für Computerbegeisterte bieten wir auch die FALKEN Software an:
»Das komplette Schachprogramm«   (für C 64/C 128 Nr. 7006)
»Zug um Zug – Schach für jedermann 1« (für C 64/C 128 Nr. 7015, für Atari Nr. 7005)

CIP-Titelaufnahme der Deutschen Bibliothek

Samarian, Sergiu:
Schnelle Schachsiege: das meisterliche Gambitspiel/Sergiu Samarian. –
Niedernhausen/Ts.: FALKEN, 1989
    (FALKEN Bücherei)
    ISBN 3-8068-1038-9

ISBN 3 8068 1038 9

© 1989 by Falken-Verlag GmbH, 6272 Niedernhausen/Ts.
Titelbild: Fotostudio Michael Zorn, Wiesbaden
Diagramme: Sergiu Samarian, Sandhausen
Die Ratschläge in diesem Buch sind vom Autor und vom Verlag sorgfältig erwogen und geprüft,
dennoch kann eine Garantie nicht übernommen werden. Eine Haftung des Autors
bzw. des Verlages und seiner Beauftragten für Personen-, Sach- und Vermögensschäden
ist ausgeschlossen.
Satz: Fliegel GmbH, Hildesheim
Druck: Konkordia Druck GmbH, Bühl/Baden

817 2635 4453 6271

Inhaltsverzeichnis

Einleitung ————————————————————————————— 9
Tarrasch – Tschigorin (WK Petersburg 1893) ————————————— 9
Koltanowski – Prins (Hastings 1937/38) ————————————————— 9

Das Gambit – gestern und heute.
Darstellung der wichtigsten Gambits ——————————————— 11
Das Königsspringergambit ————————————————————— 12
Mac Donnel – la Bourdonnais (WK 1834) ————————————— 12
Charousek – Burn (Köln 1898) ————————————————————— 14
Stoltz – Sämisch (Swinemünde 1932) ——————————————— 15

Fischers System gegen das Königsspringergambit ——————— 17
Spasski – Ornstein (Nizza 1974) ————————————————————— 17

Andere Verteidigungen gegen das Königsspringergambit ———— 19
3. ... d5 ———————————————————————————————————— 19
Stoltz – Rellstab (Swinemünde 1932) ——————————————— 19
3. ... Sf6 ——————————————————————————————————— 20
Bronstein – Petrosjan (Tbilissi 1963) ——————————————— 21
3. ... Le7 ——————————————————————————————————— 22
Spasski – Cholmow (UdSSR 1964) ——————————————————— 22

Seltene Fortsetzungen im Königsspringergambit ——————— 24
3. Lc4 (Läufergambit) ————————————————————————— 24
Jackson – Lawrence (London 1897) ——————————————— 24
Lepeschkin – Baikow (UdSSR 1974) ——————————————— 25
3. Sc3 (Pernauer Gambit) ——————————————————————— 26
Spasski – Furman (Tallin 1959) ————————————————————— 26
3. Df3 (Breyer-Gambit) ————————————————————————— 28
Spielmann – Möller (Göteborg 1920) ——————————————— 28

Unregelmäßige Verteidigungen ————————————————— 29
3. Lc4 Se7?! ————————————————————————————————— 29
Baranow – Bontsch-Osmolowski (Moskau 1952) ——————— 29
3. Sf3 g6?! ——————————————————————————————————— 30
Filipowicz – Gabris (Polen 1960) ————————————————— 30

Das abgelehnte Königsspringergambit —————————————— 31
2. ... Lc5 ——————————————————————————————————— 31
Rubinstein – Hromadka (Mährisch-Ostrau 1923) ——————— 31
2. ... d5 (Falkbeer Gegengambit) ————————————————— 33
Keres – Petrow (Moskau 1940) ————————————————————— 33
Bronstein – Waisman (Sandomierz 1976) ——————————— 35
Ree – Short (Wijk aan Zee 1986) ————————————————— 37

Zusätzliche Königsgambitpartien 38
   Dubois – Rivière (Paris 1855) 38
   Tschigorin – Dawidow (Petersburg 1874) 38
   Spielmann – Leonhardt (Pistyan 1912) 38
   Freyman – Duras (Abazzia 1912) 39
   Spasski – Bronstein (Leningrad 1960) 39
   Spielmann – Grünfeld (Teplitz-Schönau 1922) 40
   Fischer – Minic (Vinkovci 1968) 41
   Murey – Sharif (Lyon 1988) 41
   Stoljar – Serebrijskij (Tallin 1945) 42
   Tolusch – Alatorzew (UdSSR 1948) 42

Andere klassische Gambits 43

Evans-Gambit 43
   Tschigorin – Steinitz (WM 1892) 43

Nordisches Gambit 45
   Nyholm – Reti (Baden bei Wien 1914) 45
   Ivensson – Alderson (FP 1912/13) 46
   Juchtman – Tal (Tbilissi 1959) 47

Schottisches Gambit 48
   Staunton – Jänisch (Brüssel 1853) 49
   Ljubojevic – Portisch (Mailand 1975) 49

Lettisches Gambit 50
   Smyslow – Kamyschow (Moskau 1944) 51
   Stockholm – Riga (FP 1934–36) 52

Albins Gegengambit 53
   Juferow – Kupreitschik (Minsk 1972) 54

Budapester Gambit 56
   Rubinstein – Vidmar (Berlin 1918) 56
   Aljechin – Tartakower (London 1932) 59

Froms-Gambit 60
   Katz – Kudaschew (FP 1975/76) 61
   Nyman – Larsen (FP 1966) 62

Staunton-Gambit 63
   Tartakower – Mieses (Baden-Baden 1925) 63
   Reti – Euwe (Rotterdam 1920) 64
   Waganjan – Kovacevic (WK UdSSR – Jugoslawien 1975) 65
   Fedorowicz – Leow (Philadelphia 1986) 65
   Sokolski – Kofman (Kiew 1948) 66
   Szabó – Pedersen (Marianske Lazne 1951) 67
   Simagin – Kopylow (Leningrad 1951) 68

Benkö-Wolga-Gambit _____ 69
   Portisch – Wasjukow (Manila 1974) _____ 69

Gambitfortsetzungen in verschiedenen Eröffnungen _____ 73

Cochrane-Opfer in der Russischen Partie _____ 73
   Barbara Hund – Sabine Reddehase (Bad Lauterberg 1987) _____ 73

Belgrader Gambit _____ 77
   Szklarczyk – Brauer (FP 1984) _____ 77

Siesta-Variante _____ 79
   Reti – Capablanca (Budapest 1928) _____ 79
   Nyman – Estrin (FP 1975) _____ 80
   Gretschkin – Estrin (FP 1949) _____ 81
   Van der Tak – Nederkoorn (FP 1986) _____ 82

Jänisch-Gambit _____ 84
   NN – Tompa (Ungarn 1962) _____ 84
   Bagirow – Cholmow (Baku 1961) _____ 84
   Krjukow – Estrin (FP UdSSR 1958/59) _____ 85
   Axelsson – Lögdahl (Schweden 1977) _____ 86
   J. Balogh – Lokuciewski (FP 1964) _____ 86
   Glek – Jandemirow (Moskau 1983) _____ 88

Sizilianisches Flügelgambit _____ 89
   Spielmann – Gebhard (München 1925) _____ 89
   Rossetto – Iliesco (Mar del Plata 1944) _____ 89
   Janatschkow – Ljangow (UdSSR 1986) _____ 90
   Pedersen – Taimanow (Kapfenberg 1970) _____ 90
   Keres – Eliskases (Semmering 1937) _____ 91

Morra-Gambit _____ 93
   Matulovic – Segi (Jugoslawien 1953) _____ 93
   Sokolow – Petek (Jugoslawien 1955) _____ 95

Schara-Hennig-Gambit _____ 96
   Pirc – Aljechin (Bled 1931) _____ 96
   Chanow – Gusew (UdSSR 1955) _____ 98
   Cebalo – Marjanovic (Jugoslawien 1985) _____ 98
   Portisch – Velimirovic (Rio de Janeiro 1979) _____ 99

Gambitvariante der Slawischen Verteidigung _____ 101
   Kasparow – Petursson (Malta 1980) _____ 101
   Geller – Unzicker (Stockholm 1952) _____ 102
   Southam – Claesen (Adelaide 1988) _____ 104

Blackmar-Diemer-Gambit ⸺ 105
  E. J. Diemer – Thum (1948) ⸺ 105
  Nilsson – Johansson (FP) ⸺ 106
  Honfi – Füster (Ungarn 1950 ⸺ 106
  Friedrich – Langhein (FP 1983) ⸺ 106
  Crisovan – Chatelain (FP 1955) ⸺ 107
  Diemer – NN (1954) ⸺ 107
  Peters – Peilen (FP) ⸺ 108

Wirkung neuer Züge und Systeme in der Eröffnung ⸺ 109

  Aljechin – Euwe (WM 1937) ⸺ 110
  Keres – Botwinnik (Leningrad 1941) ⸺ 112
  Botwinnik – Spielmann (Moskau 1935) ⸺ 113
  Spasski – Fischer (WM 1972) ⸺ 113
  Smyslow – Euwe (WM 1948) ⸺ 115
  Capablanca – Marshall (New York 1918) ⸺ 116
  Karpow – Kasparow (WM 1985) ⸺ 118
  Karpow – Van der Wiel (Brüssel 1986) ⸺ 120
  Stulik – Samarian (FP 1957–59) ⸺ 121

Spielerindex ⸺ 124

Symbolik ⸺ 127

Einleitung

Wer möchte nicht eine Schachpartie schnell und schön gewinnen? Wer möchte nicht, statt stundenlang nach irgendwelchen geringen Gewinnaussichten im Endspiel zu suchen, lieber durch einen K.-o.-Sieg die Partie kurz und zügig beenden? Der Drang nach dem schnellen Erfolg im Schach (wie auch im Leben) ist bekannt und menschlich. Schon in den frühen Werken von Polerio, Lucena und besonders in Grecos »Trattato del nobilissimo gioco degli Scacchi«[1] (1619) wird den Möglichkeiten, den Sieg so schnell wie möglich zu erringen, eine besondere Beachtung gewidmet. Diese Lehrbücher aus der Kindheit des modernen Schachs wimmeln von Kurzpartien (manche sind erfunden), in denen verschiedene Eröffnungsfehler auf brillante Weise ausgenutzt worden sind.

All diese Eröffnungsfehler und Fallen sind heute gut bekannt, und jeder geübte Spieler vermeidet sie. Trotzdem tauchen sie merkwürdigerweise sogar in Meisterpartien immer wieder auf! Ein Beispiel: Wer kennt nicht das berühmte »Matt von Legal«[2]? Es ist ganz einfach: **1. e4 e5 2. Sf3 d6 3. Lc4 Lg4?! 4. Sc3 h6?** (oder a6?) **5. Se5:! Ld1:??** (5. ... de5: ist verhältnismäßig besser – verliert nur einen Bauern) **6. Lf7:+ Ke7 7. Sd5** Matt. Jeder kennt es, werden Sie sagen, es steht doch in jedem Anfängerbuch! Und dennoch – sehen Sie sich folgende Meisterpartie einmal genauer an:

Tarrasch – Tschigorin (Wettkampf Petersburg 1893)

1. e4 e5 2. Sf3 Sc6 3. Lb5 a6 4. La4 Sf6 5. Sc3 Lb4 6. Sd5 La5 7. 0–0 b5 8. Lb3 d6 9. d3 Lg4 10. c3 Se7??

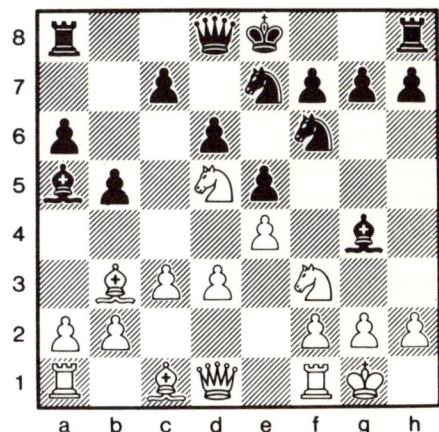

11. Se5:!! »Eine fatale Überraschung für Schwarz«, schreibt Tarrasch. »Schlägt er die Dame, so folgt 12. Sf6:+ gf6: 13. Lf7:+ Kf8 14. Lh6 Matt bzw. 12. ... Kf8 13. Sed7+ Dd7: 14. Sd7:+, und Weiß hat die Übermacht.« Tschigorin nahm die Dame natürlich nicht, aber auch nach 11. ... de5: 12. Sf6:+ gf6: 13. Dg4 Sg6 (13. ... Dd3: 14. Td1) 14. Ld5 Tb8 15. f4 war die Partie nicht zu retten.

Koltanowski – Prins (Hastings 1937/38)

1. d4 Sc6 2. Sf3 d6 3. e3 Lg4 4. Lb5 a6 5. La4 b5 6. Lb3 e5? 7. de5: Se5:? 8. Se5:! Ld1: (anders geht eine Figur verloren) **9. Lf7:+ Ke7 10. Sc6+ Kf7: 11. Sd8:+Td8: 12. Kd1:,** und Weiß gewann einen Bauern und später die Partie.

---

[1] Gioachino Greco (1600–1634), genannt »il Calabrese« (der Kalabrier), war zweifellos der beste Schachspieler seiner Zeit. Sein »Trattato« erlebte viele Auflagen – bis in das 19. Jahrhundert hinein!

[2] De Kermur, Sire de Legal (1710–1792), Lehrer des berühmten Philidor, war lange Zeit der unbestrittene Champion vom »Café de la Régence« in Paris.

Ähnlich, nicht wahr? Wie die Franzosen so treffend sagen, »C'est la même Jeanette, autrement coiffée!« (»Das ist die gleiche Jeanette, nur anders frisiert.«) Das sind natürlich Ausnahmen. Die Eröffnungstheorie hat sich im Laufe der Zeit so weit entwickelt, daß es heute fast nicht mehr möglich ist, mit solchen groben, einfachen Mitteln den Gegner zu überlisten. Um das erwünschte Ziel – ein schneller Sieg – trotzdem erreichen zu können, muß man – bei den heutigen Kenntnissen – bessere, raffinierte Methoden anwenden.

Man wartet nicht mehr, daß der Gegner einen zufälligen Fehler macht oder in eine uralte Falle geht, sondern man versucht, günstige Voraussetzungen für einen möglichen Fehler zu schaffen. Der Gegner wird zu einer Fortsetzung gelockt (oder provoziert), die entweder strategisch oder taktisch zweifelhaft (oder sogar fehlerhaft) ist. Damit wird das dynamische Gleichgewicht gestört, und die Wahrscheinlichkeit eines direkten (oder späteren) Fehlers erhöht sich dadurch erheblich.

Das dynamische Gleichgewicht entsteht aus der Interaktion von drei Komponenten:

- Das Material: die Steine, eigene und gegnerische
- Der Raum: die 64 Felder des Brettes
- Die Zeit: Es handelt sich um die Schachzeit: die Bewegungen der Steine (Material) in einem zweidimensionalen Raum (Maßeinheit: der Zug)

Das dynamische Gleichgewicht der auf dem Brett agierenden Kräfte ändert sich mit jedem gemachten Zug und spiegelt ständig ihre gegenseitige Wirkung wider. Materielle Nachteile können durch Raumvorteile (z.B. Beherrschung von wichtigen Feldern) oder durch Zeitvorteile (schnelle Konzentration der Figuren auf einen bestimmten, wichtigen Teil des Brettes, z.B. gegen den König) kompensiert werden (oder umgekehrt). In der Eröffnungsphase einer Partie ist das dynamische Gleichgewicht besonders labil. Die Steine, Figuren und Bauern, müssen **so schnell wie möglich** ins Spiel gebracht werden und dazu noch die besten verfügbaren Felder (gegenüber dem Zentrum und den gegnerischen Figuren) besetzen. Sehr oft ändern sich die Werte dieser Gleichgewichtskomponenten gerade im Laufe der beiderseitigen Mobilmachung gewaltig. Unter Umständen können Zeit und Raum viel wichtiger sein als das Material. Auf dieser prinzipiellen Feststellung basiert die einfachste, verbreitetste und risikoreichste, aber auch erfolgversprechendste Methode, die Eröffnungen zu behandeln: das sogenannte Gambitspiel.

Die Gambits[3] – so nennt man die Eröffnungen, bei denen von Anfang an Material geopfert wird, um Raum und Zeit zu gewinnen – waren lange Zeit die populärsten Eröffnungen. Trotz der starken Entwicklung der Verteidigungstechnik haben sie bis heute ihre Attraktivität nicht verloren. Große Meister wie Bronstein, Keres oder Spasski haben nicht nur einmal mit Erfolg das Königsgambit gespielt, und die Gambitidee – das Opfer von Material für die Initiative – ist lebendiger denn je im modernen Schach. Selbstverständlich spielt man heute die Gambits etwas anders als vor hundert Jahren. Die Technik des Angriffs und besonders die der Verteidigung ist viel besser geworden, aber die Grundprinzipien des Gambitspiels sind im wesentlichen dieselben geblieben. Wir werden versuchen, dem Leser nicht nur die wichtigsten Gambits in ihrer modernen Fassung zu präsentieren, sondern darüber hinaus ihren Sinn und ihre innere Logik, die auf eine besondere Weise den ewigen Kampf zwischen Geist und Materie auf dem Schachbrett darstellt, erläutern.

Es gibt auch andere, weniger riskante Methoden, einen schnellen Sieg anzustreben. Sie basieren meist auf dem Überraschungseffekt von gut vorbereiteten neuen Systemen oder Zügen. Obwohl das Schachspiel schon so alt ist und die möglichen Eröffnungen im Laufe der Zeit bereits oft gespielt, analysiert und systematisiert wurden – es kommen immer neue Fortsetzungen und Varianten vor. In einem bestimmten Moment bekommt jede Partie ihr eigenes Gesicht.

Große und kleine Meister und auch einfache Amateure versuchen immer wieder, eigene Wege zu finden. Daraus resultiert eine Vielzahl von interessanten Ideen. Diese Versuche, die bekannten, von der Theorie empfohlenen Wege zu verbessern oder zu widerlegen, stellen die sogenannten »Theoretischen Neuerungen« (TN) dar. Der Kampf rund um neue Systeme und Züge und ihre psychologische Wirkung wird das Thema des letzten Teils dieses Buches sein.

---

[3] Das Wort »Gambit« kommt aus dem italienisch-spanischen Sprachraum. »Gamba« heißt Bein, und der Ausdruck »dare il Gambetto« bedeutet »jemandem ein Bein stellen«.

Das Gambit – gestern und heute. Darstellung der wichtigsten Gambits

Die Gambits sind, wie wir schon in der Einleitung gesagt haben, eine besondere Kategorie von Eröffnungen, deren Hauptmerkmal das Opfer von Material ist, um damit die Initiative an sich zu reißen. Der Schachwelt sind sie schon seit langer Zeit bekannt. Wir finden Gambiteröffnungen in den alten Werken von Greco, Polerio, Lucena, Damiano und anderen Autoren des 16. Jahrhunderts. Auch in den Schachbüchern des 18. und 19. Jahrhunderts (wie z. B. in »Analyse du jeu des échecs« von Philidor) finden sich zahlreiche Gambitanalysen und Gambitpartien.

Die Gambits verdankten damals ihre große Popularität nicht zuletzt der mangelhaften Verteidigungstechnik. Üblicherweise akzeptierte der Verteidiger das Gambit und versuchte, das gewonnene Material zu behalten. Diese falsche Strategie vergrößerte unvermeidlich die Überlegenheit des Gegners in bezug auf Raum und Zeit und gab ihm die Möglichkeit, die Partie durch brillante Kombinationen zu seinen Gunsten zu entscheiden. Auf diese Weise entstanden eine ganze Reihe von berühmten klassischen Partien, deren Schlußkombination nur aufgrund der fehlerhaften Verteidigungsführung des Gegners möglich waren. Ungeachtet der mangelhaften Behandlung der Verteidigung bleiben diese Partien Meisterwerke der Kombination, die »jeder Amateur kennen muß« (Steinitz) und »bewundern« (Tarrasch), aber auch »kritisch betrachten soll« (Reti).

Die neuen Ideen von Steinitz über das Positionsspiel führten Ende des 19. Jahrhunderts zu einer wesentlichen Verbesserung der Verteidigungstechnik. Die Folge: das Gambitspiel, so wie es bis dahin praktiziert wurde, begann zu riskant zu werden. Es kam zu einer ziemlich langen Periode, in der das Positionsspiel dominierte. Die saubere, fast perfekte Verteidigungstechnik eines Capablanca schien den Gambitspielern keine Chancen zu lassen. Rudolf Spielmann, einer der letzten »Ritter« des romantischen Schachs, schrieb deshalb verbittert einen Artikel mit dem traurigen Titel: »Vom Krankenlager des Königsgambits.« Es war das Ende einer Epoche mit seinem bezaubernden, aber nicht immer korrekten Kombinationsspiel. Die Gambits (und besonders der Gambitgedanke) starben aber nicht. Sie erlebten nur eine notwendige Erneuerung, indem sie an die neue Verteidigungstechnik angepaßt und mit neuen Ideen bereichert wurden. Es wurde nicht mehr versucht, immer zu einem raschen Königsangriff zu kommen, sondern die erreichte Initiative wurde benutzt, um andere, geringere positionelle Vorteile zu erreichen. Das Gambitspiel verlor an Brillanz, gewann indessen an Feinheit. Noch wichtiger ist, daß Gambitideen in den verschiedensten Eröffnungen auftauchten, was in Verbindung mit der neuen Konzeption des dynamischen, instabilen Gleichgewichts neue Möglichkeiten öffnete, für die Initiative zu kämpfen. Bauernopfer zugunsten der Initiative sind heute in vielen Eröffnungen zu finden und bedeuten neue, moderne Formen des Gambitspiels.

Im Gambitstil zu spielen ist eine Sache von (Schach-)Persönlichkeit. Keres, Bronstein, Spasski und Tal haben sehr oft Gambits oder gambitartige Varianten gespielt; Capablanca, Smyslow, Botwinnik oder Karpow hingegen sehr selten. Unabhängig vom Spielstil wird aber auch der strenge Positionsspieler manchmal das taktische Gemetzel akzeptieren müssen, wenn sein Gegner beispielsweise ein Gambit spielt, auch wenn es ihm letztlich gelingt, die schärfsten Folgen zu vermeiden. Für die jungen Spieler ist das Gambit zweifellos eine sehr gute taktische Schule. Man lernt, scharf zu kombinieren und sich auch unter unüblichen Änderungen des dynamischen Gleichgewichts zurechtzufinden. Die Entwicklung der meisten Schachspieler ist der geschichtlichen Entwicklung der Schachkunst ähnlich: Am Anfang spielt man taktisch wie zu Zeiten Grecos. Später lernt man die Grundsätze des positionellen Spiels, um zu einem harmonischen, strategischen und taktischen Spiel zu kommen.

Das Königsspringer-gambit

Am Anfang einer Darstellung des Gambitspiels steht natürlich das Königsgambit. Seine ersten Züge **(1. e4 e5 2. f4 ef4:)** werden schon im Manuskript von Göttingen (1492) erwähnt. Im Laufe der nächsten vier Jahrhunderte wurden seine unzähligen Varianten und Möglichkeiten ausführlich analysiert und von allen großen Meistern gespielt.

Das Ausmaß seiner Popularität erreichte den Höhepunkt Mitte des 19. Jahrhunderts: In den verschiedenen Auflagen des berühmten »Handbuch des Schachspiels«[4] nimmt das Königsgambit mehr als die Hälfte der Seiten ein.

Die Grundideen des Königsgambits sind einfach. Weiß bietet dem Gegner durch 2. f4 die Möglichkeit, einen Bauern zu gewinnen und ihn eventuell zu behalten. Was bekommt er als Gegenleistung? Erstens einen kleinen Zeitgewinn, weil Schwarz durch 2. ... ef4: einen Entwicklungszug »verliert«. Zweitens einen Raumvorteil, weil d2–d4 nicht mehr verhindert werden kann, und damit das ideale Zentrum e4–d4 gebaut wird. Dazu kommt noch die Möglichkeit, die f-Linie zu öffnen (manchmal unter weiteren Opfern) und damit den schwachen Punkt der schwarzen Stellung (Bf7) anzugreifen.

Der Kampf nach der Annahme des Gambits hat einen ausgeprägt taktischen Charakter und kann zu sehr interessanten Verwicklungen führen. »Keine andere Eröffnung«, schreibt dazu Großmeister Bronstein[5], »bietet größere Möglichkeiten, schöpferisch zu spielen. In keiner anderen Eröffnung entstehen schon nach den ersten Zügen so schwierige und komplizierte Aufgaben, keine anderen Eröffnungszüge erlauben den Gegnern, sich ohne jede Vorbereitungen unverzüglich in den offenen Kampf zu werfen und eine spannende Generalschlacht auf dem ganzen Brett zu eröffnen.«

Wir glauben, daß der beste Weg, eine möglichst umfassende Vorstellung über den komplizierten Inhalt des Königsgambits zu bekommen – so wie ihn Bronstein sieht, aber auch von einem kritischen Standpunkt aus betrachtet –, in der Analyse einer Sammlung von typischen Partien liegt. Nur so kann ein vollständiges Bild über die historische Entwicklung der Ideen dieser Eröffnung entstehen, und nur so kann die heutige, moderne Behandlung des Königsgambits verständlich gemacht werden.

Zunächst einige Beispiele aus dem vorigen Jahrhundert:

MacDonnel – La Bourdonnais (Wettkampf London 1834)[6]

1. e4 e5 2. f4 ef4: 3. Sf3 g5
Damals verteidigte man fast immer den Bauern. Die Varianten, die dadurch entstehen, sind kompliziert und bei weitem nicht so schlecht für Schwarz, wie man auf den ersten Blick denken könnte.

4. Lc4
Die Hauptalternative ist 4. h4 g4 5. Se5, das sogenannte Kieseritzky-Gambit (siehe unten die Partie Spasski – Fischer).

4. ... g4 5. Sc3!?
Dieser Zug ist eine Erfindung MacDonnels. Er war fest davon überzeugt, daß er Weiß bessere Chancen bietet als 5. 0–0!?, wie im berühmten Muzio-Gambit (über dessen verzwickte Variante man ein Buch schreiben könnte). In beiden Fällen opfert Weiß den Sf3, um einen gefährlichen, aber nicht ganz korrekten Angriff zu bekommen.

5. ... gf3: 6. Df3:
In einer anderen Wettkampfpartie spielte MacDonnel 6. 0–0!? (also eine Mischung zwischen seinem eigenen und dem Muzio-Gambit) und nutzte die fehlerhafte Verteidigung seines Gegners, um einen K.-o.-Sieg zu erreichen: 6. ... c6?!

---

[4] Das »Handbuch des Schachspiels«, bekannt auch unter dem Namen »Bilguer« (nach seinem Autor, Paul Rudolf von Bilguer, 1815–1840), war der erste gelungene Versuch einer Enzyklopädie der Schacheröffnungen.

[5] D. Bronstein, »200 offene Partien«, Moskau 1970, Seite 14.

[6] Louis Charles Mahé de la Bourdonnais (1797–1840) war ein ungemein talentierter Schachspieler. Seine 6 Wettkämpfe mit dem sehr begabten MacDonnel (insgesamt 86 Partien, von denen er 46 gewann, 27 verlor, bei 13 Remisen) enthalten eine Reihe bemerkenswerter Partien, die für den romantischen, bravourösen Schachstil der Epoche charakteristisch sind.

(besser 6. ... d6 nebst Le6) 7. Df3: Df6? (besser Lh6) 8. e5! (der Sturm beginnt) 8. ... De5: 9. Lf7:+! (noch eine Figur wird geopfert, um den schwarzen König ins Freie zu bringen) 9. ... Kf7: 10. d4! Dd4:+ 11. Le3 (Es ist bemerkenswert und für das Gambitspiel typisch, daß Weiß eine große Anzahl Material geopfert hat, um Zeit zu gewinnen. Jetzt sind alle seine Figuren entwickelt, während Schwarz nur die Dame im Spiel hat. Die Katastrophe ist unvermeidlich.) 11. ... Dg7 12. Lf4: Sf6 (12. ... Ke8 nutzt nicht wegen 13. Tae1+ gefolgt von 14. Le5, also versucht Schwarz die f-Linie zu sperren, was ihn aber in eine tödliche Fesselung bringt.) 13. Se4! (das ist viel stärker als 13. Le5 Le7 14. Se4 Tg8 usw.) 13. ... Le7 14. Lg5 Tg8 (Hier hilft dieser Zug – und auch andere Züge – nicht mehr.) 15. Dh5+ Dg6 16. Sd6+ (Sehr schön. Nun hat Schwarz die Wahl zwischen 16. ... Ld6: 17. Tf6: mit Damengewinn und einem kürzeren Ende. Er wählt das letztere.) 16. ... Ke6: 17. Tae1+ Kd6: 18. Lf4 Matt.

6. ... Lh6?

Das Bestreben, den Gambitbauern zu behalten, war für die damalige Zeit charakteristisch. Die richtige Verteidigung ließ sich allerdings nicht so leicht finden. Sie begann mit 6. ... d6! und wurde ungefähr ein halbes Jahrhundert später ausführlich analysiert. Die Hauptvariante lautet: 7. 0–0 (auf 7. d4 folgte in einer Partie Maroczy – Tschigorin, Wien 1903, 7. ... Le6 8. Sd5 c6 9. 0–0 cd5: 10. ed5: Lf5 11. Lf4: Lg6 12. Lb5+ Sd7 13. Tae1+ Le7 14. Ld6:, und obwohl Weiß nach 14. ... Kf8? mit 15. Te7:! Se7: 16. Te1 Kg7 17. Le7: Da5 18. De2 Sf8 19. Lf6+! Kg8 20. De5 h6 21. Lh8: f6 22. De7 Kh8: 23. Df6:+ glänzend gewann, wurde später bewiesen, daß Schwarz mit 14. ... Db6! hätte gewinnen können, z. B.: 15. Te7:+ Se7: 16. Df6 0–0–0!, z. B. 17. De7: Db5: 18. Tf3 b6 19. Tc3+ Kb7 20. Tc7+ Ka8 21. c4 Db2: oder 17. Ld7:+ Td7:! 18. Dh8:+ Td8. Wenn aber 15. Da3, so 15. ... Dd4:+ 16. Kh1 Le4 17. Le7: Se7: 18. d6 Tg8!; z. B. 19. Dh3! Lg2:+ 20. Dg2: Tg2: 21. Te7:+ Kf8! 22. T1f7:+ Kg8 23. Kg2: Sf8, und Schwarz gewinnt leicht, da Weiß gegen die Drohungen 24. ... Dd5+ nebst Db5: oder Df7: keine Antwort finden kann (Analyse von Marco). Oder 16. Tf2 Le4! 17. Le7: Se7: 18. d6 Tg8 19. Te4: De4: 20. Te2 De2: 21. Le2: Sc6 mit Vorteil für Schwarz; Fernpartie Barth – Lenz, 1913) 7. ... Le6 8. Sd5 (8. Le6: fe6: 9. Dh5+ Kd7 10. d4 De7

11. Db5+ Kc8, und Schwarz verteidigt sich) 8. ... c6 9. Df4: (oder 9. Dc3 cd5: 10. Dh8: dc4: 11. Dg8: Db6+ 12. Kh1 Sc6 13. b3 Dd4 zugunsten von Schwarz; Analyse von Malkin) 9. ... Lh6 10. Df3 Sd7 11. d4 Lc1: 12. Tac1: Se7 mit Vorteil für Schwarz (Analyse von Marco).

7. d4 Sc6 8. 0–0 Sd4:?

Nach diesem Fehler entwickeln sich die Ereignisse zwangsläufig. Bedeutend besser wäre 8. ... d6.

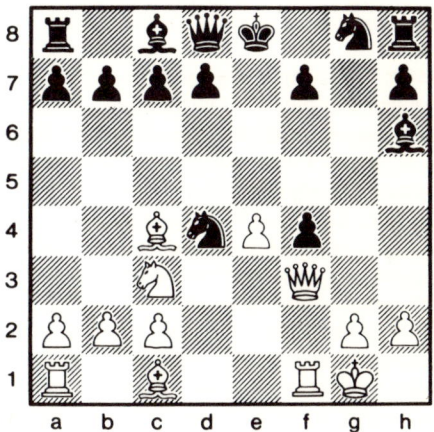

9. Lf7:+!

Wie so oft im Königsgambit, wirkt sich das Opfer auf f7 vernichtend aus.

9. ... Kf7: 10. Dh5+ Kg7 11. Lf4: Lf4: 12. Tf4:

Ähnlich der anderen Beispielpartie MacDonnel – La Bourdonnais (siehe Anmerkung nach dem 6. Zug von Weiß) hat der Gambitspieler sein Ziel völlig erreicht: Die materielle Überlegenheit von Schwarz spielt in dieser Stellung überhaupt keine Rolle. Seine Figuren sind unentwickelt, und sein entblößter König ist den überlegenen Kräften des Gegners am Königsflügel ausgeliefert.

12. ... Sf6 13. Dg5+ Kf7 14. Taf1 (auch 14. e5 wäre gut genug) 14. ... Ke8 15. Tf6: De7 16. Sd5 Dc5 17. Kh1

Selbstverständlich kann man mit dem Partiezug leicht gewinnen, aber im Sinne des romantischen Schachs wäre eine andere Lösung viel schöner. Versuchen Sie, die entscheidende Kombination, die hier möglich war, zu finden (Lösung siehe Seite 16)!

17. ... Se6 18. Te6:+ de6: 19. Sf6+, und Schwarz gab auf.

In diesem Stil spielten die großen Meister des 19. Jahrhunderts – Morphy, Anderssen, Blackburne und sogar Steinitz (am Anfang seiner Karriere) – Königsgambit. Aber auch später, trotz der Verbesserung der Verteidigung, gelang es Spielern wie Tschigorin, Charousek, Spielmann und Reti immer wieder, solche Siege zu erreichen.

Charousek – Burn
(Großmeisterturnier in Köln 1898)

1. e4 e5 2. f4 ef4: 3. Sf3 g5 4. h4
Diese Fortsetzung ist mit Recht besser als 4. Lc4 zu betrachten. Weiß greift die schwarze Bauernstruktur am Königsflügel an und erzwingt eine Schwächung des Bf4.

4. ... g4 5. Se5
Das Allgaer-Gambit 5. Sg5 h6 6. Sf7: ist von der Theorie als zu gewagt zu beurteilen, darf aber nicht unterschätzt werden, z.B.: 6. ... Kf7: 7. Lc4+ d5 8. Ld5:+ Kg7 9. d4 f3! (Die beste Entgegnung. Nicht so gut ist dagegen 9. ... Sf6 10. Sc3 Lb4?! 11. Lf4: Sd5: 12. ed5: Dd5: 13. 0–0 Lc3: 14. bc3: Sc6 15. Dd2; Mieses – Pillsbury, Wien 1903, mit starkem Angriff. Besser ist, laut Kortschnoi, 10. ... c6 11. Lb3 Sh5 12. 0–0, mit Kompensation für das geopferte Material. Schwächer wäre 9. ... Df6? 10. e5 Dg6 11. h5 Df5 12. Sc3 Lb4 13. 0–0 f3 14. Se4 Dh5: 15. Sg3 Dh4 16. Tf3:! gf3: 17. Df3: Sf6 18. ef6:+ Kf8 19. Lf4! mit siegreichem Angriff; Spielmann – Eljaschow, München 1903.) 10. gf3: Sf6 11. Sc3 Lb4 12. Lc4 gf3: 13. Tg1+ Sg4 14. Df3: Dh4:+ 15. Tg3 Tf8 16. Lf4, und hier konnte Schwarz in der Partie Marco – Schlechter, Wien 1903, mit 16. ... Le7! in Vorteil kommen. Er spielte aber 16. ... Df6?, und nach 17. Tg4+ Kh7 18. Lg8+! waren die weißen Aussichten kaum schlechter geworden.
Wie man sieht, ist es sehr leicht, sich in diesen verwickelten Varianten zu verirren.

5. ... Lg7
Diese von dem Deutschen Meister Louis Paulsen vorgeschlagene Verteidigung galt lange Zeit als die beste. Die Hauptalternative ist 5. ... Sf6 (siehe die Partien Stoltz – Sämisch und Spasski – Fischer, Seite 15), während die anderen Versuche (5. ... d5, 5. ... h5, 5. ... d6 usw.) sich als unbefriedigend erwiesen haben.

6. d4 Sf6 7. Sg4:
Wahrscheinlich besser ist hier 7. Sc3 d6 (7. ... d5? ist fehlerhaft: 8. l f4· Se4: 9. Se4: de4: 10. Lc4 0–0 11. c3 Sd7 12. Sf7:! Tf7: 13. Lf7:+ Kf7: 14. Db3+ Ke7 15. 0–0–0 Sf6 16. d5! mit entscheidendem Vorteil für Weiß; Lutikow – Sideif-Zade, UdSSR 1950), 8. Sd3! mit Übergang in eine günstige Variante 5. ... Sf6 6. d4 d6 7. Sd3 Lg7 8. Sc3 usw. (siehe die Anmerkung nach dem 7. Zug von Schwarz in der Partie Sämisch – Stoltz auf Seite 15).
Eine interessante Alternative ist 7. Lc4 d5 8. ed5: Sh5 (auch 8. ... 0–0 ist spielbar), wonach in einer Partie R. Byrne – Keres (Wettkampf UdSSR – USA 1955) auf interessante Weise weitergespielt wurde. 9. 0–0 Dh4: 10. De1! De1: 11. Te1: 0–0 12. Sc3! (Auf 12. c3, wie man früher spielte, folgt laut Keres 12. ... Te8 mit Vorteil für Schwarz.) 12. ... Sd7 (Genauer wäre, laut Keres, 12. ... c5, um nun nach 13. dc5: oder 13. Sb5 ... Sd7 zu spielen.) 13. Sb5 c6 14. Sc7!? (14. dc6: Se5: mit Verwicklungen) 14. ... cd5:, und nun könnte Weiß mit 15. Ld5: ein gutes Spiel bekommen.

7. ... Se4:
7. ... d5 ist wegen 8. Sf6:+ Lf6: 9. Lf4: Lh4: 10. g3 nicht anzuraten.

8. Lf4: De7
Wie später festgestellt wurde, sind hier die Züge 8. ... 0–0 9. Sc3 d5 oder 9. ... Te8 besser. Nicht ganz uninteressant ist, daß Charousek fest davon überzeugt war, daß Schwarz nach 7. Sg4: keine Möglichkeiten mehr besitzt, ein befriedigendes Spiel zu erreichen und so folglich den Zug 3. ... g5 überhaupt nicht spielen sollte. Errare humanum est!

9. De2 Ld4:
Bereits ein Jahr früher (1897 in Berlin gegen Walbrodt) spielte Burn besser: 9. ... d6 10. Se3 Le6 11. c3 0–0 12. Df3 d5 13. Ld3, fand hier aber nicht den guten Zug 13. ... f5! und verlor schließlich. Wahrscheinlich beabsichtigte er, mit dem Partiezug das schwarze Spiel zu verbessern...

10. c3 Lg7
Der Läufer ist für die Verteidigung des Königsflügels notwendig, und der Bc7 braucht nicht gedeckt zu werden (11. Lc7:? d5!). Nach 10. ... Lb6 wäre Weiß mit 11. Sd2! in Vorteil gekommen, z.B.: 11. ... d5 (11. ... Sd2:? 12. Sf6+ Kd8 13. De7:+! Ke7: 14. Sd5+ Ke6 15. Sb6: ab6: . Kd2: usw.) 12. Se4: de4: 13. Lg5 Lg4: 14. Dg4: De6 15. De6:

fe6: 6. Lc4 mit starker Initiative.

11. Se3! De6 12. g3 0–0 13. Lh3 f5 14. 0–0 d6 15. Sd2 Sd2: 16. Dd2:

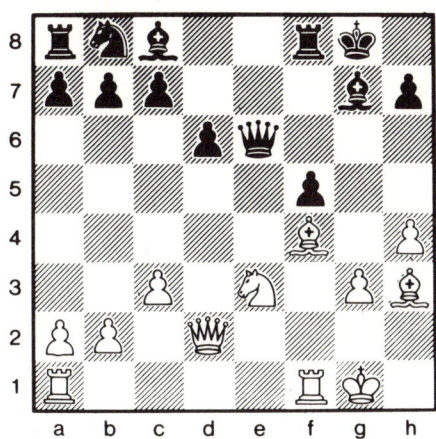

Weiß bekommt für den geopferten Bauern alles, was sich ein Gambitspieler wünschen kann: Er hat zwei Tempi Entwicklungsvorsprung, seine Figuren stehen prächtig, und die schwarze Königsstellung ist verwundbar. Was nun folgt, ist ein Modellbeispiel, wie solche Vorteile für einen Königsangriff verwertet werden können.

16. ... Sc6 17. Tae1 Df7 18. Lg2! Kh8 19. Sd5 Se5

Schwarz kann seinen Lc8 immer noch nicht ins Spiel bringen. Jetzt versucht er, durch c7–c6 und d6–d5 den lästigen Sd5 zu vertreiben und sich etwas mehr Raum im Zentrum zu verschaffen. Der vertriebene Springer landet aber auf einem noch besseren Feld.

20. Lg5! c6 21. Sf4

Alles ist sehr genau berechnet. Wenn nun 21. ... h6 folgt, so 22. Le7! De7: 23. Te5:! Df6 24. Te7!, und Schwarz ist gelähmt.

21. ... d5 22. h5 Ld7

Endlich vollendet Schwarz seine Entwicklung – aber es ist zu spät! Es gibt keine zufriedenstellende Verteidigungsmöglichkeit mehr (auf 22. ... h6 wäre 23. Te5:! gefolgt).

23. h6 Lf6 24. Lf6:+ Df6: 25. Sh5

Mit diesem und dem folgenden Zug wird die Diagonale d4–g7 für das Schach auf d4 geräumt.

25. ... Dd6 26. Te5:! De5: 27. Te1, und Schwarz gab auf.

Nun das gleiche Thema in modernerem Licht:

Stoltz – Sämisch (Swinemünde 1932)

1. e4 e5 2. f4 ef4: 3. Sf3 g5 4. h4 g4 5. Se5

Also, wie in der vorigen Partie, das Gambit von Kieseritzky. Diesmal verteidigt sich Schwarz auf andere Weise.

5. ... Sf6 6. d4

6. Lc4 d5 7. ed5: Lg7 führt zur Partie R. Byrne – Keres (siehe Anmerkung nach 7. Sg4: zur Partie Charousek – Burn, Seite 14).

6. ... d6 7. Sd3 Se4: 8. Lf4 De7

In der sehr bekannten Partie *Spasski – Fischer (Mar del Plata 1960)* wurde 8. ... Lg7 gespielt, wonach Weiß mit 9. c3! De7 10. De2 den Plan von Stoltz anwenden sollte. Statt dessen spielte Spasski ungenau 9. Sc3, »... wonach Weiß keine Kompensation für den Bauern hat.« (Fischer) Die Folge dieser spannenden Partie war: 9. ... Sc3: 10. bc3: c5 11. Le2 cd4: 12. 0–0 Sc6 13. Lg4: 0–0 14. Lc8: Tac8: 15. Dg4 f5 (»Gewinnt einen zweiten Bauern, aber das einfache 15. ... Kh8 wäre stärker gewesen.« – Fischer) 16. Dg3 dc3: 17. Tae1 (17. Ld6: Tf6 18. Lf4 Tg6, und Schwarz übernimmt die Initiative.) 17. ... Kh8 (Gut wäre auch 17. ... Dd7 18. Ld6: Tfe8 19. Sc5 Df7 – Kmoch.) 18. Kh1? (Genauer wäre, laut Fischer, 18. Ld6: Tf6 19. Le5 Se5: 20. Se5:.) 18. ... Tg8 19. Ld6: Lf8! (Die Fortsetzung 19. ... Ld4 20. Dh2 Tg4 21. Le5+! Kg8 22. Lg3 hätte es dem Weißen ermöglicht, sich zu verteidigen.) 20. Le5+ Se5: 21. De5:+ Tg7! 22. Tf5: Dh4:+ 23. Kg1, und hier verfehlte Fischer den richtigen Weg: 23. ... Dg3! 24. Dg3: (24. De2 Ld6) 24. ... Tg3: mit der Drohung 25. ... Td3: nebst 26. ... c2, »... wonach Weiß schwer für ein Remis hätte kämpfen müssen.« (Fischer) Statt dessen spielte er 23. ... Dg4? 24. Tf2 Le7 25. Te4 Dg5 (hier müßte Schwarz das Remis durch eine Zugwiederholung erzwingen: 25. ... Dd1+ 26. Te1 Dg4 27. Te4 Dd1, und falls 28. Kh2, so 28. ... Tc6 29. Db8+ Tg8 30. De5+ Tg7) 26. Dd4!, und nach dem Fehler 26. ... Tf8? (die Partie wäre immer noch mit 26. ... Lf8! 27. Da7: Ld6 oder 27. Se5 Lc5 28. Sf7+ Kg8 29. Sg5: Ld4: 30. Td4: Tg5: zu retten gewesen) kam die unerwartete Antwort 27. Te5!, und Schwarz verlor eine Figur sowie die Partie: 27. ... Td8 28. De4 Dh4 29. Tf4 (1–0).

9. De2 Lg7 10. c3 h5?!

Sowohl Stoltz als auch Fischer sind sich einig, daß Schwarz hier 10. ... Lf5 spielen soll, ohne aber Varianten anzugeben. Keres schlägt 11. Sd2 Sd2: 12. De7:+ Ke7: 13. Kd2: Sc6 14. g3 vor, und Weiß erhält Kompensation für den geopferten Bauern.

11. Sd2 Sd2: 12. Kd2: De2:+ 13. Le2:

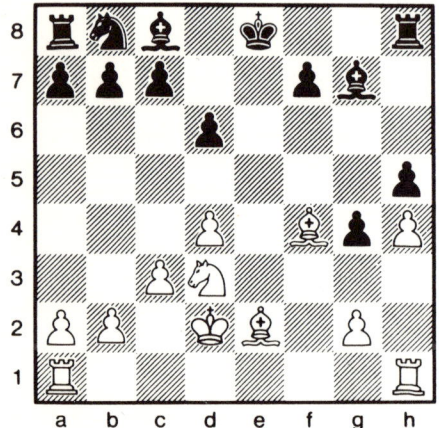

Es ist schwer zu glauben, daß diese Stellung aus einem Königsgambit entstand. Keine brillanten Kombinationen, nur ein bescheidenes Bauernopfer, gefolgt von einer Serie normaler logischer Züge, haben zu einer für Weiß klar vorteilhaften Position geführt. Wie ist das zu erklären? Die Antwort ist einfach: Wir haben hier ein Beispiel einer ganz anderen Methode, die mit Hilfe eines Gambits errungene Initiative zu verwerten. Die Grundidee dieser neuen Strategie lautet: Es ist nicht unbedingt nötig, in einem Gambit, besonders wenn die materiellen Opfer gering sind, auf Königsangriff zu spielen. Der Raum- und Zeitvorteil kann auch durch Positionsspiel verwertet werden. Weiß hat in der Diagrammstellung 3 Tempi Entwicklungsvorsprung (was, laut Tarrasch, einen Bauern wert ist), seine Figuren stehen sehr aktiv, und das sichert ihm nun eine starke Initiative, – so stark, daß diese Partie mit nur noch 6 weiteren Zügen gewonnen werden kann.

13. ... Lf5

Auf 13. ... 0–0 wäre 14. Le3! Lf5 15. Sf4 Lg6 16. Sd5 gefolgt, und Weiß gewinnt seinen Bauern mit klarem Vorteil zurück.

14. Thf1 Sd7

Einige Kommentatoren haben hier 14. ... Sc6

empfohlen. Stoltz antwortete mit der folgenden schönen Fortsetzung: 15. Lg5! Lg6 16. Sf4 0–0 17. Ld3! Ld3: 18. Sd3: f6 19. Le3 Kf7 20. Sf4 Th8 21. Sd5 Tac8 22. Lg5, und wieder bekommt Weiß seinen geopferten Bauern mit starkem Druck zurück.

15. Sb4!

Mit der Drohung 16. Ld6:.

15. ... Sf6 16. Lb5+!

Es ist sehr lehrreich, zu sehen, wie sich die positionellen Drohungen in einen überraschenden Königsangriff umwandeln.

16. ... Ld7

Auf 16. ... c6 wäre 17. Sc6:! bc6: 18. Lc6:+ Ke7 19. La8: Ta8: 20. Lg5 Le6 21. Tf2 nebst 22. Taf1 gefolgt.

17. Tae1+ Kd8

Oder 17. ... Kf8 18. Ld7: Sd7: 19. Sd5 Td8 20. Sc7: Sf6 (20. ... Sb6 21. Lg5) 21. Sb5, und Weiß gewinnt einen Bauern und damit die Partie.

18. Lg5! Lb5: 19. Tf6:!, und Schwarz gab auf.
Nach 19. ... Lf6: gewinnt leicht 20. Lf6:+ Kd7 21. Te7+ Kd8 22. Tf7:+! Ke8 23. Te7+ Kf8 24. Tc7: Tg8 25. Tb7: usw.

Lösung: 17. Sc7:+ Dc7: 18. Dh5+ Kd8 19. Tf8+ Tf8: 20. Tf8:+ Ke7 21. Te8+ Kf6 22. Dh6+ Kf7 23. Tf8+ Ke7 24. Df6 Matt.

Fischers System gegen das Königsspringer-gambit

Nach der Niederlage gegen Spasski (Mar del Plata 1960, siehe oben) nahm Fischer das Kieseritzky-Gambit unter die Lupe und kam zu der Schlußfolgerung, daß es dem Weißen sehr gute Chancen bietet. Daraufhin entwickelte er ein neues Verteidigungssystem – eigentlich nur eine neue Reihenfolge der Züge – mit dem Hauptziel, das Kieseritzky-Gambit zu vermeiden und andere, für Weiß weniger gute Varianten zu erzwingen. Fischer schlug in einem Artikel, veröffentlicht in »American Chess Quarterly« Nr. 1/1961, den Zug **3. ... d6** vor und zeigte, daß Weiß auf diese Weise praktisch gezwungen wird, 4. Lc4 zu spielen und damit nach **4. ... h6 5. d4 g5 6. 0–0** durch Zugumstellung in das weniger versprechende Hanstein-Gambit (das oft nach 3. ... g5 4. Lc4 Lg7 5. 0–0 entsteht) überzugehen.

So geschah es in der Partie zwischen Spasski und Ornstein, wo nach **6. ... Lg7** die Grundstellung des Hanstein-Gambits entstand.

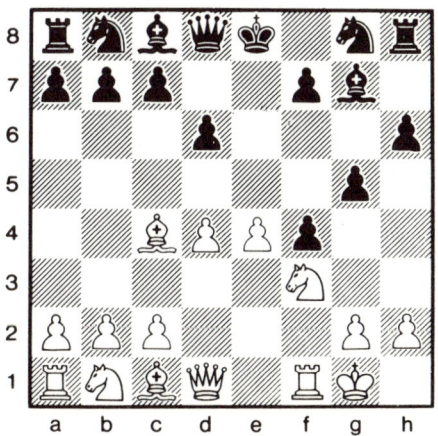

Das Spiel verfolgte dann eine weitere bekannte theoretische Variante: **7. c3 Sc6 8. g3 g4 9. Sh4 f3 10. Sd2 Lf6?! 11. Sdf3:?!** Dieses Opfer ist schon seit langer Zeit bekannt. Bessere Fortsetzungen sind hier aber 11. S4f3: gf3: 12. Df3: mit etwa gleichen Chancen, oder noch stärker 11. Db3! Lh4: (11. ... De7 12. Sf5! Lf5: 13. Db7:) 12. Lf7:+ Kf8 13. Lh5 De7 14. Sf3: mit starkem Angriff. Eine in der »Enzyklopädie« gegebene Variante des russischen Analytikers Glaskow geht weiter mit 14. ... gf3: 15. gh4: Dg7+ 16. Lg5 hg5: 17. Tf3:+ Sf6 18. Taf1 Th6 19. hg5: Dg5:+ 20. Tg3 Dh5: 21. Tf6:+ mit Vorteil für Weiß. Aus diesem Grund ist es für Schwarz besser, statt 10. ... Lf6?! einfacher 10. ... Sf6 zu spielen, was ihm nach 11. Sf5 Lf5: 12. ef5: 0–0 13. Ld3 d5! 14. h3 h5 gleiches Spiel sichert.

In der Partie Spasski – Ornstein erreichte Schwarz nach **11. ... gf3: 12. Df3: Lh3!** (Zu einem großartigen Angriff führte in der Partie Spielmann – Grünfeld, Teplitz-Schönau 1922, 12. ... Th7? 13. Sg6! Tg7 14. Sf4 Lg4 15. Dg2 Lg5 16. h3 Ld7 17. Sh5 Th7 18. e5! de5: 19. De4 f5 20. Tf5:!, und Weiß gewann in bestem Gambitstil.) **13. Dh5! Dd7 14. Tf4 0–0–0 15. Sf3 Se5!** eine vorteilhafte Stellung.

Auch Kortschnois Versuch, den Zug c2–c3 zu sparen und gleich **7. g3** zu spielen, hat sich in seiner Partie mit Malich (IBM-Turnier, Amsterdam 1972) nicht bewährt. Nach **7. ... Lh3 8. Tf2 Sc6 9. Lb5 Sge7 10. gf4: gf4: 11. Lf4: a6 12. Lc6:+ Sc6: 13. Sc3 Dd7 14. Le3! 0–0–0 15. Sh4** könnte Schwarz mit 15. ... Tde8! in Vorteil kommen, z. B.: 16. Sf5 Lf5: 17. Tf5: Te4: oder 16. Dd3 Dg4+ 17. Sg2 f5! 18. ef5: Te3:!.

Aus diesen Beispielen geht klar hervor, daß mit dem Übergang in das Hanstein-Gambit mittels 4. Lc4 usw. Weiß nichts erreicht, wie Fischer richtig behauptete. In seinem Artikel nahm Fischer an, daß Weiß keine bessere Möglichkeit als 4. Lc4 hat, weil nach 4. d4 g5 5. h4 g4 6. Sg5 f6! 7. Sf7 Kf7: seine Angriffsaussichten in dieser Abart des Allgaer-Gambits unbefriedigend wären, z. B.: 7. Sh3 gh3: 8. Dh5+ Kd7 9. Lf4: De8 10. Df3 Kd8 11. Sc3 Dg6 12. gh3: Lh6 13. h5 Dg7 14. Se2 Lf4: 15. Sf4: f5!, und allmählich kam Schwarz zu Wort und verwertete schließlich seine Mehrfigur (Heuer – Nei, Tallin 1969).

Das ist völlig richtig, nur hat es sich gezeigt, daß Weiß überhaupt nicht gezwungen ist, 6. Sg5? zu spielen, sondern bescheiden den auf den ersten Blick harmlosen Zug **6. Sg1!** ziehen kann.

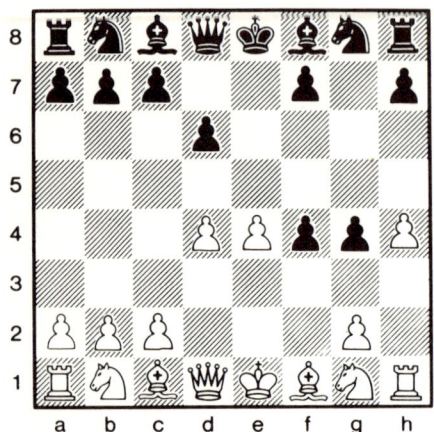

In dieser sicherlich unüblichen Eröffnungsstellung muß Schwarz sehr aufmerksam spielen, um nicht in Nachteil zu kommen. Folgende Fortsetzungen sind möglich:

1) **6. ... Df6** 7. Sc3 Se7 (schwächer wäre 7. ... c6 8. e5! de5: 9. Se4 De7 10. de5: De5: 11. De2! Le6 12. Ld2! oder 11. ... Lg7 12. Sd6+! Kf8 13. Lf4:! mit einer gefährlichen Initiative) 8. Sge2 Lh6 (8. ... f3!? 9. Sf4 fg2:? 10. Lg2: c6 11. e5! de5: 12. Se4 Dg7 13. Sh5 Dg6 14. Sef6+ Kd8 15. de5: Ld7 16. Le4 Sf5 17. Sd7: Sd7: 18. Sf6 (1–0) Bangiew – Mayr, Fernpartie 1986. Besser wäre 9. ... f2+.) 9. Dd2 Sc6 10. Sb5! Kd8 11. d5 Se5 12. Sf4: mit besserem Spiel für Weiß.

2) **6. ... Lh6** 7. Sc3 (in Betracht kommt auch 7. Se2 Df6 8. Sbc3, z.B.: 8. ... c6 9. g3 f3 10. Sf4 De7 11. Kf2 oder 8. ... Se7 9. Dd2 Sbc6 10. g3 Ld7 11. gf4: 0–0–0 12. Lg2, Planinc – Portisch, Ljubljana 1973, in beiden Fällen mit kompliziertem Spiel und guten Aussichten für Weiß) 7. ... Sc6 8. Lb5!? a6 9. Lc6:+ bc6: 10. Dd3 Df6 11. Ld2 Se7 12. 0–0–0, und Weiß hat mehr als ausreichenden Ersatz für den geopferten Bauern (Bangiew – Limar, Fernpartie 1987).

3) **6. ... Sf6** 7. Sc3 (auch 7. Lf4: Se4: 8. Ld3 f5 9. Se2 Lg7!? 10. Le4:! fe4: 11. Lg5 Lf6 12. Sbc3 Lg5: 13. hg5: Dg5: 14. Se4: gibt Weiß einen kleinen Vorteil, Hebden – Psachis, Moskau 1986) 7. ... Sh5 (7. ... Lh6 8. g3! Sh5 9. Sge2

c6 10. gf4: Sa6 11. Le3 gefolgt von Dd2 und 0–0–0 mit weißer Initiative) 8. Dd3 c6 (8. ... Sc6 9. Sge2 Ld7 10. Sd5! Le7 11. Lf4: Lh4:+ 12. g3 Sf4: 13. Sef4: Lg5 14. Le2 mit Vorteil für Weiß, Schewenow – Klovan, UdSSR 1980) 9. Sge2 Df6 10. g3 Lh6 (10. ... f3 11. Lg5!) 11. Sf4: Sf4: 12. Lf4: Lf4: 13. gf4: Df4: 14. Lg2 Sa6 15. Se2 Dh6 16. Sg3 Ld7 17. Dd2! Dd2:+ 18. Kd2:, und das Endspiel ist, trotz des Minusbauern, günstiger für Weiß (Monin – Woroschilow, Leningrad 1986).

4) **6. ... f3!?** Ein weniger bekannter Zug, der aber vielleicht mehr als die anderen verspricht. Jedenfalls spricht die Tatsache, daß Spasski ihn in einer Partie mit Popovich (USA-Open 1986) spielte, zu seinen Gunsten.
Die theoretische Folge ist 7. gf3: Le7 8. fg4 Lh4:+ 9. Kd2 Sf6! mit gutem Spiel für Schwarz. Eine Fernpartie Scholvin – Protze (1980) verdeutlicht die Gefahren für Weiß: 10. Sc3 Sg4: 11. Sh3 Df6 12. Sd5 Dd4:+ 13. Ld3 Se5 14. De2 Lg4 15. c3 Le2: 16. cd4: Ld3: 17. Sc3 Sbc6! (0–1).
In der oben erwähnten Partie Popovich – Spasski wählte Weiß einen anderen Weg: 7. Le3 Le7 8. Lf2!? (Jetzt hat Weiß den Bh4 gedeckt und will seinerseits den Bauern f3 schlagen.) 8. ... Sf6 9. gf3:! (auf 9. Sc3 wäre sehr stark 9. ... Tg8 gefolgt und 10. gf3: geht nicht mehr wegen 10. ... g3) 9. ... Tg8 10. Lg2 Sc6 11. Sc3 gf3: 12. Lf3:, und hier spielte Spasski anstelle des normalen Zuges 12. ... Lg4 (wonach Weiß nur minimal besser stünde) auf Verwicklungen 12. ... Sg4?! und geriet nach 13. Dd2! Lf8 (13. ... Sf2:?! 14. Df2: Lh4: 15. Th4: Tg1:+ 16. Dg1: Dh4:+ 17. Ke2 hätte dem Weißen eine starke Initiative gegeben.) 14. Lg4: Lg4: 15. Sge2 f5!? 16. ef5: Df6, und hier wäre 17. De3+! ziemlich unangenehm für Schwarz gewesen (17. ... Kd7 18. De6+!). Statt dessen spielte Popovich 17. Le3, und nach 17. ... Df5: 18. 0–0–0 0–0–0 19. Tdf1 Da5 stand Schwarz gut.

Aus diesen Beispielen und Analysen geht klar hervor, daß Fischers Verteidigungssystem keine Widerlegung des Königsgambits darstellt, sondern nur eine neue Methode, es zu bekämpfen.

Andere Verteidigungen gegen das Königs- springergambit

In der langen Zeit, die zwischen der klassischen Antwort **3. ... g5** und Fischers System **3. ... d6** liegt, wurden auch andere Verteidigungssysteme gegen das Königsspringergambit angewandt. Auch sie haben das Gambit nicht widerlegt, aber wenn man sich für 2. f4 entscheidet, ist es unbedingt nötig, auf alles vorbereitet zu sein.

3. ... d5

Eine sehr bekannte Methode, die scharfen Varianten, die nach 3. ... g5 entstehen, zu vermeiden, ist 3. ... d5. Damit verzichtet Schwarz auf die Verteidigung des Bf4 und hofft, durch eine schnelle Entwicklung das Spiel auszugleichen. Weiß hat jedoch auch in diesem Fall, genügend Möglichkeiten, die Initiative zu behalten und sogar, unter einem erneuten Bauernopfer, das Spiel zu verschärfen. Zunächst ein Beispiel für die Gefahren, die eine ungenaue positionelle Behandlung dieser Verteidigung mit sich bringen kann.

Stoltz – Rellstab (Swinemünde 1932)

1. e4 e5 2. f4 ef4: 3. Sf3 d5 4. ed5: Sf6 5. Sc3
Später wurde festgestellt, daß 5. Lc4 oder 5. Lb5+ dem Weißen bessere Aussichten bieten, z. B.:
1) **5. Lc4** Sd5: 6. 0–0 Le6 7. Lb3 (auch 7. De2 Le7 8. d4 0–0 9. Lb3 Lf6 10. c4 Se3 11. Le3: fe3: 12. De3: ist gut; Spasski – Bannik, UdSSR 1960) 7. ... Le7 [zu einer schnellen Eröffnungskatastrophe führte 7. ... Ld6? 8. c4 Se7 9. d4 Sg6 10. c5 Le7 11. Le6: fe6: 12. Te1 0–0 13. Te6: Lc5:? 14. Db3 Ld4:+ 15. Sd4: Dd4:+ 16. Le3! (1–0) *Bronstein – I. Saizew (Moskau 1969)*] 8. c4 Sb6 9. d4 Sc4: 10. Lf4: 0–0 (nach 10. ... Sb6 11. Le6: fe6: 12. De2 Sc6 kann Weiß ein sehr chancenreiches Bauernopfer anbie-

ten: 13. Sc3!) 11. De2 b5 12. Sc3!, und Weiß hat mehr als ausreichenden Ersatz für den geopferten Bauern, z. B.: 12. ... c6 13. a4! Ld6 14. Ld6: Dd6: 15. Se4 Df4!? (15. ... Db4 16. Sfg5!) 16. Sfg5 Dg4 17. Dd3 Sd7 18. ab5: cb5: 19. d5! Lf5 20. Tf5: mit entscheidendem Vorteil (Kinlay – Webb, London 1977) oder 12. ... a6 13. a4 Sc6 14. ab5:! Sd4: 15. Sd4: Dd4:+ 16. Kh1 Tb8 17. Ta6: Ld6 18. Ta4! Lf4: 19. Lc4: Dd6 20. Td1 De5 21 . Le6: fe6: 22. Te4 mit weißem Vorteil (Hebden – Geller, Moskau 1986).
2) **5. Lb5+** c6 6. dc6: Sc6: (nach 6. ... bc6: 7. Lc4 Sd5 8. Sc3! hat Weiß eine prächtige Stellung, z. B.: 8. ... Sc3: 9. dc3:! Ld6 10. Dd4 0–0 11. Lf4: De7+ 12. Kd2! Td8 13. Ld3 mit großem Vorteil für Weiß; Fernpartie Krustkali – Andre, 1968–70) 7. d4 Ld6 8. 0–0 0–0 9. Sbd2! Lg4 10. Sc4! Lc7 11. Lc6: (11. c3 Sd5 12. Dd3 f6! – siehe die Partie Ree – Short, Wijk aan Zee 1986, unter Falkbeers Gegengambit) 11. ... bc6: 12. Dd3 mit etwas besseren Aussichten für Weiß.

5. ... Sd5: 6. Sd5: Dd5: 7. d4 Sc6
Dieser natürlich aussehende Zug ist nicht der allerbeste. Eine spätere Partie Spielmann – Milner-Barry (Margate 1938) zeigte die richtige Verteidigung für Schwarz: 7. ... Le7 8. c4! De4+ 9. Le2 Sc6 10. 0–0 Lf5 11. Te1 0–0–0 12. Lf1 Dc2 13. Dc2: Lc2: mit ungefähr gleichen Chancen.

8. Lf4: Lg4?
Es war noch nicht zu spät, vorsichtiger 8. ... Ld6 zu spielen, aber Schwarz folgte der damaligen Theorieempfehlung der folgenden Fortsetzung: 9. Le2?! 0–0–0 10. c3 De4 11. Dd2? Td4:! 12. Sd4: Sd4: 13. cd4: Lb4!. Merkwürdigerweise kam diese fehlerhafte Zugfolge in mehreren Partien vor, z. B. L. Hanssen – Lundin (Oslo 1928), Poschauko – Gulbrandsen (München 1936) u. a.

9. Lc7:! (siehe nächstes Diagramm)
Mit diesem feinen taktischen Zug verhindert Weiß auf radikale Weise die lange Rochade von Schwarz und erreicht trotz Damentausch ein entscheidendes Entwicklungsübergewicht.

9. ... Lf3:
Nach 9. ... Sd4:? 10. Dd4: Lf3: erreicht Weiß sowohl mit 11. Dd5: Ld5: 12. Lb5+ Lc6 13. Lc6:+ bc6: 14. 0–0–0 als auch mit 11. De3+ Le4 (11. ... De4 12. Lb5+ Ke7 13. De4: Le4: 14. 0–0–0)

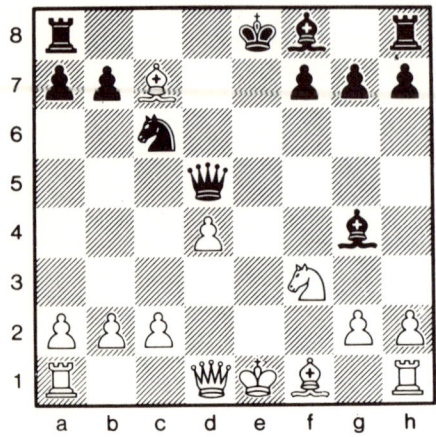

Stellung nach 9. Lc7:!

12. Ld3 f5 13. 0–0–0 entscheidenden Vorteil. Auch der Versuch 9. ... Kd7 10. Lg3 Sd4: scheitert wegen 11. Lb5+!.

10. Df3: Df3: 11. gf3: Tc8 12. Lf4 Sd4:

Schwarz hat seinen Bauern zurückgewonnen, und es scheint, daß er jetzt, dank der Doppeldrohung auf die Bauern f3 und c2, genügend Gegenspiel bekommt.

13. 0–0–0!

Diese schöne Antwort zerstört die Hoffnungen von Schwarz und beweist wiederum die Stärke des Entwicklungsvorsprungs. Der schwarze Springer ist an die Verteidigung des Feldes b5 gebunden und deshalb ist die Folge 13. ... Sc2:, z.B. 14. Lb5+ Ke7 15. Kb1! Sb4 16. The1+ usw. nicht möglich. Wenn aber 13. ... Sc6, so wird der Springer mit 14. Lb5 gefesselt, wonach Weiß zwangsläufig ein gewonnenes Endspiel erreicht: 14. ... Le7 15. The1! Td8 16. Ld6 Td7 17. Lc5! Td1:+ 18. Kd1: Kd8 19. Lc6: Lc5: 20. Lb7: usw.

13. ... Lc5 14. Le5 Se6 15. Lb5+ Kf8 16. Ld7!

Damit wird die schwarze Bauernstellung geschwächt, wodurch das Eindringen des weißen Turms auf die 7. Reihe an Wirkung gewinnt.

16. ... Ta8 17. Le6: Te8 18. Td5!

Mit Hilfe dieser Feinheit wird der schwarze Läufer aus der Diagonale a3–f8 gejagt, was ein schnelles Ende ermöglicht.

18. ... Le3+ 19. Kb1 fe6:

Nach 19. ... Te6: 20. Td8+ Te8 21. Ld6+ wird Schwarz mattgesetzt.

20. Td7 Tg8

20. ... Lh6 21. Tg1 oder 21. Tb7: hätte nur das Leiden etwas verlängert.

21. Ld6+, und Schwarz gab auf.

3. ... Sf6

Eine andere Verteidigungslinie ist **3. ... Sf6.** Damit droht Schwarz dem Be4, und falls Weiß ihn mit 4. Sc3 deckt, entsteht so nach 4. ... d5 5. ed5: Sd5: eine günstige Variante der Verteidigung 3. ... d5 (Weiß hat schon Sc3 statt Lc4 oder Lb5 gespielt). Weiß kann aber hier viel besser **4. e5** ziehen, wodurch der bedrohte schwarze Springer üblicherweise nach h5 gezogen wird **(4. ... Sh5).**

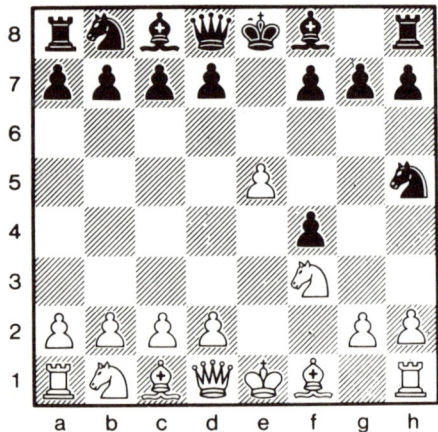

Der sowjetische Großmeister Awerbach hat in einigen Partien den Zug 4. ... Se4 versucht. Seine Begegnung mit Calvo (Algarve 1975) zeigte hingegen, daß Weiß nach 5. d3 Sg5 6. Lf4: Se6 7. Lg3 d5 8. Le2 c5 9. Sc3 Sc6 10. 0–0 Le7 11. Dd2 0–0 12. Te1 die besseren Aussichten hat. Die Stellung des schwarzen Springers h5 »am Rande« hat natürlich seine Nachteile, aber anderseits wird jetzt der Bf4 zusätzlich verteidigt, und durch einen Angriff auf den vorgeschobenen Be5 kann das weiße Bauernzentrum eventuell gesprengt werden. Das Spiel, das nach 3. ... Sf6 4. e5 Sh5 entsteht, ist sehr kombinationsreich und, trotz der Menge der damit gespielten Partien, noch voll taktischer Überraschungen. Ein Beispiel für die beiderseitigen Möglichkeiten ist die folgende stürmische Partie.

1. e4 e5 2. f4 ef4: 3. Sf3 Sf6 4. e5 Sh5 5. De2!?
Eine geistreiche Idee von Keres, die zu großen, nicht völlig geklärten Verwicklungen führt.
Der große Gambitkenner Tschigorin zog hier **5. Le2**, was vielleicht noch bessere Perspektiven als der oben gezeigte Keres-Zug bietet, z. B.:
1) 5. ... d6 6. 0–0 de5: 7. Se5: Lc5+ (oder 7. ... Dd4+ 8. Kh1 Sf6 9. Sd3 zugunsten von Weiß) 8. Kh1 Sf6 (fehlerhaft ist 8. ... Sg3+? wegen 9. hg3: fg3: 10. Lb5+ c6 11. Dh5 g6 12. Sc6: Sc6: 13. De5+ De7 14. Dh8:+ Kd7 15. Dh7:, und Weiß steht auf Gewinn) 9. c3! (stärker als 9. Sd3?!, wie in einer Partie Tschigorin – Marco, Wien 1903) 9. ... Sbd7 10. Sd7: (10. Sd3 g5!) 10. ... Ld7: 11. d4 Ld6 12. Lf4: Lf4: 13. Tf4: 0–0 14. Ld3 mit besseren Aussichten für Weiß.
2) 5. ... g5 6. 0–0! (schwach ist 6. Sg5:? Dg5: 7. Lh5: Dg2: 8. Df3 Df3: 9. Lf3: Sc6, und Weiß ist in Schwierigkeiten) 6. ... Tg8 7. d4 d5 (nach 7. ... g4 8. Se1 d5 spielt Weiß am besten 9. Sd3!, und falls 9. ... f3, so 10. Lf3:! mit Vorteil) 8. Dd3 Tg6 9. Sh4 Th6 10. Lh5:! Th5: 11. Sf5 Dd7 (aber nicht 11. ... Lf5:? 12. Df5: Dd7 13. Tf4:!) 12. g4 fg3: 13. Sg3:, und Schwarz steht vor einer schwierigen Verteidigung.
Eine andere gute Möglichkeit für Weiß ist **5. d4**, wonach Schwarz die Wahl zwischen 5. ... d5 und 5. ... d6! hat, z. B.:
1) 5. ... d5 6. c4 Sc6! (6. ... Le7 7. Le2 Lh4+ 8. Kf1 Le7 9. cd5: Dd5: 10. Sc3 Dd8 11. d5, mit Vorteil für Weiß; Bronstein – Huckl, Bratislava 1946) 7. cd5: Dd5: 8. Sc3 Lb4 9. Kf2 Lc3: 10. bc3: Lg4 11. Le2 0–0, und statt 12. Sg5 Le2: 13. De2: f6! (Reti – Nyholm, Abazzia 1912) empfiehlt Keres 12. h3 Lc8 13. The1 mit ausreichendem Ersatz für den geopferten Bauern. Außer 7. cd5: sind auch 7. Sc3 Lb4 8. Le2 0–0 9. 0–0 oder 7. Le2 Lb4+ 8. Ld2 Ld2:+ 9. Dd2: 0–0 11. cd5: Dd5: 12. Sc3 interessante Versuche, die weiße Initiative zu entwickeln.
2) 5. ... d6! 6. De2! d5 (aber nicht 6. ... Le7? 7. ed6: gefolgt von 8. Db5+, und der Sh5 geht verloren) 7. c4 (die Verwicklungen nach 7. g3?! fg3: 8. Sg5 g6! sind eher für Schwarz günstig)

7. ... Le6 8. cd5: Ld5: 9. Sc3 Sc6 10. Ld2 Lb4 11. Sd5: Dd5: 12. 0–0–0! Das Nehmen des angebotenen Ba2 (wieder ein typisches Bauernopfer für die Initiative) ist nach 13. d5! mit Gefahren verbunden, z. B. 13. ... Da1+ 14. Kc2 Da4+ 15. Kb1 Se7 16. Db5+! oder 13. ... Ld2:+ 14. Sd2: Dd5: 15. Dh5: De5: 16. De5:+ Se5: 17. Te1 f6 18. Sc4, in beiden Fällen mit Vorteil für Weiß. Vorsichtiger ist 12. ... 0–0–0, aber auch in diesem Fall sind die Aussichten von Weiß vorzuziehen. Eine mögliche Fortsetzung wäre 13. Dc4 Ld2:+ 14. Td2: Dc4:+ 15. Lc4: f6 16. Le6+ Kb8 17. Lg4 g6 18. Lh5: usw.
Kommen wir jetzt zurück zu unserer Partie:
5. ... Le7
Auch hier (siehe 2, oben) wäre 5. ... d6 oder 5. ... d5 wegen 6. ed6:, gefolgt von Db5+, fehlerhaft.
6. d4 0–0 7. g4!?
»In diesem Zug liegt die eigentliche Idee der Variante mit 5. De2«, schreibt Keres. Weiß kann natürlich auch ruhiger spielen, z. B.: 7. Sc3 d6 8. Ld2!, wonach der Versuch, die weiße lange Rochade durch 8. ... de5: 9. de5: Lh4+? zu verhindern, durch das Bauernopfer 10. g3! fg3: 11. 0–0–0 widerlegt wird. Nach 11. ... Ld7 12. hg3: Sg3: 13. Dh2! Sh1: 14. Sh4: Lg4 15. Ld3! hat Weiß in der Partie *Basman – Griffith (Bognor Regis 1968)* unter Opfer von zwei Qualitäten alle Linien gegen den Königsflügel geöffnet und in schöner Manier gewonnen: 15. ... Ld1: 16. Sf5! Dd3: (Traurige Notwendigkeit: Auf 16. ... g6 folgt 17. Dh6!, und 16. ... f6 wird mit 17. e6 beantwortet.) 17. cd3: Lg4 18. Sh6+! gh6: 19. Dh6: Sd7 (nichts hilft mehr) 20. Sd5 Tae8 21. Sf6+ (1–0).
Schwarz sollte sich indessen nicht in solche Abenteuer stürzen, sondern einfach, wie Keres empfiehlt, 8. ... Sc6 9. 0–0–0 Lg4 spielen.
7. ... fg3: 8. hg3:!?
In der Stammpartie dieser Variante (Keres – Aljechin, Salzburg 1942) wurde schwächer 8. Sc3 gespielt. Nach 8. ... d5 9. Ld2 (besser, laut Keres, 9. Lg2 oder Dg2) 9. ... Sc6 10. 0–0–0 Lg4 übernahm Schwarz die Initiative. Eine wichtige, von Spielmann empfohlene Alternative ist **8. Dg2** (siehe nächstes Diagramm), wodurch ein sehr interessantes Spiel entstehen kann: 8. ... d6 9. hg3: Lg4. Diese Stellung kam in vielen Partien vor und wurde von vielen Analytikern untersucht. Die allgemeine Meinung der Theorie hierzu ist,

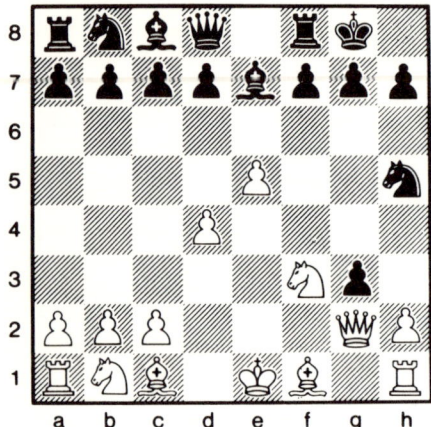

Stellung nach 8. Dg2

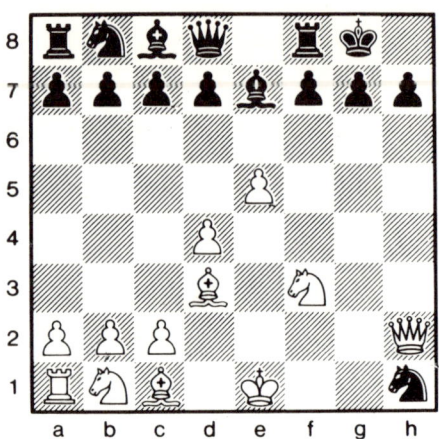

Stellung nach 10. Ld3

daß die Angriffschancen von Weiß ungenügend sind, z.B.:

1) 10. Le3 Sc6 11. Sc3 de5: 12. d5 Sb4 13. Se5: Dc8!, und Weiß hat Probleme, z.B.: 14. a3 Te8! 15. Kd2 (15. ab4:? Ld6!) 15. ... Df5! 16. De4 Sg3: 17. Df5: Lf5: 18. ab4: Lb4:, und Schwarz hat das Sagen (Kopajew – Bannik, UdSSR 1948).

2) 10. Sh2 Sg3:! (Die einzig richtige Antwort! Auf 10. ... Dd7 folgt 11. Sg4: Dg4: 12. Le2 Dg3:+ 13. Df2! Df2:+ 14. Kf2: Sc6 15. Th5: mit Vorteil für Weiß; Nei – Bannik, UdSSR 1952.) 11. Tg1! (Besser als 11. Sg4: Sh1: 12. Dh1: de5: zugunsten von Schwarz; Gussew – Stscherbakow, Lwow 1949.) 11. ... Lf5!, und jetzt hat Weiß Schwierigkeiten. In einer Partie Wade – Alexander (London 1951) folgte 12. Lf4 Le4! 13. Sf3 Sh5 mit Vorteil für Schwarz. Keres schlägt 12. Sf3 Sh5 13. Th1 Lg6 14. Le2 vor, »... um vielleicht Nutzen aus der schlechten Stellung des Sh5 zu ziehen«, aber es ist fraglich, ob das zwei Minusbauern wert sind.

3) 10. Ld3!? (mit der Idee 10. ... de5:?! 11. Se5: Dd4:? 12. De4!) ist ein Vorschlag von Keres, der in der Turnierpraxis noch nicht erprobt wurde.

8. ... Sg3: 9. Dh2 Sh1: 10. Ld3
(siehe nächstes Diagramm)
Aljechin, der diese Stellung ausführlich analysiert hat, schlug hier als beste Verteidigung 10. ... f5 vor, und falls 11. ef6:, so 11. ... g6! 12. Sg5 h5, wonach die entstehenden Verwicklungen eher für

Schwarz günstig sind. Bronstein ist dagegen anderer Meinung: »Auch hier ist die Sachlage von Weiß gar nicht so schlecht – er muß nur anstelle von 11. ef6: besser 11. Sc3, gefolgt von Ld2, 0–0–0, Th1: spielen, und Schwarz wird sofort einen starken Druck auf die offenen Linien ›g‹ und ›h‹ fühlen.« Petrosjan wollte offensichtlich diesen Druck nicht fühlen und wählte eine andere Verteidigung.

10. ... g6 11. Dh6
Keres schlägt vor, den Angriff mit 11. Lh6, gefolgt von Sbd2 und 0–0–0, fortzusetzen, aber auch dieser Partiezug ist gefährlich.

11. ... d5 12. Sc3 Sg3 13. Sg5 Lg5: 14. Lg5: f6 15. Lg6: De7
Ein Remis wäre möglich: Mit 15. ... hg6: 16. Dg6:+ Kh8 17. Dh6+ usw. könnte Petrosjan das ewige Schach forcieren. Offensichtlich wollte er mehr.

16. Sd5: Dg7 17. Lf6: Tf6: (natürlich nicht 17. ... Dh6:?? 18. Se7 Matt) **18. Lh7:+ Kh8 19. Dg7:+ Kg7: 20. ef6:+ Kh7: 21. Sc7: Sc6 22. Sa8: Sd4: 23. 0–0–0 Lf5,** und die Kontrahenten einigten sich auf Remis.

3. ... Le7

In den 50er Jahren kam die alte Fortsetzung von Cunningham, **3. ... Le7,** als eine Art Wunderwaffe gegen das Königsgambit wieder in Mode. Die klassische Behandlung dieser Spielweise (4. Lc4

Lh4+ 5. Kf1 d5 6. Ld5: Sf6 7. Sc3 0–0 8. d4 Sd5: 9. Sd5: f5) führt zu einem zweischneidigen, scharfen Spiel, das nicht jedermanns Geschmack ist. Die moderne Behandlung mit 4. ... Sf6 statt Lh4+ schien dem Schwarzen gute Ausgleichschancen zu bieten. Das zwang die Gambitspieler, nach anderen Wegen zu suchen. Was daraus entstand, sehen Sie in der nachfolgenden Partie.

Spasski – Cholmow (Stichkampf nach der 31. Meisterschaft der UdSSR 1964)

1. e4 e5 2. f4 ef4: 3. Sf3 Le7 4. Sc3!

Mit diesem interessanten Zug, der in den älteren Schachbüchern überhaupt nicht erwähnt wird, verhindert Weiß den befreienden Vorstoß d7–d5 und sichert sich die Dominanz im Zentrum. Anderseits, nach 4. ... Lh4+ 5. Ke2 verliert Weiß die Möglichkeit zu rochieren, ganz im Stil des »ungesunden« Steinitz-Gambits (1. e4 e5 2. f4 ef4: 3. Sc3 Dh4+ 4. Ke2).

4. ... Sf6

Cholmow (wie auch andere Gegner von Spasski) verzichtet – und nicht ganz zu Unrecht – auf die oben erwähnte Möglichkeit, den weißen König »ins Freie« zu bringen. Wie die Praxis gezeigt hat, stellt die weiße Überlegenheit im Zentrum eine mehr als genügende Kompensation für den Verlust der Rochade dar. Ein charakteristisches Beispiel ist die folgende Partie *Spasski – Hermann (Bundesliga 1984/85)*: 4. ... Lh4+ 5. Ke2 c6 (nicht besser ist 5. ... d5 6. Sd5: Sf6 7. Sf6:+ Df6 8. d4 Lg4 9. c3 mit besseren Aussichten für Weiß, z. B. 9. ... c5 10. dc5: De7 11. Dd5 Sd7 12. Lf4: Sf6 13. De5 Se4: 14. Ke3 Lf3: 15. Lb5+ Kf8 16. De7:+ Le7: 17. Kf3:; Arnason – Wedberg, Randers 1982; oder 9. ... Sc6 10. Dd2 g5 11. Kd1 0–0–0 13. h3; Bücker – Seegers, Bundesliga II, 1987. Auch nach 5. ... Le7 6. d4 Sf6 7. Lf4: d5 8. Sd5: Sd5: 9. ed5: Dd5: 10. Kf2 Dd8 11. Lc4 steht Weiß besser; Balaschow – Agsamow, Moskau 1983) 6. d4 d5 7. Lf4:!? Lg4?! (besser wäre 7. ... de4: 8. Se4: De7 9. Dd3 Lf5) 8. Dd3 Se7 9. Kd2 Lf3: 10. Df3: Sg6 11. Le3 de4: 12. De4:+ De7 13. g3 De4: 14. Se4: Le7 15. Te1 Sd7 16. h4 Td8 (16. ... 0–0–0? 17. h5 Sgf8 18. Sg5 Lg5: 19. Lg5: f6 20. Lf4 drohend Lh3 ±) 17. Ld3 Sgf8 18. c4 Sf6 19. Sf6:+ Lf6: 20. d5 Le7 (etwas besser war

20. ... Kd7 21. Lf4 Kc8, obwohl nach 22. Lf5+ Sd7 23. Te3! der weiße Vorteil unumstritten ist) 21. Lc5 Td7 22. d6 Se6 23. Te6:! (entscheidend) 23. ... fe6: 24. de7: b6 25. Lb4 c5 26. Lc3 Ke7: 27. Ke3 h6 28. Lg7: Tg8 29. Le5 Tgd8 30. Le2 Td2 31. Tf1 (1–0).

5. e5

In einigen früheren Partien spielte Spasski hier 5. d4, z. B.: 5. ... d5 6. Ld3 (weniger verspricht 6. ed5: Sd5: 7. Lc4 Le6 8. De2 Sc3: 9. bc3: Lc4: 10. Dc4: Ld6 mit ungefähr gleichen Chancen; Spasski – Liberson, Leningrad 1960) 6. ... de4: 7. Se4: Se4: 8. Le4: Sd7 (Das ist präziser als 8. ... Ld6 9. 0–0 Sd7 10. Dd3 h6 11. c4 c5 12. b4! cd4: 13. c5 Le7 14. Lf4: 0–0 15. Sd4:; Spasski – Najdorf, Olympiade Warna 1962. Weiß hatte seinen Bauern zurückerobert und behielt außerdem noch die Initiative.) 9. Lf4: Sf6 10. Ld3, und Weiß hat nur einen geringen Vorteil (van Rimsdyk – Ivkov, São Paulo 1973).

5. ... Sg4

Nach 5. ... Sh5 entsteht die Variante 3. ... Sf6 4. e5 Sh5 5. Sc3 mit dem schwächeren Zug 5. ... Le7 statt dem richtigen 5. ... d5! (siehe Partie Stoltz – Rellstab auf Seite 19, wo die gleiche Stellung durch Zugumstellung entstand).

6. d4 Se3

Schwarz kann den Bf4 nicht decken (6. ... g5? 7. Sg5:), und auch 6. ... Lh4+ 7. Ke2 Sf2 ist fehlerhaft wegen 8. De1! Mit seinem dritten Springerzug erreicht er den (in dieser Stellung) sehr hypothetischen Vorteil des Läuferpaares, allerdings auf Kosten eines offensichtlichen Entwicklungsrückstands. Besser ist, wie später festgestellt wurde, 6. ... d5.

7. Le3: fe3: 8. Lc4 d6 9. 0–0 0–0 10. Dd3 Sc6 11. ed6: cd6:

Nach 11. ... Ld6: 12. De3: wäre die Drohung Sg5 sehr unangenehm, z. B.: 12. ... Lg4 13. Sg5 Lh5 14. Sce4, und 14. ... Sd4: geht nicht wegen 15. Dh3 Lg6 16. Tf7:, und Weiß gewinnt.

12. Tae1 Lg4 13. Te3: Kh8

Der König flüchtet aus der Diagonale c4–g8, um den Druck auf f7 zu mindern.

14. Sd5 Lg5

Es drohte 15. Se7: Se7: 16. Sg5. Der Entwicklungsvorsprung von Weiß hat sich in einer sichtbaren Überlegenheit der Kräfte am Königsflügel konkretisiert, die jetzt einen entscheidenden Angriff ermöglicht.

15. Sg5: Dg5: 16. Tg3 Dh5 17. Se3 Ld7
Es geht nicht 17. ... Le6 wegen 18. Le6: fe6:
19. Tf8:+ Tf8: 20. Th3, und Weiß gewinnt.

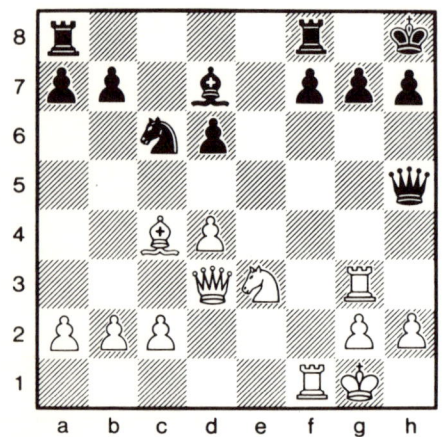

18. Sf5 Lf5: 19. Tf5: Dh4
Auf 19. ... Dh6 wäre 20. Th3 Dg6 21. Lf7:! Tf7:
22. Tf7: mit Gewinnstellung gefolgt.
20. c3 De7 (es drohte Th3) **21. Te3 Dd7 22. T3f3
Sd8**
Es geht nicht 22. ... f6 wegen 23. Th5 h6 24. Dg6,
gefolgt von Ld3 oder Tfh3.
23. De4! g6
Es gibt keine Verteidigung mehr! Es drohte u. a.
24. Ld3 g6 25. Tf6!, gefolgt von Dh4 usw.
24. Dh4! Tg8
Auf 24. ... gf5: folgt 25. Df6+ Kg8 26. Tg3 Matt.
Oder 24. ... Df5: 25. Tf5: gf5: 26. Df6+ Kg8
27. Ld3, gefolgt von Df5: usw.
25. Tf7:, und Schwarz gab auf.

Seltene Fortsetzungen im Königsspringergambit

Wir haben uns bis jetzt mit der klassischen Form des angenommenen Königsgambits, des soge- nannten Königsspringergambits (1. e4 e5 2. f4 ef4: 3. Sf3), beschäftigt. Es gibt aber auch andere Formen, das angenommene Königsgambit zu behandeln, sowohl für Weiß als auch für Schwarz. Im allgemeinen sind diese Abweichungen nicht sehr empfehlenswert. Sie haben den Vorteil des Überraschungsmoments und können manch- mal, besonders gegen unvorbereitete Gegner, sehr erfolgreich sein.

3. Lc4 (Läufergambit)

Die klassische Form dieses Gambits (1. e4 e5 2. f4 ef4: 3. Lc4 Dh4+) wurde in der Vergangen- heit ziemlich oft gespielt. Spielmann war eine Zeit sogar der Meinung, daß sie dem Weißen bessere Chancen bietet als das Königsspringergambit, aber nachdem Bogoljubow die gute Verteidigung 3. ... Sf6 4. Sc3 c6! fand (und damit Spielmann zweimal schlagen konnte!), verlor sie ihre Popula- rität. Was passieren kann, wenn Schwarz sich nicht ganz richtig verteidigt, zeigen die folgenden zwei Partien:

Jackson – Lawrence (London 1897)

1. e4 e5 2. f4 ef4: 3. Lc4 d5 4. Ld5: Dh4+
Schwarz kombiniert die alte Spielweise Dh4+ mit modernen Ideen. Der d-Bauer wurde aber zwecks einer schnellen Entwicklung geopfert, und deshalb ist 4. ... Sf6 hier konsequenter.
5. Kf1 g5 6. Sf3
Tschigorin pflegte hier 6. g3!? zu spielen.
6. ... Dh5 7. h4 Lg7 8. Kf2!?
Eine Partie *Charousek – Tschigorin (Budapest 1896)*, wo Weiß nach damals bekanntem Muster 8. Sc3 h6 9. d4 Se7 10. Dd3 spielte (Winawer – Tarrasch, Leipzig 1892), endete nach 10. ... Sbc6! 11. Sb5 0–0! 12. Sc7: Sb4! 13. Dd2 Sbd5:

14. Sd5: Sd5: 15. ed5: Te8 16. Kg1 g4 17. Se5 Le5: 18. de5: Te5: 19. Df4:? (19. Dc3 Df5 20. b3 Ld7 21. Lb2 Tae8 nebst f7–f6 ∓) 19. ... Te1+ mit einer Katastrophe für Weiß. Der Partiezug, der hg5: oder Sg5: droht, ist zweifellos ein Versuch, das weiße Spiel zu verbessern.

8. ... g4 9. Sg5 Sh6 10. d3 0–0

Es wäre zweifellos besser, zunächst den Ld5 mit c7–c6 zu jagen (hier und im nächsten Zug).

11. Lf4:

In wahrer Gambitmanier opfert Weiß die Qualität, um die schwarzen Felder des Gegners am Königsflügel zu schwächen und um zusätzlich auch noch Zeit zu gewinnen.

11. ... Lb2: 12. Sd2 La1:

Vielleicht wäre es vernünftiger, 12. ... c6 zu ziehen und den Läufer zurück nach g7 zu bringen.

13. Da1: Sd7 (wieder war c7–c6 angemessen)

14. Sc4 c6 (zu spät)

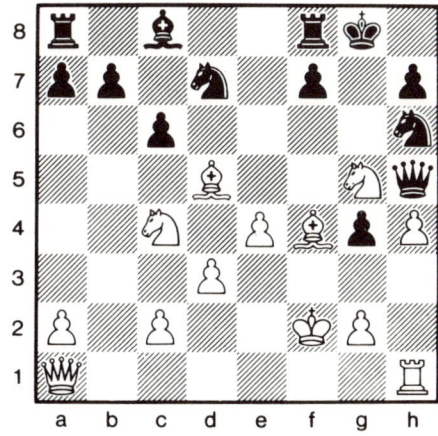

15. Se6! g3+

Die Variante 15. ... fe6: 16. Le6:+ Sf7 17. Sd6 hat Schwarz nicht gefallen, also sucht er nach Gegenchancen.

16. Ke1 fe6: 17. Le6:+ Tf7 18. Th3 Se5

Scharfsinnig, aber dennoch unzureichend.

19. Tg3:+ Sg6 20. Lf7:+ Sf7:. 21. Df6 Lg4

Auf 21. ... Ld7 wäre 22. Se5 Se5: 23. Le5: Dh6 24. Dh8+ Kf7 25. Tf3+ Ke7 26. Lf6+ Ke6 27. Da8: Dc1+ 28. Kf2 Dc2:+ 29. Kg1 gefolgt, und Weiß gewinnt.

22. Se3 Ld7 23. Sf5 Lf5: 24. ef5: Te8+ 25. Le3 Dh6 26. fg6: Te3:+ 27. Kf2 Sd6 28. gh7:++ Kh7: 29. Dh6:+ (1–0).

Lepeschkin – Baikow
(UdSSR-Spartakiade 1974)

1. e4 e5 2. f4 ef4: 3. Lc4 Sf6 4. Sc3 c6!

Das Verteidigungssystem von Bogoljubow ist, laut Theorie, die beste Waffe gegen das Läufergambit.

5. d4

So spielte auch Spielmann in seiner berühmten, verlorenen Partie gegen Bogoljubow 1923 in Karlsbad. Seitdem empfiehlt die Theorie 5. Lb3 als bessere Fortsetzung, mit der Folge 5. ... d5 6. ed5: cd5: 7. d4 Ld6 8. Sge2 0–0 9. 0–0 g5 10. Sd5: Sc6, und jetzt nicht 11. c3 Sd5:! 12. Ld5: Se7 13. Lc4 Sf5 14. Ld3 b6 mit Vorteil für Schwarz (wie in einer anderen Partie Spielmann – Bogoljubow, Mährisch-Ostrau 1923), sondern 11. h4! h6 12. hg5: hg5:: 13. Sec3 mit ungefähr gleichen Chancen (laut Tartakower).

5. ... d5

Bogoljubow (und mehr als ein halbes Jahrhundert später Spasski) spielten hier 5. ... Lb4, worauf beide Partien – *Spielmann – Bogoljubow (Karlsbad 1923) und Hartmann – Spasski (Bundesliga 1985/86)* – bis zum 12. Zug gleich verliefen: 6. Df3 d5 7. ed5: 0–0 8. Se2 cd5: 9. Ld3 Lg4 10. Df4: Le2: 11. Ke2:! Te8+ 12. Le3 Sc6. Spielmann setzte nun mit 13. Thf1 fort, wodurch die Partie schnell zu Ende ging: 13. ... De7 14. Tf3 Tad8! 15. Kf1 Td6 16. Dh4 Lc3:! 17. Lg5? (das Endspiel nach 17. bc3: Se4 18. De7: Te7: 19. Le4: de4:! 20. Tf2 Sa5 war für Weiß hoffnungslos) 17. ... Ld4:!! 18. Lf6: Df6:! 19. Dh7:+ Kf8, und Weiß gab auf (20. Tf6: Tf6:+ 21. Lf5 Th6! oder 20. Dh8+ Ke7 21. Dh5 g6 22. Te1+ Te6 23. Tf6: Te1:+ 24. Ke1: Kf6:+ mit Rückgewinn der Dame bei Mehrfigur).

Hartmann zog es vor, den anderen Turm nach f1 zu ziehen (13. Taf1), aber auch er kam nach 13. ... Dd7 14. Sd1 Ld6 15. Dh4 Se4 16. c3 f5 17. Sf2 Sa5 18. Dh3 g6 19. Le4: de4: 20. b3 Db5+ 21. Ke1 f4 in Nachteil und verlor schließlich im 41. Zug.

Weiß soll, laut einer Analyse von Glaskow, statt 6. Df3 eher 6. e5 spielen, mit der möglichen Antwort 6. ... Se4 7. Kf1!? (Auch 7. Df3 d5 8. ed6: 0–0 9. Se2 ist spielbar. »Schwarz kann«, laut Keres, »wenn ihm die Komplikationen 9. ... Dh4+ 10. g3 fg3: 11. hg3: Dg4 nicht liegen, mit 9. ... Sc3: 10. bc3: Ld6 ausgleichen.«) 7. ... Sc3:

8. bc3: Lc3: 9. La3. In einer Fernpartie *Hasow – Alfeewski (1982)* folgte weiter 9. ... b5 (auf La1: folgt dieselbe Antwort) 10. Ld6! h5! (10. ... bc4:? 11. Dg4 g6 12. Dh3 La1: 13. Dh6 Ld4: 14. Dg7±) 11. Lb3 La1: 12. Sf3! Th6 13. Kf2 a5 (besser war 13. ... Sa6!?) 14. Dd3! a4 15. Df5! ab3: 16. Sg5 Ld4:+ 17. Kf3 De7 18. Le7: Ke7: 19. Df7:+ mit Gewinnstellung für Weiß. Wie man sieht, beide Seiten befinden sich in dieser Variante auf gefährlichem Glatteis.

6. ed5: Sd5:

Wie Bronstein in einigen Partien bewiesen hat, kommt Weiß auch nach 6. ... cd5: in Vorteil, z. B.: 7. Lb5+ Sc6 8. Lf4: Ld6 9. Sge2 0–0 10. 0–0 Lf4: 11. Tf4: Lg4 12. Dd2 Le2: 13. Le2: Db6 14. Td1 (Bronstein – Zeschkowski, UdSSR 1978).

7. De2+

In einer Partie Hebden – Bj. Andersson (London 1986) wurde 7. Ld5: versucht, aber nach 7. ... cd5: 8. Lf4: Le7 9. Dh5 Le6 10. Sf3 Sd7 11. 0–0 Sf6 12. De5 0–0 13. Tae1 war der weiße Raumvorteil unbedeutend. Mit 13. ... Sd7 konnte Schwarz ziemlich einfach das Gleichgewicht behalten.

7. ... Le7 8. Sd5: cd5: 9. Lb5+ Ld7 10. Ld7:+ Sd7: 11. Sh3!

Weiß beabsichtigt nun, nach 0–0 und Sf4: ein kombiniertes Spiel gegen den schwachen Bd5 und den Königsflügel einzuleiten. Um nicht in eine ziemlich aussichtslose Defensive gedrängt zu werden, entschließt sich Schwarz für eine noch schlimmere Alternative: Er deckt den Mehrbauern f4, schwächt seine Königsstellung und gerät damit unter den entscheidenden gegnerischen Königsangriff.

11. ... 0–0 12. 0–0 Lf6 13. c3 g5? 14. Df3 Sb6 15. g3!

(Siehe nächstes Diagramm)

Damit wird die schwarze Bauernformation am Königsflügel zerstört.

15. ... Dd7 16. Dh5 Lg7

Das führt zu einem schnellen Zusammenbruch, eine vernünftige Verteidigung war hier nicht mehr möglich.

17. Sg5: h6 18. Sf3 fg3: 19. Lh6: Dd6 20. Lg7: gh2:+ 21. Kh1 Kg7: 22. Sh4, und Schwarz gab auf.

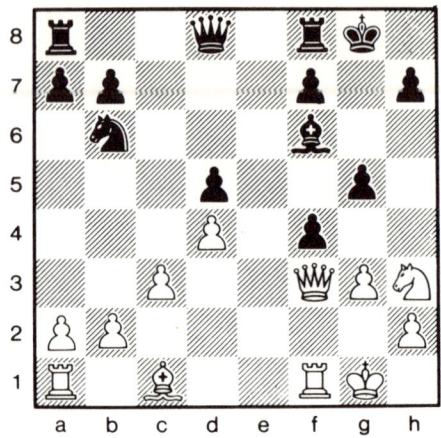

Stellung nach 15. g3!

3. Sc3 (Pernauer Gambit)

Das Pernauer Gambit ist eigentlich eine Abart des bekannten Steinitz-Gambits (1. e4 e5 2. Sc3 Sc6 3. f4 ef4: 4. d4 Dh4+ 5. Ke2), die in den 30er Jahren von dem estnischen Fernschachspieler Willemson öfter angewandt wurde. Auch der junge Keres, damals eifriger Fernschachspieler, analysierte diese gewagte Form des Königsgambits und spielte sie in etlichen Fernpartien. Das folgende Beispiel zeigt, wie eine solche, theoretisch »ungesunde« Spielweise auch im Nahschach mit Erfolg angewendet werden kann.

1. e4 e5 2. f4 ef4: 3. Sc3 Dh4+ 4. Ke2 d5

Keres demonstrierte in den folgenden zwei Fernpartien überzeugend, daß 4. ... d6 schwächer ist:

Keres – Kunerth (Fernpartie 1935/36): 5. Sf3 Lg4 6. Sd5 **Lf3:+** 7. gf3: Kd8 8. d3! g5 9. Ld2 Lg7 (Wenn Weiß 8. d4?! statt 8. d3! gespielt hätte, so könnte Schwarz mit c7–c6 den Sd5 vertreiben. Das scheitert jetzt an Lc3.) 10. Le1 Dh5 11. h4 h6 12. Lh3! Se7? (Wohl oder übel muß Schwarz f7–f6 spielen. Nun verliert Schwarz einen Bauern bei schlechter Stellung.) 13. Se7:! Ke7: 14. Lg4

26

Dg6 15. Lf5 Dh5 16. Lf2! f6 17. hg5: De8 18. gf6:+
(auch 18. g6! gewann leicht) 18. ... Lf6: 19. Dd2
Db5 20. b3! La1: 21. Ta1: Sd7 22. Lh4+ (1–0).
Keres – Stoller (Fernpartie 1935/36): **6. ... Kd7**
7. Sf4: Sf6 (besser 7. ... Lf3:+ 8. Kf3: Sh6 9. h3
f5!) 8. d3 g5 9. Sh3 h6 10. Sf2 Sc6 11. Le3 d5!
12. Kd2! Dh5 13. Le2 de4:! 14. Sg4: Sg4: 15. Ld4
e3+! 16. Kc1 Th7? (richtig Tg8!) 17. Tf1! (mit der
Drohung 18. h3 Sf2 19. Tf2:!) 17. ... Dg6 18. Sh4!!
(hätte Schwarz 16. ... Tg8! gespielt, so wäre dieser Zug nicht möglich gewesen) 18. ... gh4:
19. Lg4:+ Ke8 20. Le3:! Se7 21. a4 (besser
21. Df3!) 21. ... h5 22. Lf3 Lh6! 23. Dd2 Sc6? (c6!)
24. Le4! Le3: 25. De3: De6 26. Te1 Th6 27. Lc6:+
(1–0).

5. Sd5: Ld6

Viel schärfer ist 5. ... Lg4+ 6. Sf3 Sc6, wonach
Weiß die folgende Wahl hat:

1) 7. d4 (damit entsteht durch Zugumstellung
das echte Steinitz-Gambit) 7. ... 0–0–0! 8. c3
f5, und Schwarz erlangt einen starken Angriff
(Keres – Kunerth, Fernpartie 1935).

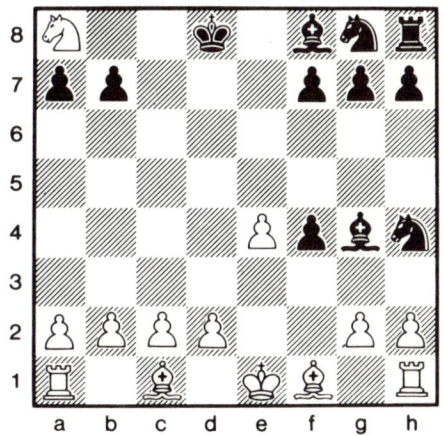

2) 7. Sc7:+ Kd8 8. Sa8: Se5 9. h3 (der mexikani-
sche Großmeister Carlos Torre analysierte hier
die Folge 9. De1 Sf3: 10. Dh4: Sh4:+ 11. Ke1
und war der Meinung, daß die Bauernphalanx
dem Weißen gute Angriffschancen verspricht.
»Ich«, schrieb Großmeister Bronstein, »würde
bevorzugen, diese Stellung mit Schwarz zu
spielen ...« Bei einer solchen Meinungsver-
schiedenheit ist der eigene Geschmack entscheidend (siehe Diagramm). 9. ... Lf3:+
10. gf3: Dg3 11. d4 Df3:+ 12. Ke1 Dg3+

13. Ke2, und Remis durch Dauerschach (Mac-
well – Tatai, Las Palmas 1972).

6. d4 Lg4+ 7. Sf3 Sc6

In einer Partie Bronstein – Alatorzew (UdSSR-
Meisterschaft 1945) wurde 7. ... Sf6 gespielt, wo-
nach 8. Sf6:+ gf6: 9. c3 eine gute Stellung für
Weiß gibt.

8. e5

Ein sicherer Weg ist hier 8. c3, um dem weißen
König das Fluchtfeld c2 zu sichern, z.B.
8. ... 0–0–0 9. Kd3 Dh6 10. Kc2 mit Vorteil für
Weiß (Keres – Menke, Fernpartie 1933). Der Partiezug ist riskant, allerdings nicht leicht zu bekämpfen.

8. ... 0–0–0! 9. Lf4:

Nach 9. ed6:? Td6: 10. c4 Sf6 steht Weiß auf Verlust.

9. ... Sge7 10. c4 Sf5?

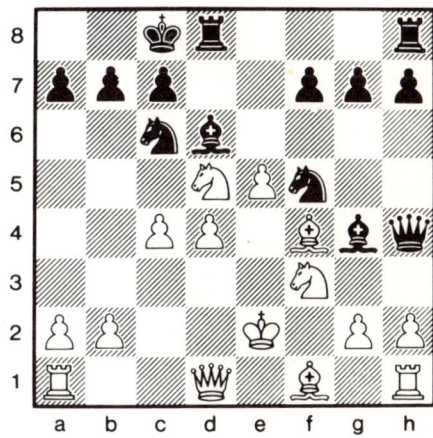

Auch nach langem Nachdenken fand Furman
nicht den richtigen Weg. Wie nachträgliche Analysen zeigten, hätte Schwarz hier 10. ... Lb4! spielen sollen, wodurch die Lage von Weiß kritisch geworden wäre, z.B. 11. Lg3 Dh5 12. Se7: Le7:, und
Weiß wegen der Schwäche seines Zentrums
Schwierigkeiten bekommen hätte. Der fehlerhafte Partiezug ist die Folge einer Überschätzung
der Angriffsmöglichkeiten von Schwarz nach
dem Fall des wichtigen Zentralbauern d4.

11. ed6:

Jetzt nimmt Weiß den Ld6 und läßt sich die Korrektheit des Opfers beweisen.

11. ... Sfd4:+ 12. Kd3! Dh5

Nach 12. ... Lf5+ 13. Kc3 ist der weiße König in

Sicherheit, und mit 12. ... Df2 ist nach 13. Dd2 nichts zu erreichen.

13. Le2 Se6 14. Lg3.

Eine für dieses Gambit typische Stellung. Der weiße König ist, trotz seiner auf den ersten Blick exponierten Stellung, völlig sicher im Zentrum, und die materielle Überlegenheit entscheidet den Kampf. Charakteristisch ist auch, daß Furman auf der Suche nach einer Widerlegung des weißen Aufbaus sehr viel Zeit verbraucht hatte und sich jetzt in Zeitnot befand. Er versuchte jetzt noch ein paar taktische Tricks, die aber erfolglos blieben.

14. ... cd6: 15. b4 The8 16. Te1 Sc7

Um den lästigen weißen Springer zu beseitigen.

17. Kc3 Dh6 18. Dc1 Sd5:+ 19. cd5: Te3+ 20. Ld3 Df6+ 21. Kc2 Te1:

Nichts geht mehr: 21. ... Tf3: wird mit 22. dc6: beantwortet.

22. Le1: Lf3: 23. dc6: Lc6: 24. Lc3 Df2+ 25. Dd2 La4+ 26. Kb2, und nach ein paar Zeitnotzügen verlor Schwarz durch Zeitüberschreitung.

3. Df3 (Breyer-Gambit)

Der Zug **3. Df3** (nach 1. e4 e5 2. f4 ef4:) widerspricht (mindestens auf den ersten Blick) allen klassischen Prinzipien der Eröffnungsbehandlung. Kein Wunder – er wurde in die Meisterpraxis von einem der radikalsten Repräsentanten der »Hypermodernen«, Gyula Breyer, eingeführt. Heute wird dieses Gambit sehr selten gespielt, darf aber nicht unterschätzt werden – sogar große Meister können seine Opfer werden ...

Spielmann – Möller (Göteborg 1920)

1. e4 e5 2. f4 ef4: 3. Df3 Sc6

Die beste Antwort. Die Grundidee des Zuges 3. Df3 kommt in der Variante 3. ... Dh4+?! 4. g3 fg3: 5. hg3: Df6 6. Sc3 Df3: 7. Sf3: zum Vorschein: Weiß erhält für das geopferte Material eine starke Initiative. Auch die Antwort 3. ... d5 wäre weniger gut, z. B.: 4. ed5: Sf6 5. Sc3 Lg4 6. Df4: Ld6 7. De3+ Le7 8. Lc4 0–0 9. Sf3 Lf3: 10. Df3: Lc5

11. Se2 Sbd7 12. d4 mit besserem Spiel für Weiß (Planinc – Gligorić, Jugoslawien 1967).

4. c3 Sf6 5. d4 d5 6. e5 Sc4 7. Lb5

Die Theorie empfiehlt hier 7. Lf4: und stellt fest, daß nach 7. ... f6 (auch 7. ... Le7 8. Sd2 f5 9. ef6: Sf6: 10. Ld3 0–0 11. Se2 Lg4 ist gut für Schwarz; Drimer – Unzicker, Hastings 1969–70) 8. Lb5 Le7 9. ef6: Lf6: die Aussichten von Schwarz besser sind, z. B.: 10. Se2 0–0 11. 0–0 g5! 12. Lc6: bc6: (Spielmann – Tarrasch, Göteborg 1919) oder 10. Sd2 Sd2: 11. Kd2: 0–0 12. Se2 Le6 13. Tae1 Dd7 14. Dg3 Tf7, und Schwarz steht sehr gut (Keres – Johansson, Fernpartie 1937/38).

7. ... Dh4+ 8. Kf1 g5

Der Qualitätsgewinn 8. ... Sg3+ 9. hg3: Dh1: 10. Lf4: wäre für Schwarz sehr nachteilig. Nach dem Partiezug droht Schwarz sowohl 9. ... Lg4 als auch 9. ... g4 10. Df4: Lh6!

9. Sd2!

Bereitet das folgende Damenopfer vor.

9. ... Lg4?!

Wie später festgestellt wurde, kann Schwarz hier mit 9. ... Lf5! ein gutes Spiel bekommen. Nach dem Partiezug opfert Weiß die Dame für nur zwei leichte Figuren, erreicht damit aber eine überraschend starke Initiative.

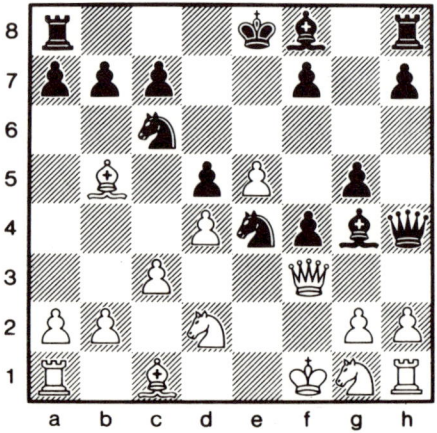

10. Se4:! Lf3: 11. Sf3: Dh6 12. Sf6+ Kd8 13. h4! Le7 14. Sg5: Dg6 15. Sd5:

Die weißen Springer bewegen sich im feindlichen Lager wie zu Hause und nehmen »en passant« eine ganze Menge Bauernbeute.

15. ... Lg5: 16. hg5: Dc2

Die Expedition der schwarzen Dame wird

schlimm enden, aber ein vernünftiger Plan ist gar
nicht leicht zu finden. Auf 16. ... Se7 folgt z.B.
17. Sf4:, und die Dame hat keine guten Felder.

17. Le2 Se7 18. Sf4: c5?!
Auf 18. ... Sf5 wäre, wie in der Partie, 19. Th3 gefolgt. Wenn aber 18. ... Df5, so 19. Ld3, und die
Dame ist wieder in Bedrängnis. Vielleicht wäre
18. ... c6 etwas vorsichtiger, aber solche Stellungen sind ungemein schwierig zu verteidigen.

19. Th3 cd4:?
Es war höchste Zeit, die Dame in Sicherheit zu
bringen (19. ... Df5 oder Da4), obwohl auch in
diesem Fall die weitere Verteidigung sehr schwierig wäre.

20. Td3 Kd7
Oder 20. ... Sf5 21. Ld1 Se3+ 22. Le3: Db2:
23. Td4:+ mit Gewinnstellung.

21. Ld1 Dd3:+ 22. Sd3: dc3: 23. bc3:
Jetzt ist Weiß materiell und positionell in Vorteil
und gewinnt schnell.

**23. ... Tad8 24. Le2 Sf5 25. Lf4 Kc7 26. Tb1 b6
27. e6+ Kc8 28. Se5,** und Schwarz gab auf.

Unregelmäßige Verteidigungen

Nicht nur der Angreifer, auch Schwarz hat die
Möglichkeit, die bekannten theoretischen Empfehlungen zu vermeiden und eigene Wege zu gehen. Solche Versuche haben jedoch keinen be-
sonderen Wert. Man kann damit den Gegner
eventuell überraschen, aber meistens führen sie
zu Kurzschlüssen, wie die folgenden Partien ver-
deutlichen:

3. Lc4 Se7?!

**Baranow – Bontsch-Osmolowski
(Moskau 1952)**

1. e4 e5 2. f4 ef4: 3. Lc4 Se7?!
Die Idee ist, den Gambitbauern von g6 mit dem
Springer zu verteidigen. Das kostet allerdings Zeit
(zwei Springerzüge), und außerdem steht der
Springer auf g6 nicht so aktiv wie auf f6.

4. Sc3 c6 5. d4
Für 5. Sf3 d5 siehe Fischer – Minić, Seite 41.

5. ... Sg6 6. Sf3 Le7 7. 0–0 0–0 8. Se5!
Damit gewinnt Weiß den geopferten Bauern bei
guter Stellung zurück.

**8. ... Se5: 9. de5: d6 10. Lf4: de5: 11. Le5:
Db6+?**
Ein taktischer Fehler, der schnell zum Verlust
führt. Es war offensichtlich, daß bei der Entwick-
lungsüberlegenheit des Weißen die Damen getauscht werden müßten: 11. ... Dd1: 12. Tad1:
Sd7 mit schlechterer, aber immerhin noch spiel-
barer Stellung. Zu seinem Unglück sah Schwarz
eine Möglichkeit, die Damen unter besseren Umständen zu tauschen, übersah hingegen eine
schöne Kombination des Gegners.

12. Kh1 Dc5
(Siehe nächstes Diagramm)

13. Tf7:!
Die Schwäche des Punktes f7 ist ein bekanntes
Leitmotiv der offenen Spiele und ganz besonders
das des Königsgambits. Es ist interessant, daß
das gleiche Kombinationsthema die oben zitierte
Partie Fischer – Minić entschied.

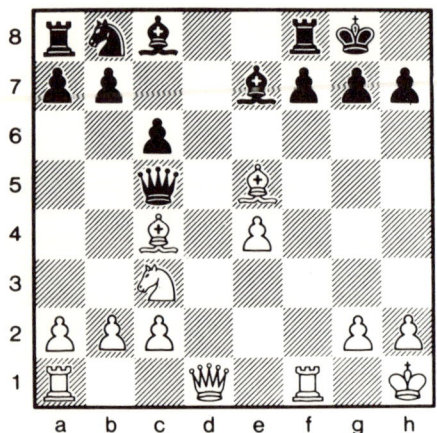

Stellung nach 12. ... Dc5

13. ... Tf7:

Keiner der beiden weißen Läufer darf genommen werden: auf 13. ... De5: folgt 14. Te7:+, und auf 13. ... Dc4: entscheidet 14. Tg7:+ Kh8 15. Te7:+ Kg8 16. Tg7+ usw. (die bekannte »Mühle«).

14. Lf7:+ Kf7: 15. Dh5+ Kf8

Auf 15. ... g6 entscheidet 16. Dh7:+ Ke6 17. Lf4, und auf 15. ... Kg8 folgt 16. De8+ Lf8 17. Dc8: De5: 18. Db7: Ld6 19. g3, und gewinnt.

16. Tf1+ Lf6 17. Sd5!

Wieder ein bekanntes Kombinationsmotiv: Die Wirkungslinie der schwarzen Dame auf die 5. Reihe wird unter Aufopferung des Springers unterbrochen. Damit wird der Le5 entfesselt und das Nehmen auf f6 möglich. Konkret: nach 17. ... cd5: folgt 18. Lf6: gf6: 19. Tf6:+ Ke7 20. Tf7+ Kd6 (20. ... Ke6 21. Df5+ Kd6 22. e5+ Kc6 23. Dc8:+ Kb5 24. Tb7:+ Kc4 25. Tc7) 21. Dh6+ Le6 22. e5+ Kc6 23. De6:+ Kb5 24. Tb7:+ Kc4 25. Dg4+.

17. ... Sd7 18. b4!

Nach dieser letzten Pointe gab Schwarz auf. Die Dame kann die Kontrolle des Feldes d6 nicht aufgeben (wegen Ld6 Matt).

3. Sf3 g6?!

Filipowicz – Gabris
(Polnische Meisterschaft 1960)

1. e4 e5 2. f4 ef4: 3. Sf3 g6?!

Vor dieser Partie (die jetzt in der »Enzyklopädie« zitiert ist), war dieser Zug in keinem einzigen Lehrbuch zu finden ...

4. Lc4 Lg7 5. d4 Sf6 6. e5 Sh5 7. Sc3 0–0 8. g4!?

Dieses Bauernopfer ist für manche Varianten des Königsgambits typisch (siehe Seite 21, Partie Bronstein – Petrosjan) und als riskant bekannt.

8. ... fg3:!?

Eine aggressive Alternative wäre 8. ... d5!? 9. Ld5: Lg4: 10. Lb7: Sd7! (aber nicht 10. ... Lf3: 11. Lf3: Dh4+ 12. Kf1) 11. La8: Da8: 12. 0–0 c5!, und für die geopferte Qualität könnte Schwarz eine starke Initiative bekommen.

9. Lg5 g2 10. Tg1 De8 11. Sd5 d6 12. De2

Auf c7 darf Weiß nicht nehmen wegen Dc6. Auch nach 12. Le7 folgt 12. ... Dc6 13. Lf8: Dc4: 14. Se3 Db4+ 15. c3 Db2: 16. Lg7: Dc3:+ 17. Kf2 Kg7: mit genügender Kompensation für die Qualität.

12. ... Lg4?

Daß das ein Fehler sein würde, war während der Partie nicht so leicht zu erkennen. Später wurde 12. ... Dd7 13. 0–0–0 b5! empfohlen, mit interessanten Verwicklungen.

13. Dg2: Lf3: 14. Df3: de5:

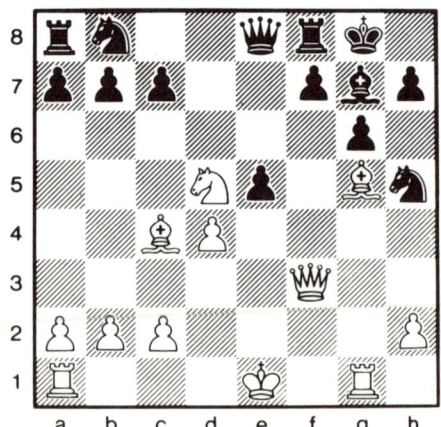

15. Dh5:!
Das hat Schwarz übersehen, als er den Angriff auf das weiße Bauernzentrum mit 12. ... Lg4? begann.

15. ... gh5:
Das kleinere Übel wäre wohl 15. ... ed4:+ 16. De2 Sd7, und Schwarz könnte mit drei Bauern noch für die Figur kämpfen.

16. Lf6 Sd7 17. Lg7:
Ein Fehler wäre 17. Tg7:+ Kh8 gewesen: Der Lf6 ist angegriffen, und es gibt kein gewinnbringendes Schachgebot.

17. ... h6 18. Sf6+ Sf6: 19. Lf6:+ Kh7 20. Tg7+ Kh8 21. Tf7:+ Kg8 22. Te7+, und Schwarz gab auf. Nach 22. ... Df7 23. Tf7: Tf7: 24. Lf7:+ Kf7: 25. Le5: bleibt Weiß mit einer Mehrfigur.

Das abgelehnte Königs-springergambit

Wie jedes Gambit kann auch das Königsgambit abgelehnt werden. Die bekanntesten und meist gespielten Ablehnungsformen sind 2. ... Lc5 (nach 1. e4 e5 2. f4) und 2. ... d5. Die erste ist eine positionelle Methode, die zweite ist eigentlich ein Gegengambit, weil es nach 3. ed5: Schwarz ist, der einen Bauern (3. ... e4) opfert, um die Initiative zu ergreifen. Dieses von Falkbeer im vorigen Jahrhundert erfundene Gegengambit ist, dank der vielen Partien und Analysen von Keres, Bronstein, Estrin u. a., eine der beliebtesten Arten geworden, das Königsgambit zu bekämpfen.

2. ... Lc5

Rubinstein – Hromadka
(Mährisch-Ostrau 1923)

1. e4 e5 2. f4 Lc5 3. Sf3 d6
3. ... d5!? wurde lange Zeit als fehlerhaft betrachtet, aber die Lage ist bei weitem nicht so klar wie man dachte. In einer Partie *Hebden – Flear (Edinburgh 1985)* geschah: 4. Se5: (Von der Theorie empfohlen, aber vielleicht ist 4. Sc3 d4 5. Sa4 Ld6 6. fe5: Le5: 7. Se5: Dh4+ 8. g3 De4:+ 9. De2 Dh1: 10. Sg6+ Le6 11. Sh8:, wie in einer Partie Jerzykowski – Lipski, Polen 1974, doch besser. Zu erwägen ist noch eine alte Partie *v. d. Lasa – Bledow, Berlin 1839,* wo Weiß nach 4. ed5: e4 5. d4! ef3: 6. dc5: De7+ 7. Kf2 fg2: mit 8. Lg2:! Dc5:+ 9. Le3 in Vorteil kommen könnte.) 4. ... Sf6 (4. ... de4:? 5. Dh5 führte zur Katastrophe in der Partie *Schelewinski – Rawinski, Moskau 1962:* 5. ... De7 6. Lc4 g6 7. De2 Sh6 8. Sc3 Sd7 9. Sd5 Dd6 10. De4: 0–0 11. b4! c6 12. bc5: Sc5: 13. Sf7:! Sf7: 14. Se7+ Kg7 15. Lb2+ Kh6 16. De3 Sa4 17. f5+ g5 18. Dh3 Matt) 5. d4 Lb6 6. Sc3?! (vielleicht besser 6. ed5: Dd5: 7. Le3 Sc6 8. Sc3; Wien – Innsbruck, Fernpartie 1865. und auf 8. ... La5 9. Dd2!) 6. ... de4: 7. Le3 0–0 8. Lc4?! (besser 8. Dd2, gefolgt von 0–0–0) 8. ... Sc6! 9. Dd2?! Sd4: 10. 0–0–0 c5 11. Sa4 Lg4 12. Sb6: Db6: 13. Sg4: Sg4: 14. The1 Tad8 15. Dc3 Tfe8 16. Lg1

Dh6 17. Kb1 Df4: 18. Tf1 Se6 19. Le6: Td1:+
20. Td1: fe6: 21. Dc5: e3 22. Te1 Td8 23. De7 Dd4
24. De6:+ (24. b3! Dd2 25. Kb2!) 24. ... Kh8
25. Tc1 Dd2 26. b3 e2 27. h3 Sf6 28. De3 De3:
29. Le3: Se4! (0–1).

4. Sc3
Nach 4. c3 muß Weiß mit der Antwort 4. ... f5!?
rechnen, z. B.: 5. fe5: de5: 6. d4 ed4: 7. Lc4 Sf6!
8. e5 Se4 9. cd4: Lb4+ 10. Ld2 Sd2: 11. Sbd2:
Sd7 12. Db3 De7 mit beiderseitigen Chancen.

4. ... Sf6 5. Lc4 Sc6 6. d3 Lg4 7. h3
Vielleicht ist hier 7. Sa4, wie Aljechin gegen Tenner
(1907) und Teichmann (1921) spielte, stärker, z. B.:
7. ... Lf3:?! 8. Df3: Sd4 9. Dd1 b5 10. Lf7:+! Kf7:
11. Sc5: dc5: 12. fe5: mit Vorteil für Weiß (Balaschow – Matanović, Skopje 1970). Eine bessere
Verteidigung ist aber 7. ... Lb6, z. B.: 8. Sb6: ab6:
9. c3 0–0 10. h3 Lf3: 11. Df3: Sa5 12. f5 d5, wie in
einer alten Partie Nenarokow – Ljubimow (Moskau 1907).

7. ... Lf3: 8. Df3: Sd4?!
Zweifellos richtiger ist hier 8. ... ef4:, wonach laut
Rubinstein 9. Lb5 0–0 10. Lc6: bc6: 11. Lf4: die
beste Antwort mit einem gutem Spiel ist.

9. Dg3 De7
In einer Partie Tschigorin – Pillsbury (Hastings
1895) wagte Schwarz, das Turmofper anzunehmen, geriet aber nach 9. ... Sc2:+ 10. Kd1 Sa1:
11. Dg7: Kd7 12. fe5: de5: 13. Tf1 unter starken
Angriff und verlor schließlich. Wahrscheinlich
wäre 9. ... 0–0 etwas besser als der Partiezug.

10. fe5: de5: 11. Kd1! c6 12. a4!
Der Positionsvorteil von Weiß basiert auf der halboffenen f-Linie und auf dem Läuferpaar. Deshalb
verhindert Weiß b7–b5, gefolgt von Sb3:.

12. ... Tg8 13. Tf1 h6 14. Se2!
Damit wird die aktivste schwarze Figur, der Sd4,
getauscht.

**14. ... 0–0–0 15. Sd4: Ld4: 16. c3 Lb6 17. a5
Lc7 18. Le3 Kb8 19. Kc2**
Der weiße Vorteil ist jetzt klar. Die Art und Weise,
wie Rubinstein jetzt einen Königsangriff aufbaut,
ist ein klassisches Beispiel geblieben.

19. ... Ka8 20. Tf3 Sd5!
Ein geistreicher Versuch, das Spiel zu komplizie-
ren. Weiß darf den Springer nicht nehmen, weil
nach 21. ed5: cd5: 22. La2 e4 23. Lf4 ef3: 24. Lc7:
Schwarz eine Gegenspielmöglichkeit bekommen
würde.

21. Lg1 Sf4 22. Df2 Lb8

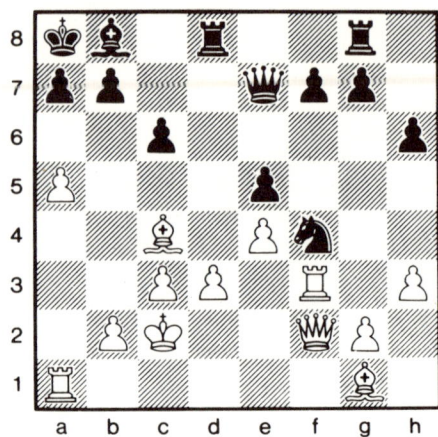

Auf den ersten Blick könnte man glauben, daß
Schwarz ausgeglichen hat...

23. g3!
Damit beginnt eine schöne und weit berechnete
Schlußkombination.

23. ... Sh3: 24. Tf7: Dd6
Das Endspiel wird nach 24. ... Sf2: 25. Te7: Tgf8
26. Tf1 für Schwarz hoffnungslos.

25. Db6!
Auf diesem schönen Zug basiert die ganze Kombination. Die Dame darf nicht genommen werden: 25. ... ab6: 26. ab6:+ La7 27. Ta7:+ Kb8
28. Tfb7:+ Kc8 29. La6! mit undeckbarem Matt.
Schwarz hat nur eine Verteidigung gegen das
Matt.

25. ... Td7 26. Lc5! Tf7:
Die Dame darf wieder nicht genommen werden:
26. ... ab6: 27. ab6:+ La7 28. Ta7:+ Kb8
29. Ld6:+ Td6: 30. Tfb7:+ Kc8 31. La6, und auf
26. ... Dc7 folgt 27. Dc7: mit Turmgewinn.

27. Ld6: Tf2+ 28. Df2:!
Nur so! Nach 28. Kb3 Ld6: 29. De3 Tgf8 wird die
Lage unklar.

28. ... Sf2: 29. Lc5, und Schwarz gab auf. »Der
Schluß dieser Partie wurde von Rubinstein in be-
ster Tradition des Königsgambits gespielt.« (Ra-
suwajew)

2. ... d5 (Falkbeer Gegengambit)

Keres – Petrow
(Meisterschaft der UdSSR, Moskau 1940)

1. e4 e5 2. f4

»Das Königsgambit wurde in nur einer der 190
Partien der Meisterschaft gespielt, aber mit gutem Erfolg. Ich schätze diese Eröffnung als voll-
wertig und mindestens so gut wie zum Beispiel
die Italienische oder die Wiener Partie.« (Keres)

2. ... d5

Tarrasch betrachtete das Falkbeer-Gegengambit
als die einzig richtige Antwort zu 2. f4, sogar als
Widerlegung des Königsgambits. Das ist natürlich übertrieben, entspricht aber den etwas dogmatischen Ideen der Positionsspieler seiner Zeit.

3. ed5: e4

Noch schärfer ist Nimzowitschs Zug 3. ... c6!?
(siehe Seite 37).

4. d3 Sf6

In einer Partie *Keres – Lilienthal (Moskau 1941)*
wurde 4. ... ed3:?! gespielt, und Weiß blieb nach
5. Ld3: Sf6 6. Sc3 Le7 7. Sf3 0–0 8. 0–0 Sbd7
9. Lc4 Sb6 10. Lb3 ein Bauer mehr. Die Wertung

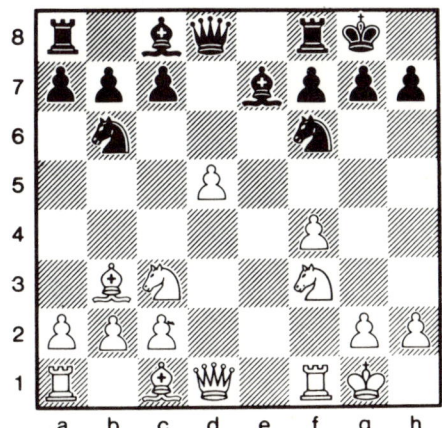

dieser Stellung war jedoch verschieden. Botwinnik z.B. schrieb: »Die Lage ist sehr interessant.
Weiß steht trotz Mehrbauern nicht besser, weil
seine Stellung durch den Zug f2–f4 geschwächt
wurde (die Felder e4 und e3 und der schlechte
Läufer c1!), und außerdem ist der Bd5 schwach.
Schwarz könnte hier 10. ... Lb4 mit gleichen

Chancen fortsetzen.« Als Beweis gab Botwinnik
folgende Varianten:

1) 11. Dd3 Lc3: 12. bc3: Sbd5: 13. La3 Te8
   14. Tad1 c6 15. c4 Db6+.
2) 11. Dd4 c5! 12. Dd3 Lc3: 13. bc3: c4.
3) 11. Dd4 c5! 12. dc6: Dd4:+ 13. Sd4: Lc5
   14. Td1 Lg4 15. Td3 Lf5 16. Td2 Tad8 17. Sce2
   bc6:.

Keres antwortete mit der folgenden Fortsetzung:
11. Se5 Lc3: 12. bc3: Sbd5: 13. La3 Te8 14. Dd4
c6 15. f5, mit Vorteil für Weiß.

In der Partie spielte Lilienthal fehlerhaft 10. ... a5
11. a4 Lc5+? und verlor erstaunlich schnell:
12. Kh1 Lf5 13. Se5 Lb4 14. g4 Lc8 15. Le3 Sbd7
(Leider geht weder 15. ... Lc3: 16. bc3: Sbd5:
17. Lc5 Te8 18. g5 noch 16. ... Sfd5: 17. Lc5 Te8
18. Lb6:.) 16. g5 Lc3: 17. bc3: Se4 18. d6 Se5:?
(etwas besser war 18. ... Sd6:) 19. fe5: (1–0).

5. Sd2!

Dieser Zug wurde von Keres erfunden und in etlichen Fernpartien der 30er Jahre gespielt. Er
brachte für Weiß viele schöne Siege und wird bis
heute, neben 5. de4:, als eine vielversprechende
Fortsetzung betrachtet.

5. ... ed3:

Nach dem heutigen Stand der Theorie ist diese
Entgegnung besser als 5. ... Lf5 6. de4: Se4:, wonach Weiß sowohl mit 7. Sgf3 als auch mit 7. De2
das bessere Spiel erreicht, z.B.:

1) **7. Sgf3** Lc5 8. Ld3 Sd2: (8. ... 0–0 9. Se4: Te8
   10. Se5 mit Vorteil; schlecht ist 8. ... Sf2
   9. De2+ De7 10. De7:+ Ke7: 11. Lf5: Sh1:
   12. Sb3 ±), und hier hat Weiß die Wahl zwischen 9. Lf5: Sf3:+ 10. Df3: 0–0 11. Ld2 Te8+
   12. Kd1 c6, wonach, laut Keres, Weiß besser
   steht (die »Enzyklopädie« meint, Schwarz
   hätte doch Kompensation für den Minusbauern) und 9. Dd2: Ld3: 10. Dd3: 0–0 11. Ld2
   Te8+ 12. Kd1 c6 13. Sg5 g6 14. Se4 Le7
   15. d6, mit Vorteil für Weiß (Chmelnizki – Gold-
   berg, Fernpartie 1955).
2) 7. De2 Lb4!? (Estrin) 8. c3 0–0 9. Se4: Te8
   10. cb4: Te4: 11. Le3 De7 12. Kf2 Sd7, und
   Estrin meinte, daß der schwarze Angriff sehr
   gefährlich sei. Er gewann aus dieser Stellung
   eine kurze Simultanpartie gegen Keres (*Keres
   – Estrin, Moskau 1941*):
   13. Te1?! Sf6 14. h3 Te8 15. Dd2 Tb4:! 16. Ld3
   Ld3: 17. Dd3: Tb2:+ 18. Te2 Se4+ 19. Kf3 Dh4
   20. Lf2? (20. De4: Te4: 21. Tb2: De7 war bes-

ser, obwohl immer zugunsten von Schwarz) 20. ... Df2:+! 21. Tf2: Tf2:+ 22. Kg4 Tg2:+ 23. Kh4 Tg6! 24. Th2 f5! 25. Df3 Th6+ 26. Dh5 Th5.+ 27. Kh5: Td8 (0—1).

Weiß kann aber besser spielen: **13. Dd2** Te8 14. Ld4! Sf6 15. Sf3! (nach 15. h3 Td4:! 16. Dd4: Se4+ 17. Kf3 Dh4 18. Se2 Dh5+ 19. Ke3 Dh4! mit Zugwiederholung), mit Vorteil für Weiß.

6. Ld3: Dd5:

Keres betrachtete diesen Zug als »die Ursache der folgenden Schwierigkeiten von Schwarz«, aber spätere Erfahrungen haben gezeigt, daß er doch spielbar ist – nur mit einer anderen Fortsetzung im nächsten Zug. Die Alternative ist 6. ... Sd5: 7. De2+, wonach die in der »Enzyklopädie« empfohlene Folge 7. ... De7 8. Se4 Sb4 nicht so gut zu sein scheint wegen 9. Le3 Sd3:+ 10. cd3: Lf5 11. Sf3 Le4: 12. de4: De4: 13. 0–0 Sc6 14. Sg5 De7 15. Tac1, mit Vorteil für Weiß (Fernpartie Musberg — Maminski, 1968). Schwarz sollte also bescheidener 7. ... Le7 spielen, wonach 8. Se4 dem Weißen das etwas bessere Spiel gibt.

7. Sgf3 Lc5

Hier aber sollte Schwarz nun besser 7. ... Sc6 spielen, mit der folgenden möglichen Fortsetzung: 8. De2+ Le7 9. 0–0 Lg4! 10. Sb3 0–0–0, mit ungefähr gleichen Chancen.

8. De2+ De6 9. Se5 0–0 10. Se4 Se4: 11. De4: g6

Diese Schwächung des Königsflügels war nicht zu vermeiden, weil 11. ... f5 12. De2 noch schlimmer wäre.

12. b4!

Es ist klar, daß Weiß seinen Angriff entwickeln muß, bevor Schwarz seine Damenflügelfiguren ins Spiel bringen kann. Keres realisiert diese Grundidee auf originelle und energische Weise. Er gewinnt ein Tempo mit 12. b4! für die Entwicklung des Lc1 auf der wichtigen Diagonale a1–h8. Schwarz wird gezwungen, einen Zug zu verbrauchen, um den Druck auf diese Diagonale zu neutralisieren, und das wird dem Weißen die nötige Zeit geben, um lang zu rochieren und danach den Königsangriff zu beginnen.

12. ... Le7 13. Lb2 Lf6

Vielleicht wäre 13. ... Sc6 etwas besser, um den starken Springer e5 abzutauschen. In diesem Fall hätte Keres den Angriff mit 14. 0–0! Se5: 15. fe5: fortgesetzt.

14. 0–0–0 Sc6

Züge wie Da2: kommen nicht in Frage. Nach Lc4 ist Schwarz verloren.

15. h4 h5?

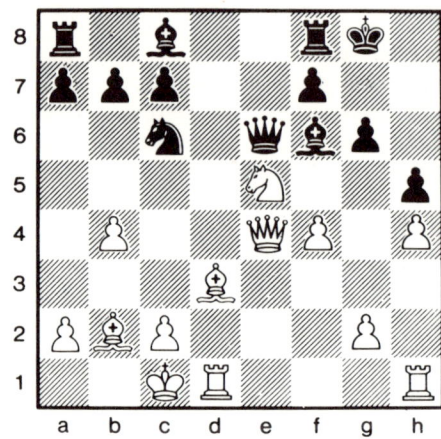

»Schwarz hoffte, damit dem Bauernsturm des Gegners am Königsflügel vorzubeugen, irrte sich aber gewaltig. Er sollte hier 15. ... Se5: 16. fe5: Lg7 17. h5 Dg4 spielen, wonach Weiß den Angriff mit 18. De3 Lf5 19. Th2, gefolgt von Tdh1, fortgesetzt hätte. Es ist zweifelhaft, ob Schwarz auf diese Weise die Lage retten könnte. Seine Chancen wären dann aber jedenfalls besser als in der Partie.« (Keres)

16. g4!

Ein großartiger Sprengzug. Weiß ist bereit, nicht weniger als drei Bauern zu opfern, um den Bauernschutz des schwarzen Königs zu zerstören und damit den Weg für seine Figuren zu öffnen.

16. ... Le5:

Nach 16. ... hg4:? folgt 17. h5, und die ganze schwarze Stellung am Königsflügel fliegt in die Luft. Um auf g4 mit der Dame nehmen zu können, ist Schwarz gezwungen, auf e5 zu tauschen, aber das schwächt die schwarzen Felder entscheidend.

17. fe5: Dg4: 18. De3 Sb4:

Auf 18. ... Le6 wäre 19. Tdg1 nebst Dh6 gefolgt, und auf 18. ... De6 kommt 19. Dh6 mit verschiedenen Drohungen. Der Partiezug ist die beste praktische Chance: Denn Weiß ist jetzt gezwungen, einen dritten Bauern zu opfern.

19. e6!

Damit wird die wichtige Diagonale des Lb2 geöff-

net, und das ist zweifellos einen weiteren Bauern wert.

19. ... Sd5

Dieser Zug erlaubt eine schöne Schlußkombination. Auf 19. ... Sd3:+ wäre 20. cd3: fe6: 21. Tdf1! Tf5 22. Thg1 Kf7 23. Tg4: Tf1:+ 24. Kc2 hg4: 25. De5 gefolgt, und Weiß gewinnt (Variante von Keres).

20. ef7:+ Tf7:

Hoffnungslos war auch 20. ... Kh7 21. Lg6:+ Dg6: 22. Td5: Lg4 23. Tg5 Df7: 24. Tg7+, und Weiß gewinnt mit Leichtigkeit das Endspiel.

21. Lc4!

Ein wunderbarer Zug. Schwarz darf die Dame nicht nehmen, wegen 22. Td8+ Kh7 23. Th8 Matt, und auch der Läufer ist tabu: 21. ... Dc4: 22. De8+ Tf8 23. Dg6:+ Matt.

21. ... c6

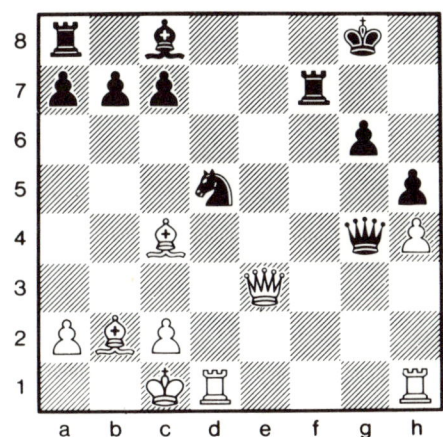

22. Td5: Dc4: (22. ... cd5: 23. De8+ Tf8 24. Ld5:+) **23. De8+,** und Schwarz gab auf.

Bronstein – Waisman (Sandomierz 1976)

---

1. e4 e5 2. f4 d5 3. ed5: e4 4. d3 Sf6 5. de4:

Dieser alte Zug (er wurde schon 1867 von Berger ausführlich analysiert!) wird noch heute als (vielleicht) beste Möglichkeit für Weiß betrachtet.

5. ... Se4: 6. Sf3

Der Zug von Charousek – 6. De2 – hat sich nicht bewährt: Nach 6. ... Dd5: 7. Sd2 f5 8. g4 Sc6

9. c3 Le7 10. Lg2 Df7 11. Se4: fe4: 12. Le4: Lh4+ 13. Kf1 0–0 stand Schwarz in der Partie Bardeleben – Pillsbury (Hannover 1902) viel besser.

Sehr interessant ist dagegen 6. Le3, wonach 6. ... Dh4+ 7. g3 Sg3: 8. Sf3! (zu gewagt ist das Turmopfer 8. hg3: Dh1: 9. De2, z.B.: 9. ... Lb4+ 10. c3 Ld6 11. Lg2 Dh6 12. Ld4+ Kd8 13. Sf3 Lg4 14. Df2 Te8+ 15. Kf1 Sd7, und Schwarz steht auf Gewinn; Tal – Trifunović, Havanna 1963) 8. ... De7 9. hg3: De3:+ 10. De2 De2:+ 11. Le2: Lg4 12. Sc3 Lb4 13. Sg5 Le2: 14. Ke2: Lc3: 15. bc3: h6 16. Kd3, mit etwas besserem Spiel für Weiß folgt (Spasski – Matanović, Belgrad 1964). Solider ist 6. ... Ld6 (statt Dh4+), wie in einer Partie Bronstein – Unzicker (Moskau 1956), wo nach 7. Sf3 0–0 8. Lc4 Sd7 9. 0–0 Te8 10. Te1 Sef6 11. Kh1 Sg4 12. Lg1 Sb6 gleiches Spiel entstand.

6. ... Lc5!

Schwächer ist:

a) **6. ... Lf5?** 7. Le3! c6 8. Lc4 b5 9. Lb3 c5 10. d6! c4 11. Dd5, mit Vorteil für Weiß (Aljechin – Tarrasch, Petersburg 1914).

b) **6. ... Lg4?** 7. Ld3 f5 8. De2 Dd5: 9. Sc3 (noch besser Sbd2!) Lb4 10. Ld2 Lc3: 11. Lc3: Sc6 (Kf8) 12. Lg7: 0–0–0 13. Lh8: Th8: 14. De3! Lf3: 15. Df3: Sd4 16. De3! Dc5 17. Kf1 Db4 18. Td1 Te8 19. c3 Da4 20. b3 Sc3: 21. Dd4: Da5 22. b4 (1–0) (Spielmann – Marshall, Mannheim 1914).

7. De2 Lf5!

Eine von Tarrasch stammende Verstärkung des schwarzen Spiels. 7. ... Lf2+ wurde glänzend in einer Kurzpartie *Reti – Breyer (Budapest 1917)* widerlegt: 8. Kd1 Dd5:+ 9. Sfd2! f5 10. Sc3 Dd4 11. Sce4: fe4: 12. c3 De3 13. Dh5+! (besser als 13. Se4: De2:+ 14. Le2: Lb6 15. Sg5; Maroczy – Burn, Ostende 1906) 13. ... Kf8 14. Lc4! Df4: 15. Dd5 Lg4+ 16. Kc2 Ke8 17. Se4 Df5 18. Tf1 c6 19. Dd3 (1–0).

8. Sc3

In einer schönen Partie *Spielmann – Tarrasch (Karlsbad 1923)* wurde 8. g4 (eine alte theoretische Empfehlung) folgendermaßen widerlegt: 8. ... 0–0! (»Hübsch, energisch und korrekt. Mehr darf man von einem Zug nicht verlangen.« – Tartakower) 9. gf5: Te8 10. Lg2 (10. Dg2 Dd5: 11. Le2 Sc6 12. Sc3 Df5: usw.) 10. ... Sf2 11. Se5 Sh1: 12. Lh1: Sd7! 13. Sc3 f6 14. Se4 fe5: 15. Sc5: Sc5: 16. fe5: Dh4+ 17. Kf1 Tf8! 18. Kg1 Dd4+ 19. Le3 De5: 20. Tae1 Sd7 21. Dc4 Kh8

22. Le4 Tae8 23. Ld4 Df4 24. Te2 Sf6 25. Lf6: gf6:
26. h3 Tg8+ (0–1).

8. ... De7 9. Le3 Le3:

Schon Tartakower in »Die Hypermoderne Schachpartie«[7] zeigte, daß 9. ... Sc3: 10. Lc5:! Se2: 11. Le7: Sf4: 12. La3! Sd5: 13. 0–0–0 zu weißem Vorteil führt. Und dennoch, 34 Jahre später, wählte Tal in einer Partie mit Bronstein (Mannschaftsmeisterschaft der UdSSR, Riga 1958) diese fehlerhafte Fortsetzung, geriet nach 12. ... Sd7 (statt Sd5:) 13. 0–0–0 Le4 14. Sg5 Ld5: 15. g3 Lh1: 16. gf4: c5 17. Lc4 Lc6 18. Sf7: b5 19. Sd6+ Ke7 20. Sb5: Thf8 21. Sd4 in eine hoffnungslose Stellung und verlor schließlich.

10. De3: Sc3: 11. De7:+ Ke7: 12. bc3:

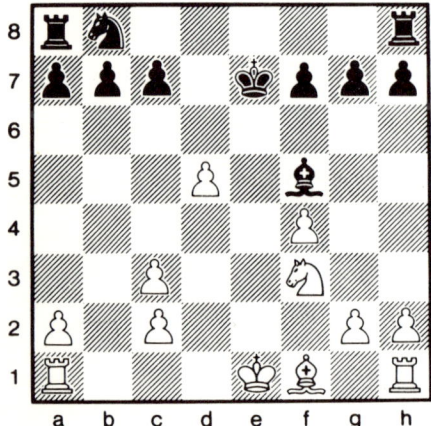

Die Partie ist plötzlich aus einer komplizierten Eröffnungsphase direkt ins Endspiel übergegangen. Weiß hat vorläufig einen Bauern mehr, aber wie die Folge der Partie zeigt, ist es für Schwarz nicht so gut, ihn gleich zurückzunehmen (durch Lc2:). Wahrscheinlich ist **12. ... Le4** die beste Entgegnung, wonach Weiß durch 13. Sg5! Ld5: 14. 0–0–0! noch zwei Bauern opfert, um seinen Entwicklungsvorsprung maximal zu vergrößern und um auch (falls Schwarz den Ba2 nimmt) aus der exponierten Stellung des Läufers Kapital zu schlagen. Das Spiel kann sich sehr interessant weiterentwickeln, und es ist für Schwarz nicht so leicht, sich zu verteidigen, z. B.:

1) 14. ... c6 15. Ld3 h6? 16. The1+ Kd6 17. Sf7:+ Lf7: 18. La6+ Kc7 19. Te7+ mit Gewinnstellung (Szimanski – Petrik, Warschau 1971).

2) 14. ... Td8 15. c4 Le6 16. Td8: Kd8: 17. Se6:+ fe6: 18. Ld3 h6 19. Te1 Kd7 20. Te3 nebst 21. Tg3 mit entscheidendem Vorteil (Kortschnoi und Zak)[8].

3) 14. ... Le6 15. f5?! Lf5:! 16. Lc4 Sc6 mit Ausgleich (Keres).

4) 14. ... Le6 15. Se6: fe6: 16. Lc4 Tf8 (etwas besser ist 16. ... Sd7, obwohl nach 17. Le6:! Weiß die Oberhand hat) 17. The1 Tf6 18. f5 ± (Krnić – Cortlever, Wijk aan Zee 1972).

5) 14. ... La2:!? 15. c4 b5 16. cb5: (auch 16. Kb2 Lc4: 17. Lc4: bc4: 18. The1+ Kf6 19. Td4! kommt laut Estrin in Frage; wegen der schlechten Stellung des Sb8 hat Schwarz Schwierigkeiten) 16. ... a6 (vielleicht ist 16. ... h6!? besser – Estrin) 17. Ld3 ab5:? (Das ist aber ein Fehler. Verhältnismäßig besser war 17. ... g6 18. The1+ Kf6 19. Se4+ Kg7, obwohl nach 20. f5! Schwarz weiterhin Schwierigkeiten hat.) 18. The1+ Le6 19. f5 Kf6 20. fe6: Kg5: 21. ef7: Tf8 22. Te8, und Weiß gewinnt (Founé – Mathieu, Fernpartie 1985).

12. ... Lc2:?! 13. Kd2 La4

Keres spielte gegen Wheatcroft (Margate 1939) 13. ... Lg6, mußte aber nach 14. Te1+ Kd8 15. Sd4 mit großen Schwierigkeiten kämpfen.

14. Te1+ Kd6

Auch 14. ... Kd8 15. Te4! Le8 16. Lc4 b5 17. Lb3 Sa6 18. The1 (Heuer – Kondratjew, Tallin 1946) ist unbefriedigend für Schwarz.

15. Sg5 Kd5: 16. Te4! Le8 17. Td4+ Kc6 18. Le2 Sd7 19. Lf3+ Kb6 20. Tb1+ Ka5 21. Tb7: h6?

Etwas besser war 21. ... Tb8, aber nach 22. Tc7: verliert Schwarz Material.

22. Tc7: Tb8 23. Sf7:! Lf7: 24. Tdd7:, und Schwarz gab auf.

---

[7] »Die Hypermoderne Schachpartie« (1924) war das beste Buch über die Schacheröffnungen in den 20er Jahren.

[8] In «The King's Gambit».

Ree – Short (Wijk aan Zee 1986)

1. e4 e5 2. f4 d5 3. ed5 c6!?

Mit diesem Zug von Nimzowitsch wird der Spieß umgedreht. Es ist Schwarz, der jetzt im Gambitstil spielt!

4. dc6:?!

Es ist besser, das Gambit abzulehnen. Nach 4. Sc3! ef4: 5. Sf3 Ld6 6. Lc4 Se7 7. dc6: Sbc6: 8. d4 (die gleiche Stellung kann auch mit 6. d4 Se7 7. dc6: Sbc6: 8. Lc4 erreicht werden) 8. ... 0–0 9. 0–0 (oder 9. Se4 Lc7 10. 0–0 Sd5 11. c3 f6! 12. Db3 Sce7 13. Ld2 Kh8 14. Tae1 Tb8, und die scharfe Stellung bietet ungefähr gleiche Chancen) 9. ... Lg4 10. Se4 (10. Se2 Sg6 11. c3 Dc7 12. Ld3 Tae8 13. Ld2 Te7 14. Da4 Tfe8 15. Tae1 Sd8 mit beiderseitigen Chancen. Analyse von Podgorny.) 10. ... Lc7 11. c3, und hier, statt 11. ... Sd5?! 12. Sc5! Tb8 13. De1 Te8?! (13. ... g5! 14. Se4 f6!) 14. Dh4 Dh4: 15. Sh4: mit besserem Spiel für Weiß (Illescas – Nunn, Olympiade Dubai 1986), sollte Schwarz besser 11. ... Sg6! spielen, wonach 12. Sc5 b6 13. Sa6 Ld6 für Weiß nachteilig wäre.

4. ... Sc6: 5. Lb5

5. d3 ist weniger gut. In einer Partie *Lazard – Tartakower (Paris 1929)* erreichte Schwarz nach 5. ... Lc5 6. Sc3 Sf6 7. Sf3 0–0 8. fe5: Se5: 9. Lg5 (9. Se5: Te8 10. Lf4 Sg4 11. De2 Ld4! ∓) 9. ... Te8 10. Se2 (10. Se4 Se4:! 11. Ld8: Sc3) 10. ... Sf3:+ 11. gf3: Dd4 12. c3 Df2+ 13. Kd2 Df3: eine gewonnene Stellung.

5. ... ef4: 6. Sf3 Ld6 7. d4 Se7 8. 0–0 0–0 9. Sa3

Mit 9. c4 schwächt Weiß sein Bauernzentrum, z. B. 9. ... Lg4 10. Sc3 Sf5!, und Schwarz stünde etwas besser.

9. ... Lg4 10. Sc4 Lc7 11. c3 Sd5!

Das ist besser als 11. ... a6 12. Lc6: Sc6: 13. d5! oder 11. ... Dd5 12. Db3 a6 13. Lc6: Sc6: 14. Sce5 (Short).

12. Dd3 f6!

Verhindert das Eindringen eines weißen Springers nach e5.

13. Lc6:?!

Besser war 13. Ld2, gefolgt von Tae1, wonach Schwarz nur einen geringen Vorteil behält.

13. ... bc6: 14. Ld2 Dd7 15. Tfe1 g5 16. b4 Tae8

Ein fehlerhafter Gedanke. Weiß will zu c3–c4 kommen und gleichzeitig das gegnerische Läuferpaar eliminieren. Die Schwächung der Bauernstellung, besonders im Zentrum, wird sich indessen als verheerend erweisen.

20. ... La5: 21. ba5: Sc7!

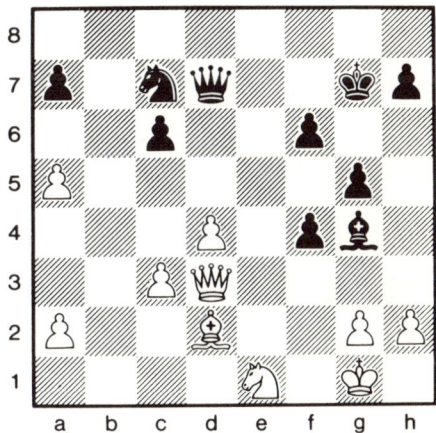

Es ist erstaunlich, wie schnell die weiße Stellung jetzt zugrunde geht, besonders nach dem geplanten c3–c4. Nicht uninteressant ist, daß Schwarz auch nach dem vorsichtigeren Zug 22. Sf3 (von Ree nach der Partie vorgeschlagen) mit 22. ... De6! 23. c4 Lf5 24. Df1 De4 entscheidenden Vorteil erreicht hätte. Wenn aber 22. De4, so hat Weiß nach 22. ... De6 23. De6: Le6: 24. a3 Lc4 ein sehr schlechtes Endspiel.

22. c4 Lf5 23. Dc3 Se6 24. Sf3 Le4

Damit ist der Kampf entschieden. Weiß versucht noch (und gibt dafür zwei Bauern), ungleichfarbige Läufer zu bekommen, aber (es gibt noch Damen auf dem Brett!) das Spiel wendet sich eher zugunsten von Schwarz!

25. d5 cd5: 26. Sd4 dc4: 27. Se6: De6: 28. Dd4 a6 29. Lc3

Um Dg4 zu verhindern. Schwarz findet jetzt allerdings einen anderen Weg, den Punkt g2 anzugreifen:

29. ... Kg6 30. h3 Ld5 31. Kh2 De4!, und Weiß gab auf. Nach 32. Df6:+ Kh5 hat Weiß kein Schach mehr. Der Damentausch führt zu einem verlorenen Endspiel, und falls 32. Dd2 (oder Df2), gewinnt sowohl f4–f3 als auch De3.

Zusätzliche Königsgambitpartien

Dubois – Rivière (Paris 1855)

1. e4 e5 2. f4 ef4: 3. Sf3 g5 4. Lc4 Lg7 (Diese Verteidigung wurde von Philidor empfohlen.) **5. d4 d6 6. Sc3 c6** (Besser war 6. ... h6, um den Königsspringer nach f6 oder e7 entwickeln zu können.) **7. 0–0 Sh6 8. h4 gh4: 9. Lf4: 0–0 10. Dd2** (Für den geopferten Gambitbauern hat Weiß eine Idealstellung erreicht.) **10. ... Sg4 11. Lg5 Lf6 12. Lf6: Df6:**

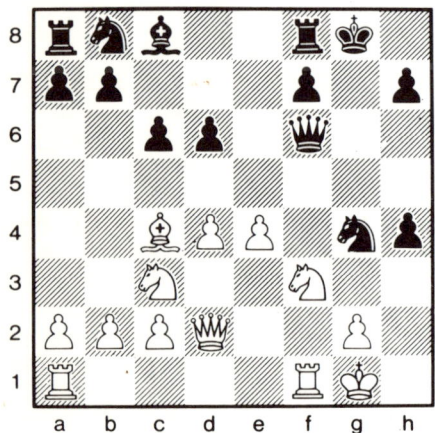

13. Se5! Dg7 (13. ... Dh6 14. Tf4!) **14. Sf7: d5 15. ed5: Tf7: 16. d6 Sf6 17. Tf6:! Df6: 18. Tf1 Lf5 19. Se4 Dg6 20. Sg5,** und Schwarz gab auf.

Tschigorin – Dawidow (Petersburg 1874)

1. e4 e5 2. f4 ef4: 3. Sf3 g5 4. Lc4 g4 5. 0–0 (Das berühmte Muzio-Gambit. Wie im MacDonnel-Gambit, siehe Seite 12, opfert Weiß den Sf3, um einen großen Entwicklungsvorsprung zu erreichen.) **5. ... gf3: 6. Df3: Df6** (gilt als die beste Entgegnung) **7. e5 De5: 8. d3 Lh6 9. Sc3 Se7 10. Ld2 Sbc6 11. Tae1 Df5 12. Sd5 Kd8** (Die

ganze Zugfolge wurde damals ausführlich analysiert.) **13. Lc3** (Später wurde hier 13. De2 als stärker empfohlen, obwohl auch in diesem Fall die Lage nach 13. ... b5! sehr unklar ist.) **13. ... Te8 14. Lf6** (Hundert Jahre später, in einer Partie Keene – Pfleger, Montilla 1974, wurde 14. De2 De6 15. Df3 Df5 16. De2 gespielt, mit Remis durch Zugwiederholung; 14. ... d6 wäre, laut Keene, schlecht wegen 15. Sf6 Tf8 16. g4 Dg6 17. h4.) **14. ... Lg5 15. g4! Dg6 16. Lg5: Dg5: 17. h4! Dh4: 18. Df4: d6 19. Sf6! Se5?** (Nach diesem Fehler gewinnt Tschigorin durch eine schöne Kombination. Bessere Verteidigungsaussichten hat 19. ... Tf8 mit der Absicht, Lf5! zu spielen.)

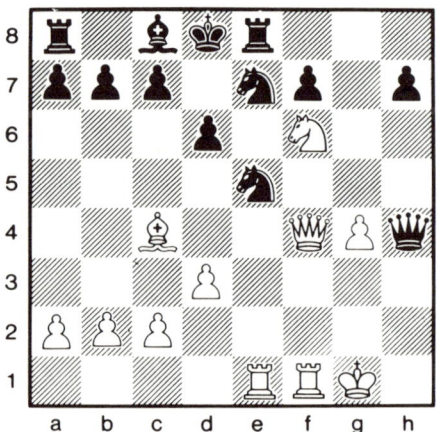

20. Te5:! de5: 21. De5: Lg4: (oder 21. ... Le6 22. Dd4+ Kc8 23. Le6:+ fe6: 24. Dd7+ Kb8 25. De8:+ Sc8 26. Sd7 Matt) **22. Dd4+ Kc8 23. Le6+! Kb8** (Le6: verliert die Dame, und nach fe6: folgt Matt in drei Zügen, wie in den vorigen Anmerkungen.) **24. Sd7+ Kc8 25. Sc5+ Kb8 26. Sa6+ ba6: 27. Db4** Matt.

Spielmann – Leonhardt (Pistyan 1912)

1. e4 e5 2. f4 ef4: 3. Sf3 g5 4. Lc4 g4 5. 0–0 d5?! (Ein Versuch, den Springer unter günstigeren Umständen zu nehmen. Durch das Bauernopfer hofft Schwarz, seinen Entwicklungsrückstand zu verringern.) **6. Ld5:** (stärker ist 6. ed5:,

z. B. 6. ... gf3: 7. Df3: Ld6 8. d3 Se7 9. Lf4: Lf4: 10. Df4: 0–0 11. Sc3 Sg6 12. Dg3 Sd7; Schlechter – Marco, Wien 1903, und mit 13. Tae1 könnte Weiß in Vorteil kommen) **6. ... gf3:** (Später wurde festgestellt, daß Schwarz hier 6. ... c6! spielen könnte, ohne das Opfer 7. Lf7:+ zu fürchten, z. B.: 7. ... Kf7: 8. Se5+ Ke8 9. d4 Lg7! 10. Lf4: Le6 11. Sc3 Sd7 usw. Damals war das nicht bekannt. Man glaubte, daß Schwarz die f-Linie mit 9. ... f3?! sperren muß, wonach aber Weiß nach 10. gf3: Lg7 11. f4 Se7 12. c3 Sg6 13. Sg4: Dh4 14. f5 in Vorteil kommt.) **7. Df3: Sf6 8. Df4: Le7 9. Sc3 c6 10. d3 Le6** (nach 10. ... cd5: 11. e5 wird der weiße Angriff zu stark) **11. Lb3 Sa6?** (Spielmann hat diese Variante auch mit Schwarz gespielt: Hier wählte er gegen Auerbach, Abazzia 1912, das bessere 11. ... 0–0, wonach 12. Ld2 Lb3: 13. ab3: Sbd7 14. Tf3 folgte. Weiß erhält hier Kompensation für das geopferte Material.) **12. e5 Sd5 13. Sd5: Ld5: 14. c4 Le6 15. d4 Tg8**

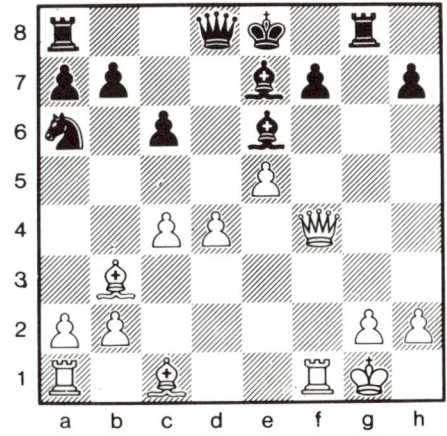

16. d5! cd5: 17. La4+ Kf8 18. Dh6+ Tg7 19. De6: Sc5 20. Dh3 Sa4: 21. Lh6 dc4: 22. Lg7:+ (auf 22. Dg3? wäre Db6+ gefolgt) **22. ... Kg7: 23. Dg4+ Kh8 24. Tf7: Db6+ 25. Kh1 Tg8 26. Df5 (1–0).**

Freymann – Duras (Abazzia 1912)

1. e4 e5 2. f4 ef4: 3. Sf3 Sf6 4. Sc3 (besser 4. e5, siehe Seite 20) **4. ... Lc5?** (Das führt zu Zeitver-

---

lust. Besser 4. ... d5.) **5. e5 Sh5 6. d4! Lb4 7. g4! fg3: 8. Sg5 g6 9. Df3 De7 10. Lc4** (Der wunde Punkt f7 ist unter Beschuß genommen und kann nur mit gekünstelten Mitteln verteidigt werden.) **10. ... f6 11. 0–0 Lc3:** (11. ... fg5: 12. Sd5) **12. bc3: Tf8** (auf 12. ... fg5: folgt 13. Df7+ Df7: 14. Lf7:+ Kf8 15. Lg5:!, und Weiß gewinnt leicht) **13. Se4 fe5:** (13. ... f5 14. Lg5) **14. Df8:+ Df8: 15. Tf8:+ Kf8: 16. Lh6+** (Eine charakteristische Situation: Trotz Damentausch und Mehrfigur sind die unentwickelten schwarzen Kräfte gegen den Finalangriff des Weißen hilflos.) **16. ... Ke8 17. Tf1 Sf4** (17. ... d6 18. Tf8+ Kd7 19. de5: de5: 20. Le2 ist hoffnungslos) **18. de5: Sh3+ 19. Kg2 Sc6** (wenn jetzt 19. Kh3:?, so 19. ... d5+ – aber ...)

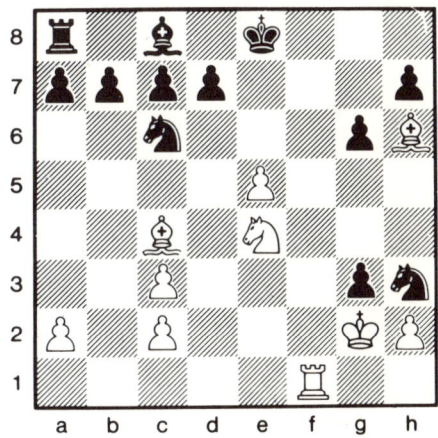

20. Sd6+! cd6: 21. ed6: Sf2 22. Te1+ (1–0).

Spasski – Bronstein (UdSSR-Meisterschaft Leningrad 1960)

1. e4 e5 (»Der Teufel hat mich geritten, 1. ... e5? zu spielen! Ich hatte völlig vergessen, daß Spasski, wie früher Spielmann, eine Vorliebe für das Königsgambit hat ...« – Bronstein[9]) **2. f4 ef4: 3. Sf3 d5 4. ed5: Ld6** (»Als es schon zu spät war, den ersten Zug zurückzunehmen, erinnerte ich mich, daß Anderssen, vor ungefähr hundert Jahren, einen Verteidigungsplan mit Ld6 und Se7 ge-

---

[9] In seinem sehr interessanten Buch »200 offene Partien« (1970).

gen Neumann versuchte. Diese Idee gefiel mir ...«) **5. Sc3 Se7 6. d4 0–0 7. Ld3 Sd7 8. 0–0 h6?** (Laut Bronstein der entscheidende Fehler in dieser Partie. Schwarz verliert ein wichtiges Tempo, statt gleich Sf6 zu spielen, und damit den folgenden starken Zug des Gegners zu verhindern.) **9. Se4! Sd5: 10. c4 Se3** (10. ... S5f6 11. Sd6: cd6: 12. Lf4:) **11. Le3: fe3: 12. c5 Le7 13. Lc2! Te8** (um das schwache Feld h7 mit Sf8 zu decken) **14. Dd3 e2?** (Dieser Zwischenzug gibt dem Weißen die Gelegenheit für eine brillante Kombination. Nötig war 14. ... Sf8.)

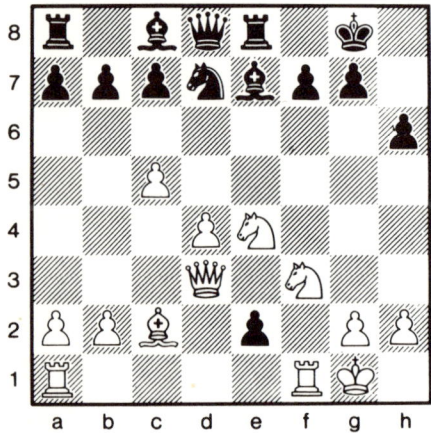

15. Sd6! (Bronstein ist der Meinung, daß das einfache 15. Tf2 stärker war.) **15. ... Sf8?** (15. ... ef1:D+ 16. Tf1: Sf6 verliert wegen 17. Sf7: Kf7: 18. Se5+ Kg8 19. Dh7+! Sh7: 20. Lb3+ nebst undeckbarem Matt. Unklar waren aber die Folgen von 15. ... Ld6: 16. Dh7+ Kf8 17. cd6: ef1:D+ 18. Tf1: cd6: 19. Dh8+ Ke7 20. Te1+ Se5 21. Dg7: Tg8!, und Schwarz hat Verteidigungsmöglichkeiten. In Zeitnot wählte Bronstein den schlechteren Weg.) **16. Sf7:!! ef1:D+ 17. Tf1: Lf5** (Wenn Schwarz den Springer nimmt, so folgt 18. Se5++ Kg8 19. Dh7+ Sh7: 20. Lb3+ nebst Matt. Auf 17. ... Dd5 folgt 18. Lb3, und auf 17. ... Dd7 18. S3e5. Mit dem Partiezug will Schwarz Zeit für Dd7 gewinnen.) **18. Df5: Dd7 19. Df4 Lf6** (damit wurde die f-Linie vorübergehend geschlossen, aber der weiße Angriff geht weiter) **20. S3e5 De7** (oder 20. ... Le5: 21. Se5: De7 22. De4! mit der Drohung Tf8:+) **21. Lb3 Le5:** (21. ... Kh7 22. Df5+ g6 23. Df6:) **22. Se5:+ Kh7 23. De4+ (1–0).** Diese Partie bekam den Schönheitspreis des Tur-

niers. Interessant ist, daß das Finale dieser Partie in dem James-Bond-Film »From Russia with love« verwendet wurde. In der Partie, die zwischen Kronsteen und McAdams am Anfang des Films gespielt wird, sieht der Zuschauer genau dieselbe Stellung auf dem Brett, einziger Unterschied: die weißen Bauern d4 und c5 fehlen ...

Spielmann – Grünfeld (Teplitz-Schönau 1922)

1. e4 e5 2. f4 ef4: 3. Lc4 Sc6 4. Sf3 g5 5. 0–0 d6 6. d4 Lg7 7. c3 h6 8. g3 g4 9. Sh4 f3 10. Sd2 Lf6 11. Sdf3: gf3: 12. Df3: (Diese gesamte Zugfolge stand schon damals in den Theoriebüchern. Später wurde festgestellt, daß es besser ist, wenn Weiß den Springer später opfert, z.B.: 11. Db3! Lh4: 12. Lf7:+ Kf8 13. Lh5 De7 14. Sf3: gf3: 15. gh4: usw. Auch für Schwarz wurde das Spiel mit 10. ... Sf6 statt Lf6 verstärkt.) **12. ... Th7?** (Die richtige Verteidigung war, wie Grünfeld im Turnierbuch ausführt, 12. ... Lh3 nebst Dd7. Jetzt folgt eine böse Überraschung.) **13. Sg6! Tg7** (13. ... fg6:? 14. Lg8: Tg7 15. Lc4 Le7 16. Lh6: Th7 17. Lf7+ verliert schnell) **14. Sf4** (droht Sh5) **14. ... Lg4 15. Dg2 Lg5 16. h3 Ld7** (oder 16. ... Lf4: 17. Lf4:! Ld7 18. Tae1 »mit gewaltigem Angriff« – Spielmann) **17. Sh5 Th7 18. e5!** (Noch ein Bauer wird geopfert, um der weißen Dame das Feld e4 verfügbar zu machen.) **18. ... de5: 19. De4 f5**

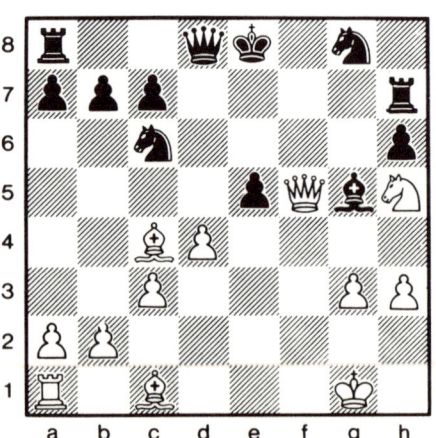

Stellung nach 21. Df5:

(19. ... Th8 20. Lf7:+) **20. Tf5:! Lf5: 21. Df5:** (»Ein schönes, seiner großen historischen Vorfahren würdiges Königsgambit: Trotz des Mehrturms ist Schwarz rettungslos verloren.« – Tartakower) (Siehe vorhergehendes Diagramm)
21. ... Te7 (21. ... Dd7 22. Le6 nebst Lg8:)
22. Lg5: hg5: 23. Tf1! (Natürlich ging auch 23. Lg8:, aber der Partiezug ist viel stärker. Wenn nun 23. ... Sh6, so 24. Sf6+ Kf8 25. Dg5: usw.)
23. ... Dd6 24. Lg8: ed4: 25. Df8+ Kd7 26. Da8:, und Weiß gewann leicht (26. ... Dc5 27. Sf6+ Kd6 28. Df8 De5 29. Kg2 d3 30. Tf2 De1 31. Dh6, 1–0).

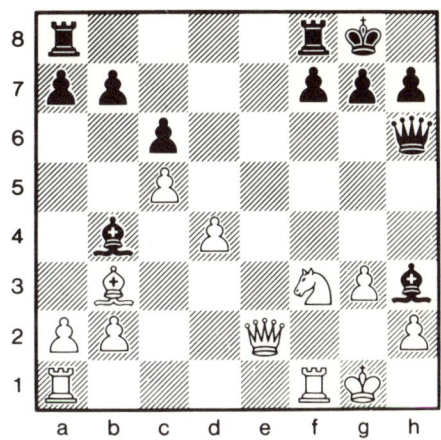

Stellung nach 19. ... Lh3?

Fischer – Minić (Vinkovci 1968)

1. e4 e5 2. f4 ef4: 3. Lc4 Se7?! (So hat auch Steinitz ab und zu gespielt.) **4. Sc3 c6 5. Sf3** (Eine interessante Idee ist 5. Df3!? Sg6 6. d4 Lb4 7. Se2 0–0 8. 0–0; Planinc – Matanovic, Ljubljana 1969.)
5. ... d5 6. Lb3! de4: 7. Se4: (»Weiß steht besser.« – Fischer) **7. ... Sd5 8. De2?!** (8. c4! Sf6 9. Sf6:+ Df6: 10. 0–0 Le7 11. d4 Sd7 12. De2!, und falls 12. ... g5?, so 13. Sg5:! Dg5: 14. Lf4:, und Weiß gewinnt. – Variante von Fischer) **8. ... Le7 9. c4 Sc7 10. d4 0–0?!** (besser 10. ... Lg4! 11. c5! 0–0 12. Lf4: Se6 13. Le6: fe6:! 14. Ld6 mit Ausgleich – Variante von Fischer) **11. Lf4: Se6 12. Le3 Lb4+?!** (besser 12. ... Sd7) **13. Kf2 Sd7 14. c5?!** (besser 14. Thf1! mit Vorteil für Weiß – Fischer) **14. ... Sf6 15. Sf6:+ Df6: 16. Thf1 Sf4! 17. Lf4: Df4: 18. g3** (auf 18. Kg1 könnte 18. ... Lg4 19. De5 De5: 20. Se5: Le6 mit Ausgleich folgen) **18. ... Dh6 19. Kg1** (Nach 19. De7 Df6! hätte Weiß einen kleinen Vorteil behalten.) **19. ... Lh3?** (Bis hier hat sich Schwarz gut verteidigt und mit 19. ... Le6! wäre das Gleichgewicht zu halten gewesen.) (Siehe nächstes Diagramm)
20. Se5! (Nun entscheidet der Angriff auf f7.)
20. ... Lf1: (Auf 20. ... Le6 wäre nun sehr schön 21. Sf7:! gefolgt, z.B.: 21. ... Lf7: 22. Tf7: Tf7: 23. Tf1, und falls 23. ... Tf8?, so 24. Tf7: Tf7: 25. De8 Matt.) **21. Tf1: Ld2** (oder 21. ... g6 22. Sf7:! Dg7 23. Sd8+! Kh8 24. Tf8:+ Df8: 25. De5+ Dg7 26. De8+ Dg8 27. Dg8:+ Matt) **22. Tf3!** (um De3+ zu verhindern) **22. ... Tad8?** (Die beste Verteidigung war 22. ... Kh8, obwohl

nach 23. Sf7:+ Tf7: 24. Lf7: Lg5 25. d5 Weiß, trotz ungleichfarbiger Läufer, immer ein gewonnenes Endspiel hätte.) **23. Sf7: Tf7: 24. De7! (1–0).**

Murey – Sharif (Lyon 1988)

1. e4 e5 2. f4 Lc5 3. Sf3 d6 4. c3 Sf6 5. d4 Lb6 6. fe5: de5: 7. Se5: Se4: (Oder 7. ... 0–0?! 8. Lg5 c5 9. dc5: Dd1: 10. Kd1: Lc5: 11. Lf6: gf6: 12. Sf3 f5 13. Ld3 mit Vorteil für Weiß; J. Polgar – Sharif, Brüssel 1987. Mit dem Partiezug versucht Schwarz, sein Spiel – im Vergleich zu dieser Partie – zu verbessern, geriet aber vom Regen in die Traufe.) **8. De2 Lf5 9. Sd2 f6 10. Se4: fe5: 11. Sg3 0–0** (Nun ist der Be5 indirekt gedeckt – 12. de5:? Lf2+! 13. Df2: Lg4 –, und falls Schwarz noch zu Sc6 käme, so könnte er die unsichere Stellung des weißen Königs ausnutzen. Weiß verfügt aber über eine sehr wirksame Möglichkeit, seine Kräfte mit Tempogewinn ins Spiel zu bringen.) **12. Sf5: Tf5: 13. De4 g6** (Auch nach 13. ... Tf8 14. Lc4+ Kh8 15. Ld3 wird Schwarz zu g7–g6 gezwungen.) **14. Lc4+ Kg7 15. Le6! Tf8 16. De5:+ Df6 17. Df6:+ Tf6: 18. Lc8 Sc6 19. Lb7: Te8+ 20. Kd1 Sa5 21. Lf3,** und Schwarz gab auf.

Stoljar – Serebrijskij (Tallin 1945)

1. e4 e5 2. f4 Lc5 3. Sf3 d6 4. Sc3 a6?! (ein Tempoverlust) **5. Lc4 Sc6 6. d3** (Durch Zugumstellung ist eine Art Wiener Partie entstanden, mit einem wichtigen Plustempo für Weiß.) **6. ... Lg4 7. Tf1** (Ein interessanter Zug, der die folgende Kombination vorbereitet.) **7. ... Sd4?** (führt zum Verlust, nötig wäre Sf6 gewesen).

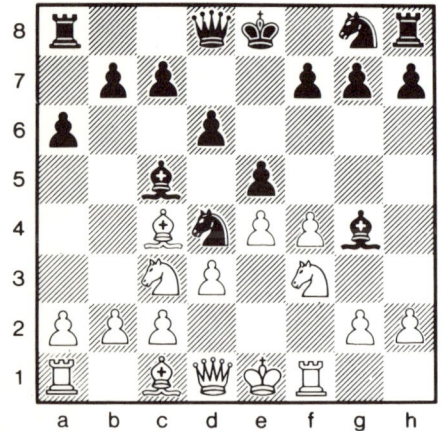

8. Lf7:+! (Noch eine Variation des alten Themas: Opfer auf f7) **8. ... Kf7: 9. Sg5+ Ke8 10. Dg4:** (die eigentliche Pointe der Kombination) **10. ... Sc2:+** (Vernünftiger war 10. ... Sf6, um die drohende Katastrophe zu vermeiden.) **11. Kd1 Sa1: 12. Se6! Dd7 13. Sd5** (Der Mehrturm hilft dem Schwarzen nicht.) **13. ... Da4+ 14. b3 Da2: 15. Sdc7:+ Kd7 16. Sc5:++,** und Schwarz wählte hier den kürzeren Weg: **16. ... Kd8 17. Dd7 Matt,** weil 16. ... Kc6 (oder Kc7:) 17. Dd7+ das Leiden nur etwas verlängert hätte, z.B.: 16. ... Kc7: 17. Dd7+ Kb6 18. Db7:+ Ka5 (Kc5: 19. Le3 Matt) 19. b4 Matt. Oder 16. ... Kc6 17. Dd7+ Kb6 (17. ... Kc5:) 18. Le3+ Kb4 19. Sd5+ Kb3: (Ka3 20. Da4+ Kb2 21. Lc1 Matt) 20. Db7:+ Ka3 (a4) 21. Db4 Matt.

Tolusch – Alatorzew (UdSSR-Meisterschaft 1948)

1. e4 e5 2. f4 d5 3. ed5: Dd5:? (Damit verstößt Schwarz gegen eine bekannte Regel. Die Dame kommt zu früh ins Spiel und wird von den gegnerischen Leichtfiguren mit Zeitgewinn angegriffen. Das führt unvermeidlich zum Entwicklungsvorsprung.) **4. Sc3 De6** (Vielleicht wäre es etwas besser, im Gambitstil fortzufahren: 4. ... Da5 5. de5: Sc6 6. d4 Lb4, obwohl es zweifelhaft ist, ob Schwarz für den geopferten Bauern genügend Initiative bekäme.) **5. fe5:!** (Die einfache Lösung. Wenn Schwarz jetzt seinen Bauern zurückhaben will, wird seine Dame nach dem Schlagen auf e5 weiteren Angriffen ausgesetzt – wiederum mit Zeitgewinn für Weiß.) **5. ... De5:+ 6. Le2 Lg4 7. d4! De6 8. Dd3!** (Ein starker Zug. Weiß beabsichtigt, lang zu rochieren und droht nebenbei mit Db5+.) **8. ... c6?** (Wieder Zeitverlust. Der einzige Weg, die kommende Eröffnungskatastrophe zu vermeiden, bestand in 8. ... Sf6, um 9. Lf4 mit 9. ... Ld6 zu beantworten, und falls 10. Db5+, so folgt 10. ... Sbd7 mit schneller Entwicklung. Gewiß, auch nach 8. ... Sf6 hätte Weiß seinen Entwicklungsvorsprung und damit die besseren Aussichten behalten, aber ein Debakel wie in der Partie könnte vermieden werden.) **9. Lf4 Sf6 10. 0–0–0 Le2:?** (Es ist erstaunlich, wie ein Meister die bekanntesten Entwicklungsprinzipien ignoriert. Mit dem Partiezug wird Weiß geholfen,

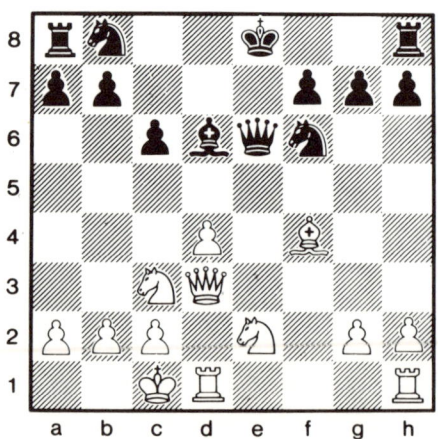

Stellung nach 11. ... Ld6

seine Figuren weiter ins Spiel zu bringen. Das kleinere Übel wäre sicherlich 10. ... Le7 gewesen.)
11. Sge2: Ld6 (siehe Diagramm) (Wenn er noch rochieren könnte! Es ist aber zu spät: Weiß hat alle seine Kräfte bereits entwickelt und kann den Angriff beginnen.)
12. d5! (nach dem bekannten Prinzip, daß der Entwicklungsvorsprung am besten durch Linienöffnung zur Geltung gebracht wird) **12. ... Sd5:** (Auch andere Züge sind hier nicht besser, z.B.: 12. ... Dd7 13. Ld6: Dd6: 14. dc6:! Dd3: 15. cb7:!! oder 12. ... cd5: 13. Sb5 Lf4:+ 14. Sf4: Dc6 15. The1+ Kd8 (15. ... Kf8 16. Sd5:!) 16. Sd5: Sd5: 17. Dd5:+ Dd5: 18. Td5:+ Kc8 19. Te7, und Weiß gewinnt.) **13. Sd5: cd5: 14. Dg3 Lf4:+** (oder 14. ... Kd7 15. Ld6: Dd6: 16. Dg7: usw.) **15. Sf4:** (Wiederum wird die schwarze Dame mit Tempo angegriffen.) **15. ... Dh6 16. The1+ Kf8 17. Da3+,** und Schwarz gab auf.

Andere klassische Gambits

Von den zahlreichen anderen Gambits, die im vorigen Jahrhundert neben dem Königsgambit sehr viel gespielt wurden – wie zum Beispiel das Evans-Gambit, das Nordische Gambit, das Lettische Gambit, das Gambit in der Rückhand, Froms-Gambit, Stauntons-Gambit, Englunds-Gambit usw. –, haben nur wenige die Probe der Zeit überstanden. Einige haben sich als inkorrekt erwiesen, andere als zu riskant oder einfach zu wenig versprechend. Dennoch, sie tauchen ab und zu in der Turnierpraxis wieder auf und, aufgrund der Überraschung, manchmal mit Erfolg. Aus diesem Grund werden diese Gambits kurz behandelt – man sollte immer wissen, welche Gefahren solche fast vergessene Spielweisen in sich tragen!

Evans-Gambit

Es gab eine Zeit, besonders Ende des vorigen Jahrhunderts, als dieses Gambit, das eigentlich eine Gambitbehandlung der Italienischen Partie ist (1. e4 e5 2. Sf3 Sc6 3. Lc4 Lc5 4. b4!?), sich größter Aufmerksamkeit erfreute. Unzählige Analysen wurden veröffentlicht, und die Debatte um seine Korrektheit war sogar das zentrale Thema der beiden Weltmeisterschaftswettkämpfe zwischen Steinitz und Tschigorin.[10]
Wie diese großen Meister das Evans-Gambit spielten, zeigt die folgende schöne Partie:

**Tschigorin – Steinitz
(1. Partie des 2. WM-Wettkampfes 1892)**

1. e4 e5 2. Sf3 Sc6 3. Lc4 Lc5 4. b4!? Lb4:
Natürlich kann man das Gambit mit 4. ... Lb6 ablehnen, was nach 5. a4 a6 6. Sc3 Sf6 7. Sd5!

[10] Steinitz gewann beide Wettkämpfe (1889 und 1892), verlor aber die Dispute über das Evans-Gambit. Seine Verteidigungsideen waren zu gekünstelt und gaben Tschigorin, der ein brillanter Taktiker war, die Möglichkeit, einige wunderschöne Kombinationen durchzuführen.

Sd5: (vielleicht ist 7. ... La7 besser) 8. ed5: e4 9. dc6: 0–0! (aber nicht 9. ... ef3:? 10. Df3: De7+ 11. Kd1 zugunsten von Weiß) 10. Lb2! (besser als 10. 0–0 ef3: 11. Df3: dc6: 12. c3 Le6! mit Ausgleich; Sokolski – Lilienthal, UdSSR-Meisterschaft Moskau 1944) 10. ... ef3: 11. Df3: dc6: 12. Dc3! Te8+ 13. Kf1 Dg5 14. h4 Dh6 15. h5! zu besserem Spiel für Weiß führt (Sokolski – Goldenow, UdSSR-Meisterschaft, Kiew 1945).

5. c3 La5 6. 0–0 d6

Das ist zweifellos besser als 6. ... Df6?!, wie Steinitz in mehreren Partien des ersten Wettkampfes spielte. Nach 7. d4 Sh6 (Das sollte eine Verbesserung entgegen 7. ... Sge7 8. Lg5 Dd6 9. d5! Sd8 10. Da4 sein, wie Steinitz im Wettkampf spielte.) 8. Lg5 Dd6 9. d5 Sd8 10. Da4 Lb6 11. Sa3 c6 12. Le2! Lc7 13. Sc4 Df8 14. d6! ist der weiße Vorteil offensichtlich. Die damit begonnene Telegrafpartie Tschigorin – Steinitz (1892) wurde von dem russischen Großmeister mit brioso gewonnen.

7. d4

Die Idee des Gambits ist klar: Weiß hat für den geopferten b-Bauern ein klares Übergewicht im Zentrum und die bessere Entwicklung. Steinitz war der Meinung, daß diese Vorteile keinen genügenden Ersatz für den Bauern darstellen, weil die schwarze Stellung keine offensichtlichen Schwächen enthält. Wie man sehen wird, kann der dynamische Vorteil von Weiß dennoch gefährlich sein.

7. ... Lg4 8. Lb5 ed4: 9. cd4: Ld7 10. Lb2 Sce7

In späteren Wettkampfpartien spielte Steinitz hier den besseren Zug 10. ... Sf6, aber auch Tschigorin verbesserte das weiße Spiel mit 8. Da4 (statt Lb5).

11. Ld7:+ Dd7: 12. Sa3! Sh6 13. Sc4 Lb6 14. a4 c6 15. e5!

Damit verschafft sich Weiß einen ausgezeichneten Stützpunkt für den Springer auf der 6. Reihe. Es ist interessant, daß es Steinitz war, der einmal schrieb: »Geben Sie mir einen Springer auf der 6. Reihe, und ich gewinne immer ...«

15. ... d5 16. Sd6+ Kf8 17. La3 Kg8 18. Tb1!

»Weiß beabsichtigte eine mit e5–e6 nebst Se5 (mit oder ohne Te1) verbundene Kombination. Der Partiezug, der eigentlich den für Schwarz unnötigen Zug Tb8 provoziert (wegen der Drohung a4–a5), sollte Zeit für die Überführung des Turmes über b3 zum Königsflügel bringen.« (Tschigorin)

18. ... Shf5

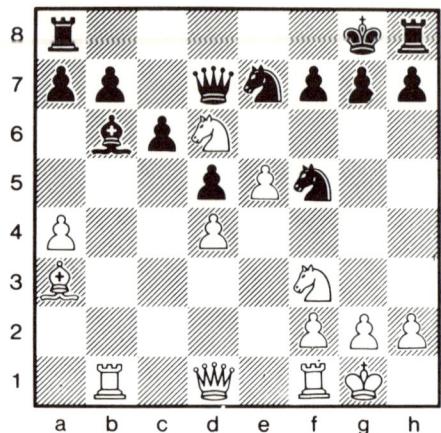

»Die Lage von Schwarz war sehr schwierig. Steinitz meinte nach der Beendigung der Partie, daß er hier 18. ... Sc8 hätte spielen sollen. In diesem Fall wäre 19. a5 Sd6: 20. ed6:! La5: 21. Se5 Dc8 22. Dh5 f6 23. d7 Dd8 24. Tb7:! gefolgt, wobei dann die weißen Bauern die Partie entscheiden.« (Tschigorin)

19. Sf7:!

Eine äußerst schöne und weit berechnete Kombination, die seinerzeit eine allgemeine Begeisterung hervorrief. Nur Lasker, der Pragmatiker, war anderer Ansicht. Er meinte erstens, daß Schwarz sich nach 19. Sf7: besser verteidigen könnte, und zweitens, daß Weiß mit 19. a5 viel leichter gewinnen könnte.

Die erste Behauptung Laskers basierte auf der Variante 21. ... De8 (statt dem Partiezug Dc8) 22. Te1 Kf6 23. g4 h5 24. Le7:+ De7: 25. gf5: Tae8 26. Sg4+ hg4: 27. Te7: Te7: 28. Dg4: Th6, und es ist zweifelhaft, ob Weiß noch gewinnen kann. Diese Variante wurde aber (ziemlich spät nach der Veröffentlichung) auf zwei Arten widerlegt. Zunächst bewies Grekow, daß Weiß statt 25. gf5:? viel besser mit 25. g5+! Kg5: 26. Dd2+ Kf6 27. h4! Sh4: (oder 27. ... g6 28. Dg5+ Kg7 29. Dg6:+ Kf8 30. Df5:+ Kg8 31. Sg6 usw.) 28. Df4+ Sf5 29. Sg4+ hg4: 30. Te7: Ke7: 31. De5+! Kd8 32. Df5: fortsetzen kann. Die andere Möglichkeit besteht in 23. Le7:+! (nach 21. ... De8 22. Te1 Kf6) 23. ... Se7: (anders entscheidet 24. Sg4+) 24. Df3+ Ke6 (falls 24. ... Kg5, so 25. h4+ usw.) 25. Sf7+ Kd7 26. Dg4+ Kc7 27. Df4+ Kd7 (27. ...

Kc8 28. Sd6+) 28. Dd6+ Kc8 29. Te7: usw. (Analyse von Serschanow, 1948).

Was den Zug 19. a5 betrifft, ist er sicherlich sehr stark und hätte auch zum Sieg geführt. Die Wahl zwischen dem positionellen und dem taktischen Weg ist jedoch immer eine Sache persönlichen Geschmacks. Tschigorin war ein ungemein begabter Kombinationsspieler – seine Wahl ist nur zu verständlich!

19. ... Kf7: 20. e6+ Ke6: 21. Se5! Dc8 22. Te1 Kf6 23. Dh5 g6

Wenn 23. ... Sg6, so 24. g4! mit der Drohung g4–g5+!

24. Le7:+ Ke7:

Auf 24. ... Se7: wäre 25. Dh4+ g5 26. Sg4+ Kf7 27. Dg5: mit leichtem Sieg gefolgt.

25. Sg6:++ Kf6 26. Sh8:

Der Tag ist entschieden. Auf 26. ... Dh8: folgt 27. Te5 Dc8 28. g4, und auf 26. ... Dd7 kommt 27. Tb3! Th8: 28. Tf3 Tg8 29. Te5 Tg5 30. Dh6+ Tg6 31. Tf5:+ Df5: 32. Df8+.

26. ... Ld4: 27. Tb3! Dd7 28. Tf3 Th8: 29. g4 Tg8 30. Dh6+ Tg6 31. Tf5:+, Schwarz gab auf.

Die beste Verteidigung für Schwarz in dieser Hauptvariante des Evans-Gambits ist Laskers Fortsetzung **7. ... Lb6!** (statt 7. ... Lg4), und falls 8. a4?!, so entweder 8. ... Sf6 9. Lb5 a6 10. Lc6: bc6: 11. a5 La7 12. de5: Se4: 13. De2 d5 (Tschigorin – Lasker, Petersburg 1895/96) oder 8. ... Lg4 9. Lb5 Lf3: 10. Df3: a6 11. Lc6: bc6: 12. a5 La7 13. La3 Df6 14. De2 Se7 (Swiderski – Gunsberg, Monte Carlo 1904), in beiden Fällen mit Vorteil für Schwarz.

Auch nach 6. d4 (statt 0–0) ist 6. ... d6 die beste Entgegnung. Sokolskis Fortsetzung 7. Lg5 wird mit 7. ... f6! 8. Db3 fg5: 9. Lg8: Df6 10. de5: de5: 11. 0–0 Lb6! entgiftet, und auch nach 7. Db3 Dd7! 8. de5: de5! 9. 0–0 Lb6 10. Td1 De7 11. a4 a6! zeigt sich die schwarze Verteidigung als ausreichend.

Das Evans-Gambit wird heutzutage sehr selten gespielt, und das nicht nur, weil Schwarz sich sehr gut verteidigen kann, sondern auch, weil nach 1. e4 e5 2. Sf3 Sc6 3. Lc4 die Fortsetzung 3. ... Sf6 sich als viel aktiver erwiesen hat. Also, auch wenn Weiß gerne das Evans-Gambit spielen möchte, er hat wenig Chancen, dazu zu kommen.

Nordisches Gambit

Auch dieses Gambit ist ein seltener Gast auf heutigen Turnieren. Es entsteht nach **1. e4 e5 2. d4 ed4: 3. c3 dc3:,** wonach Weiß mit **4. Sc3:** bei nur einem Bauernopfer bleiben kann oder ganz wild mit **4. Lc4 cb2: 5. Lb2:** fortsetzen kann. Der erste Fall kommt wesentlich häufiger vor, weil nach 4. ... Sc6 5. Sf3 mit Zugumstellung das Göring-Gambit entsteht **(1. e4 e5 2. Sf3 Sc6 3. d4 ed4: 4. c3 dc3: 5. Sc3:),** während die zweite Alternative – das echte Nordische Gambit – als zu riskant zu betrachten ist.

Eine der besten Methoden, das Nordische Gambit zu bekämpfen, wurde von Schlechter vorgeschlagen. Die folgende Partie ist ein Musterbeispiel.

1. e4 e5 2. d4 ed4: 3. c3 dc3: 4. Lc4 d5!

Damit gibt Schwarz sofort einen Bauern zurück, um sein Spiel zu befreien.

5. Ld5:

Das Nehmen mit dem Bauern schließt vorübergehend die Diagonale des Lc4 und erlaubt dem Schwarzen eine leichte Entwicklung, z.B.: 5. ed5: cb2: 6. Lb2: Sf6 7. Sf3 Ld6 8. 0–0 0–0 9. Sc3 Lg4 10. Te1 Sbd7, und Weiß hat keine genügende Kompensation für den Gambitbauern.

5. ... cb2: 6. Lb2: Sf6

Die gleiche Stellung kann auch durch eine andere Zugfolge erreicht werden: 4. ... cb2: 5. Lb2: d5! 6. Ld5: Sf6.

7. Sf3

Dieser auf den ersten Blick normale Zug ist beileibe nicht der beste. Mit dem zwangsläufigen Manöver 7. Lf7:+ Kf7: 8. Dd8: Lb4+ 9. Dd2 Ld2:+ 10. Sd2: c5! erreicht Weiß nicht viel. Schlechter, Tartakower und Pachman betrachteten das entstandene Endspiel sogar als vorteilhaft für Schwarz, während Euwe der Meinung war, daß die Aussichten ungefähr gleich sind. Besser scheint aber 7. Sc3 zu sein, z.B.: 7. ... Le7 8. Db3 0–0 9. 0–0–0 und, laut Keres, Weiß hat weiter gute Angriffschancen.

7. ... Lb4+ 8. Kf1?!

Die Vereinfachung der Stellung nach 8. Sc3 Sd5: 9. ed5: De7+ war natürlich günstig für Schwarz, aber vielleicht trotzdem besser als der Partiezug.

8. ... 0–0 9. Db3 Sc6!
Ein schöner Zug! Wenn Weiß jetzt mit 10. Lc6: bc6: 11. Db4: versucht, eine Figur zu gewinnen, so wird er nach 11. ... Tb8 12. Dd4 (12. Db8: La6+) 12. ... Tb2: 13. Db2: Dd1+ 14. Se1 La6+ 15. Kg1 De1: mattgesetzt.

10. Sc3 De7 11. a3 Ld6 12. Te1 Se5
Aus dem weißen Gambit ist nichts geworden: Es ist Schwarz, der besser entwickelt ist, und Schwarz wird jetzt kräftig zum Gegenangriff übergehen.

13. Se5: Le5: 14. Lc4 c6 15. h4?!
Das ist kein Angriffszug, sondern die Vorbereitung von g2–g3 (der direkte Weg ging nicht wegen Lh3+).

15. ... b5 16. Le2 Le6 17. Dc2 Dc5 18. Tc1 Tfd8 19. g3 a5

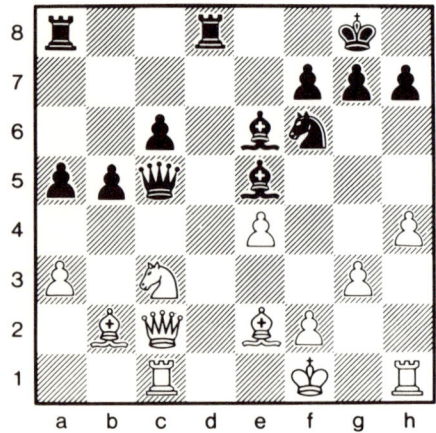

Während Weiß seine Entwicklung noch nicht beendet und dazu noch einen Bauern weniger hat, ist Schwarz voll mobilisiert und beginnt die entscheidende Aktion am Damenflügel. Die Partie ist nicht mehr zu retten.

20. Db1 Td2
Ein solches Eindringen auf die 7. Reihe wirkt zerstörend. Schwarz sollte nur die Konsequenzen des folgenden Zuges genau berechnen.

21. Sd5 Tb2:! 22. Db2:
Weiß verliert eine Figur, aber auch 22. Sf6:+ Lf6: 23. Db2: Lb2: 24. Tc5: a4 25. Tc6: b4 26. ab4: a3 wäre nicht besser.

22. ... Dd5:! 23. ed5: Lb2: 24. Tc2 Ld5:, und Weiß gab auf. Wenn nun Schwarz die Verteidigung ungenau führt, kann er etwas erleben – wie z. B. die folgende Partie beschreibt.

Ivensson – Alderson (Fernpartie, 1912/13)

1. e4 e5 2. d4 ed4: 3. c3 dc3: 4. Lc4 cb2: 5. Lb2: Sf6
Auf 5. ... d6 antwortet Weiß am besten 6. f4!. Laut einer Analyse von Nielsen hat Weiß nach 6. ... Le6 (oder 6. ... Sd7 7. Sf3 Sc5 8. Sg5 Sh6 9. 0–0) 7. Le6: fe6: 8. Db3 Dc8 9. Sf3 Sc6 10. Sg5 Sd8 11. 0–0 genügend Initiative für das geopferte Material. Weniger gut scheint dagegen 6. Sge2 zu sein, wie die klassische Partie *Mieses – Maróczy (Monte Carlo 1903)* deutlich zeigt: 6. ... Sc6 7. 0–0 Le6 8. Ld5 Sf6 9. Db3 Dc8 10. Sf4 Ld5: 11. ed5: Se5 (Schwarz ist bereit, die Mehrbauern zurückzugeben, um damit die Initiative zu ergreifen.) 12. Te1 Le7 13. Le5: de5: 14. Te5: Dd7! 15. Dg3 (Db7: 0–0!) 15. ... 0–0–0 16. Dg7: Dd6 (Jetzt ist es Schwarz, der besser entwickelt ist!) 17. Dg5 The8! 18. Sd2 Sd7 19. Te7: (Es gibt keine bessere Alternative.) 19. ... De7: 20. Dg3 Db4 21. Sf3 Tg8 22. Dh4 Dc3 23. Tab1 Df3: (0–1).

6. Sc3
Die Fortsetzung 6. e5 d5 7. ef6: dc4: 8. Dd8:+ Kd8: 9. fg7: Lb4+ 10. Sc3 führt nach 10. ... Tg8! zum Ausgleich. Schwächer ist hingegen 10. ... Te8+ 11. Sge2 Lf5 12. 0–0–0+ zugunsten von Weiß. Wenn Weiß statt 7. ef6: 7. Sd5:, so kann folgen 7. ... Sd5: 8. Ld5: c6! 9. Lf7:+ Kf7: 10. Dd8: Lb4+ mit ungefähr gleichem Spiel. Wenn Weiß mit dem Bauern schlägt (8. ed5:), so folgt 8. ... Lb4+ 9. Kf1 0–0 10. Dd4 f6 11. Se2 mit beiderseitigen Chancen.

6. ... Sc6 7. Sf3 Sa5? (siehe nächstes Diagramm)
Dies ist ein Fehler, durch den man schnell verliert, aber auch nach dem besseren 7. ... Lb4 8. Dc2 (Mit 8. e5 d5 9. ef6: Df6:! ist nichts zu erreichen. In einer Partie Stein – Spasski [Tallin 1959] hatte Weiß Schwierigkeiten, nach 10. 0–0 Lc3: 11. Lc3: Dc3: 12. De2+ Le6 13. Ld5: 0–0 14. Le6: fe6: 15. De6:+ Kh8 das Spiel auszugleichen.) 8. ... d6 9. 0–0–0 hat Weiß sowohl nach 9. ... 0–0 10. e5 Sg4 11. h4 als auch nach 9. ... Lc3: 10. Dc3: Le6

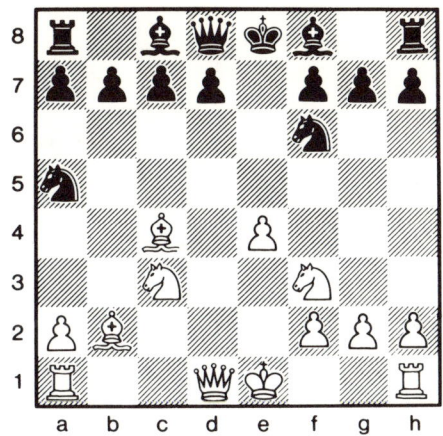

Stellung nach 7. ... Sa5?

11. The1 Lc4: 12. Dc4: 0–0 13. e5 Se8 14. Te3 gute Angriffschancen.

8. Lf7:+! Kf7: 9. e5 Sc4

Der Sf6 darf wegen Dd5+ nicht ziehen.

10. ef6: De8+ 11. Kf1

Was nun? 11. ... d5 verliert schnell nach 12. Dd5:+ Le6 13. Sg5+, und falls 11. ... Sb6, so 12. Sg5+ Kf6: (oder 12. ... Kg6 13. Dd3+ Kg5: 14. Se4+ usw.) 13. Df3+ nebst Matt in wenigen Zügen. Schwarz spielte noch:

11. ... Sb2: und gab nach **12. Dd5+** auf. Auf 12. ... Kg6 folgt 13. Te1 Dd8 14. De4+, und der schwarze König wird bis zum Matt gejagt.

Wenn Weiß nach **1. e4 e5 2. d4 ed4: 3. c3 dc3:** den Zug **4. Sc3:** spielt, so entsteht nach **4. ... Sc6 5. Sf3** eine von Aljechin bevorzugte Abart des Schottischen Gambits (mit Sc3: statt Lc4). Die weißen Angriffschancen sind kaum zu unterschätzen, wie aus den folgenden Beispielen zu sehen ist.

Juchtman – Tal (Tbilissi 1959)

1. e4 e5 2. d4 ed4: 3. c3 dc3: 4. Sc3: Sc6 5. Sf3 Lb4

Die übliche Antwort. Laskers Empfehlung 5. ... d6 6. Lc4 Le6 7. Le6: fe6: 8. Db3 Dc8 9. Sg5 Sd8 scheint nicht so gut zu sein. Weiß setzt nicht mit 10. e5?! fort (wonach 10. ... h6 11. Sf3 Se7 gün-

stig für Schwarz ist) und auch nicht mit 10. Sb5? h6 11. Dh3 Sf6 12. f4 c6 13. Sc3 e5 mit Vorteil für Schwarz (Mieses – Salwe, Petersburg 1909), sondern mit 10. f4! und kommt damit in Vorteil, z.B.: 10. ... Le7 11. f5 Lg5: 12. Lg5: Sf7 13. fe6: Sg5: 14. Db5+ c6 15. Dg5: (Lyskow – Solowjew, UdSSR 1958). Oder 10. ... Sh6 11. f5 Shf7 12. Sf7: Sf7: 13. fe6: Sd8 14. e7 Le7: 15. Sd5 Dd7 16. 0–0 (Stein – Muratow, Tallin 1959).

6. Lc4 Sf6

Die Theorie betrachtet 6. ... d6 als besser, einige in letzter Zeit gespielte Fernpartien konnten diese Einschätzung aber nicht bestätigen. Es kann folgen: 7. 0–0 Lc3: 8. bc3:, wonach Schwarz die Wahl zwischen zwei Fortsetzungen hat:

1) 8. ... Sf6 9. e5 Se5: (Nach 9. ... de5: 10. De2 0–0 11. La3 Lg4 12. Lf8: Df8: 13. h3 Lf3: 14. Df3: Dc5 15. Ld3 ist Weiß in Vorteil; Velimirovic – Haag, Vrnjacka Banja 1966) 10. Se5: de5: 11. Db3 De7 12. La3 c5 13. Lb5+ Ld7 (13. ... Kf8 14. f4 e4 15. f5) 14. Ld7:+ Dd7: 15. Lc5: Se4 16. La3 0–0–0! 17. Dc4+ Dc6 18. Df7: Kb8! 19. c4 Df6! 20. Df6: gf6: 21. Tfe1 Td4 22. f3 Sd6 23. Ld6: Td6: 24. f4 Remis *(Sprinkhuizen – Stoll, Fernpartie 1966).*

2) 8. ... Lg4 9. Db3 Lf3: 10. Lf7:+ Kf8 11. gf3: Se5 12. Lg8: Tg8: 13. f4 Sf3+ 14. Kg2 Sh4+ 15. Kh1 Dd7 16. f5 (auch 16. c4 g5 17. f5 kommt in Frage) 16. ... Dc6! 17. f3 Te8 18. Lg5!? (18. Dc2?! g5! 19. fg6: Sg6: 20. Lh6+ Ke7! ist günstig für Schwarz; Ciocaltea – Karaklaic, Smederevska 1971) 18. ... Te4: 19. Lh4: Th4: 20. Tae1 Tc4, und Weiß könnte mit 21. f6! gf6: 22. Dc2 Tg6 23. Df5 oder 21. ... g6 22. Te3 Kf7 23. Tfe1! in Vorteil kommen (Fernpartie Cargnel – Hegeler 1986).

7. 0–0

Eine brauchbare Alternative ist 7. e5 d5 8. Lb3 Se4 9. 0–0! Lc3: 10. Ld5: Lf5 11. bc3: Sc3: 12. Lc6:+ bc6: 13. De1. Weiß hat gutes Spiel.

7. ... Lc3: 8. bc3: d6 9. e5!

Dieser Zug wurde von Aljechin in den Anmerkungen zu seiner Partie mit Issakow (Moskau 1919) vorgeschlagen, mit der Folge 9. ... de5: 10. Db3 »mit starkem Angriff für Weiß«.

9. ... de5: 10. Sg5!

Dies ist noch stärker als Aljechins Empfehlung.

10. ... 0–0

Weiß drohte, mit 11. La3 die schwarze Rochade zu verhindern, was Tal natürlich nicht gefiel. Trotzdem schlug Großmeister Lew Aronin in seinen Anmerkungen zu dieser Partie die Paradoxlösung 10. ... Le6!? mit den folgenden zwei Beispielvarianten vor: 11. Le6: fe6: 12. Db3 Dd5 13. Se6: Db3: 14. ab3: Kf7 15. Sc7: Tad8! »und Schwarz steht sicher«, oder 11. Se6: fe6: 12. Le6: Dd1: 13. Td1: Ke7! 14. Lb3 Thd8, und Weiß hat keinen Vorteil. Uns scheint, daß das Endspiel nach 11. Se6: fe6: 12. La3 Dd1: 13. Tfd1: Kf7 trotz der Minusbauern vorteilhaft für Weiß wäre.

11. La3 Dd1: 12. Tad1: Lf5 13. Lf8: Tf8: 14. Tfe1

Für die Qualität hat Schwarz zwei Bauern und die Hoffnung auf ein aktives Spiel.

14. ... h6 15. Sf3 Lg4 16. Tb1?!

Diese Ungenauigkeit erlaubt Schwarz, zum erhofften Gegenspiel zu kommen. Viel stärker wäre 16. Lb5!, wonach 16. ... e4 17. Lc6: bc6: 18. h3 Lh5 19. g4 klar günstig für Weiß ist.

16. ... e4! 17. Sd4

Weiß wollte wahrscheinlich 17. Sd2 spielen, bemerkte aber noch rechtzeitig, daß nach 17. ... Td8 das Nehmen auf e4 nicht geht wegen (18. Se4:) 18. ... Se4: 19. Te4: Lf5.

17. ... Se5 18. Lf1 c5 19. Sb5 c4! 20. f3!?

Damit erzwingt Weiß ein Endspiel mit einer Figur für drei Bauern, welches gar nicht so leicht zu behandeln ist. Großmeister Polugajewski bevorzugte in seinen Kommentaren die positionelle Lösung: 20. Te3 a6 21. Sc7, die vielleicht, bei einer guten Technik, die richtigere wäre.

20. ... Lf3:! 21. gf3: Sf3:+ 22. Kf2 Sg4+

Einfacher war 22. ... Se1: 23. Te1: a6 24. Sd6 b5 25. Se4: Se4: 26. Te4: mit Remisaussichten.

23. Kg3 Se1: 24. Te1: f5 25. Lc4:+ Kh7

Genauer ist 25. ... Kh8, um mögliche Schachgebote des weißen Läufers zu vermeiden.

26. Le2 Se5 27. Kf4 Sg6+ 28. Ke3

(Siehe nächstes Diagramm)

28. ... f4+

Eine schöne Idee. Wenn Weiß jetzt den Be4 nimmt (29. Ke4:), so folgt 29. ... f3!, und der weiße Läufer ist wegen Te8+ unbeweglich. Wenn aber 30. Sa7:, so kann Schwarz nach 30. ... fe2: keineswegs mehr verlieren.

29. Kd4 Kh8?

Wenn der schwarze König im 25. Zug nach h8 gezogen hätte, so wäre dieser Fehler nicht geschehen. Es ist interessant, daß viele Kommentatoren 25. ... Kh7 als Hauptfehler bezeichnet haben, ob-

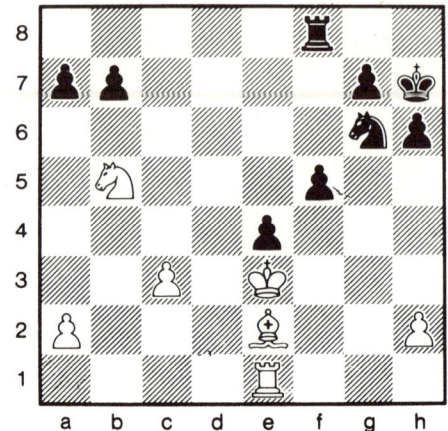

Stellung nach 28. Ke3

wohl dies nur die psychologische Vorbereitung des wirklichen Fehlers war, der für den Verlust der Partie verantwortlich sein sollte. Wie Aronin gezeigt hat, hatte Tal in dieser Stellung das starke Manöver 29. ... Sh4! 30. Ke4: Te8+! zur Verfügung. Nun kann Schwarz 31. Kf4: mit Sg2+ beantworten, 31. Kd3 mit f4–f3 und 31. Kd4 mit Sf5+! Wenn aber 31. Kd5, so 31. ... Te3!, und Weiß hat keine Verteidigung gegen f4–f3, weil auf 32. Kc4 32. ... Sg2! 33. Ld3+ Td3: usw. folgt. Wenn Weiß den Be4 nicht nimmt, so hat Schwarz die Möglichkeit, im nächsten Zug e4–e3 zu spielen und damit seine Freibauern zu sichern. Nach der Blockade der Bauern wären, laut Aronin, die Chancen ungefähr gleich. Nach dem gemachten Fehler kann Weiß leicht gewinnen.

30. Tg1 Sh4 (zu spät) **31. Ke4: Te8+ 32. Kd3 f3 33. Ld1 Sg2 34. Kd2 Sh4 35. Sd4 Td8 36. Tf1 Td5 37. Kd3 Ta5 38. Lb3 g5 39. Sf3: Tf5 40. Sd2,** und Schwarz gab auf.

Schottisches Gambit

Im echten Schottischen Gambit geschieht das Bauernopfer c3 schon nach den Zügen Sf3 und Sc6. Die übliche Reihenfolge der Züge ist **1. e4 e5 2. Sf3 Sc6 3. d4 ed4: 4. c3,** gefolgt von **Lc4,** oder **4. Lc4,** gefolgt von **c2–c3.** Charakteristisch für das Schottische Gambit ist also die frühe Entwicklung des Läufers nach c4. Übergänge sind jedoch möglich. Eigentlich könnten die ersten

Züge der Partie Juchtman – Tal auch 1. e4 e5 2. Sf3 Sc6 3. d4 ed4: 4. c3 dc3: 5. Sc3: Lb4 6. Lc4 sein. Zu bemerken ist noch, daß Schwarz nach **4. Lc4** sehr gut 4. ... Sf6 antworten kann – mit Übergang ins Zweispringerspiel (1. e4 e5 2. Sf3 Sc6 3. Lc4 Sf6 4. d4 ed4:) –, oder auch mit 4. ... Lc5 5. c3 d3! (5. ... Sf6 bedeutet Übergang in die Italienische Partie: 1. e4 e5 2. Sf3 Sc6 3. Lc4 Lc5 4. c3 Sf6 5. d4 ed4:) 6. b4 Lb6 7. a4 a6 mit ungefähr gleichem Spiel, z. B.: 8. 0–0 d6 9. Db3 De7 10. Lg5 Sf6 11. Sbd2 0–0 12. Ld3: Se5 13. c4 usw. (Johner – Nyholm, Baden bei Wien 1914).

Der bekannte englische Meister Staunton[11] pflegte in dieser Variante (mit 4. ... Lc5) das Bauernopfer um einen Zug zu verschieben. Was in diesem Fall passieren kann, zeigt die folgende kurze Partie:

Staunton – Jänisch (Brüssel 1853)

1. e4 e5 2. Sf3 Sc6 3. d4 ed4: 4. Lc4 Lc5 5. 0–0 d6

Die Alternative wäre, sich mit 5. ... Sf6 6. e5 d5 in das (damals noch nicht gut erforschte) Labyrinth des »Max-Lange-Angriffs« zu wagen. In einer anderen Partie von Staunton (mit *Mayet, London 1851*) geschah folgende Tragödie: 5. ... Sge7 6. Sg5 d5 7. ed5: Se5 (besser Sa5) 8. Lb3 h6 9. Se4 Lb6 10. h3 Sd5:?? 11. Dh5! (gewinnt eine Figur) 11. ... 0–0 12. De5: Le6 13. Lh6:!, und Schwarz gab auf!

6. c3 dc3:?!

Besser wäre, mit 6. ... Sf6 7. cd4: Lb6 in eine Variante der Italienischen Partie überzugehen.

7. Sc3: Le6

Weiß hat für den geopferten Bauern eine für diese Art von Stellungen typische Initiative. Normale Züge, wie z. B. 7. ... Sf6 8. Lg5 oder 7. ... Lg4 8. Db3, sind ebensowenig geeignet, das weiße Übergewicht im Zentrum zu neutralisieren.

8. Le6: fe6: 9. Db3 Dc8 10. Le3!

---

[11] Howard Staunton (1810–1874) beherrschte die englische Schachszene Mitte des 19. Jahrhunderts. Nach seinen Wettkampfsiegen über Saint-Amant (1843), Harrwitz und Horwitz wurde er eine Zeitlang (bis zum Londoner Turnier 1851) als der beste Spieler der Welt anerkannt.

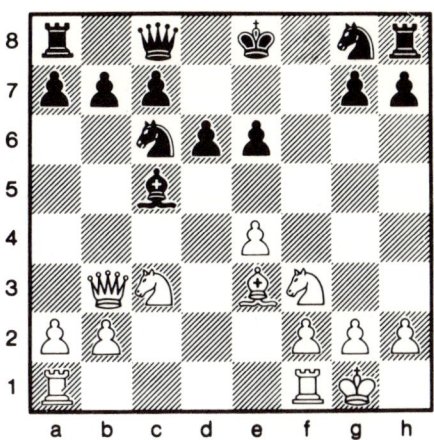

Ein feiner Zug, der Sd4 verhindert und Sg5 droht. Die Verdoppelung der weißen Bauern auf der e-Linie ist bedeutungslos. Viel wichtiger ist die Öffnung der f-Linie und die Kontrolle des Feldes d4.

10. ... Le3: 11. fe3: Sf6 12. Sg5 Sd8

Schwarz deckt seine Bauernschwächen, allmählich werden aber fast alle seine Figuren in eine passive Lage gedrängt.

13. Tac1! (droht Sb5) 13. ... a6 14. Sa4 Dd7

Nach 14. ... Tb8 wäre die schwarze Dame mit 15. Sb6 auf amüsante Weise »Matt« gestellt!

15. e5!

Damit beginnt die letzte, taktische Phase dieser Partie. Der Bauer darf nicht genommen werden wegen 16. Sc5, und auf 15. ... b5 folgt 16. ef6: ba4: 17. Dc2, und Weiß gewinnt.

15. ... h6 16. Sf3 b5?!

Das kleinste Übel wäre vielleicht 16. ... Sd5, obwohl nach 17. Sh4 die schwarze Stellung nicht lange zu halten ist.

17. ef6: ba4: 18. Dc2 gf6: 19. Dg6+ Ke7 20. Se5! (eine kleine, schöne Endpointe) **20. ... de5: 21. Df6:+ (1–0).** Es folgt Matt.

Zum Schluß eine moderne Partie, die eine solide Methode darstellt, das Gambit abzulehnen.

Ljubojevic – Portisch (Mailand 1975)

1. e4 e5 2. Sf3 Sc6 3. d4 ed4: 4. c3 d5

Damit verzichtet Schwarz auf das Nehmen des Bc3 zugunsten einer raschen Entwicklung.

5. ed5: Dd5: 6. cd4:

Diese Stellung kann auch aus dem abgelehnten Nordischen Gambit entstehen (1. e4 e5 2. d4 ed4: 3. c3 d5 4. ed5: Dd5: 5. cd4: Sc6 6. Sf3).

6. ... Lb4+

Die theoretisch empfohlene Alternative ist 6. ... Lg4, wonach das Spiel sich folgendermaßen entwickeln kann: 7. Le2 0–0–0 (auch 7. ... Lb4 8. Sc3 Lf3: 9. Lf3: Dc4 10. Db3 Db3: 11. ab3: Sge7 12. 0–0 a6 gibt gleiches Spiel; Ljubojevic – Ree, Amsterdam 1972), und hier hat Weiß nun die Wahl zwischen 8. Le3 und 8. Sc3, in beiden Fällen mit annähernd gleichem Spiel, z.B.: 8. Le3 Lb4+ 9. Sc3 Sge7 10. 0–0 Dd7! 11. Tc1 oder 8. Sc3 Dd7! 9. Le3 Lf3: 10. Lf3: Sd4: 11. Ld5 (I. Saizew – Lilienthal, UdSSR 1962).

In beiden Fällen muß Schwarz aber aufpassen, um »Unfälle« folgender Art zu vermeiden. Falls Schwarz, z.B. in der ersten Variante, statt seine Dame in Sicherheit nach d7 zu bringen unvorsichtig 10. ... Da5?! spielt, so kann folgendes passieren: 11. Sa4! Sg6 (Es geht nicht 11. ... Sd4: 12. Ld4: Sc6 wegen 13. a3! Le7 14. b4!, und egal wohin die schwarze Dame zieht, nach f5 oder h5, Weiß bleibt in Besitz der Mehrfigur.) 12. h3 Le6 13. a3 Le7 14. b4 (Die schwarze Dame wird jetzt mit Tempo aus ihrer exponierten Stellung verdrängt.) 14. ... Dd5 15. Sc3 Dd7 (Also zurück, dorthin wo sie im 10. Zug hätte hinziehen sollen! Der Zeitverlust wird aber teuer sein.) 16. Da4! Lh3: (Gegen die beiden Drohungen b4–b5 und d4–d5 ist Schwarz wehrlos, also versucht er dieses Verzweiflungsopfer.) 17. d5! Sb8 (auf 17. ... Lg2: folgt 18. dc6:!) 18. Sb5! Tde8 19. gh3:, und Schwarz gab auf, weil auf 19. ... Dh3: folgt 20. Tfc1 Sa6 21. Sc7:! Sc7: 22. Tc7:+! nebst Matt in wenigen Zügen (Fernpartie Estrin – Sevecek 1970).

Zu viele Damenzüge wurden Schwarz auch in der folgenden Partie **Mieses – Wolf (Monte Carlo 1903)** zum Verhängnis: 8. Sc3 Da5 9. Le3 Lc5 10. 0–0 Sf6 11. Db3 Sd4: 12. Ld4: Ld4: 13. Sd4: Td4: 14. Df7: Dg5 15. Lg4:+ Dg4: 16. Tac1 Td7 17. Db3 Sh5 18. h3 Dg6 19. Sa4 Dd6 20. Tc3 Dd5 21. Da3 Sf4 22. Sb6+!, und Schwarz gab auf.

7. Sc3 Sf6 8. Le2 Se4

Dieser Zug ist zweifellos besser als 8. ... Lg4 9. 0–0 Lc3: 10. bc3: 0–0 11. h3 Lh5 12. Tb1! (Ghizdavu – Padewski, Balkaniade Athen 1971) oder 8. ... 0–0 9. 0–0 Dd8 10. Lg5 h6 11. Lh4 Le7 12. Tc1 Lg4 13. Se5 Le2: 14. Se2: (Velimirovic –

Cholmow, UdSSR – Jugoslawien 1966), in beiden Fällen mit besserem Spiel für Weiß.

9. Ld2 Lc3: 10. bc3: 0–0 11. 0–0 Sd2:

In einer Partie Nyholm – Aljechin (Stockholm 1912) glich Schwarz mit 11. ... Sa5 12. Te1 b5 13. Ld3 f5 14. a4 Sb3 aus.

12. Sd2:

Oder 12. Dd2: Lf5 13. Tfe1 Lg6 14. Db2 b6 15. Lb5 a6 16. Lf1 Dd6 17. a4 Sa5 18. Se5 Lf5 (Ljubojevic – Szabo, Wijk aan Zee 1973).

12. ... Lf5 13. Db3 Da5 14. Sc4 Da6

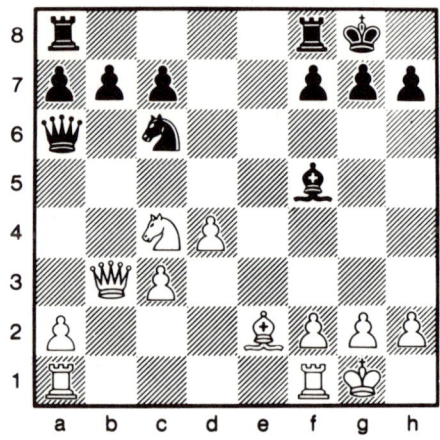

Das scheint etwas gefährlich zu sein, aber Portisch hatte alles gut berechnet.

15. Db2 Se7 16. Se3 Dg6 17. Da3 Dd6! 18. Dd6: cd6: 19. Lf3 Tab8 20. Tfe1 Tfc8 21. Sf5: Sf5: 22. Tab1 b6 23. Tb3 Tc7 24. Kf1 Remis.

Die Schwäche des Bc3 gibt Schwarz genügend Gegenspiel.

Lettisches Gambit

Dieses Gambit, das schon von Gioacchino Greco analysiert wurde, ist eigentlich ein Königsgambit im Nachzug – also ein Königsgambit mit einem Tempo weniger (1. e4 e5 2. Sf3 f5?!). Prinzipiell ist dies nicht gut, in der Praxis entstehen unterdessen komplizierte Varianten, die bei einer ungenauen Behandlung für Weiß nicht ganz ungefährlich werden können. Dennoch, trotz der vielen Bemühungen der lettischen Analysten (besonders der Brüder Behting) bleiben die praktischen Er-

folge meistens auf der Seite des Weißen, was zur Folge hat, daß dieses Gambit heutzutage sehr selten gespielt wird.

Die folgenden Kurzpartien zeigen die Schattenseiten dieses Gambits und die Gefahren.

Smyslow – Kamyschow (Moskau 1944)

1. e4 e5 2. Sf3 f5 3. Se5:!

Das ist die beste Entgegnung, obwohl Weiß auch mit 3. ef5: das bessere Spiel erreicht, wie beispielsweise: 3. ... e4 4. De2 De7 5. Sd4 De5 6. Sb5, oder 4. Se5 Sf6 5. Le2 d6 6. Lh5+ Ke7 7. Sf7 De8 8. Sc3 Sh5: 9. Sd5+ Kf7: 10. Dh5+ g6 11. fg6: Kg7 12. Sc7: usw.

Laut Theorie sind ebenfalls die Züge 3. Lc4 oder 3. d4 vorteilhaft für Weiß, aber die damit entstehenden Varianten sind so kompliziert, daß es viel ratsamer ist, sie zu vermeiden. Ein Beispiel für die möglichen Gefahren zeigt die folgende kurze Fernpartie Keller – Peperle (1968): **3. Lc4 fe4:** 4. Se5: Dg5 5. d4 Dg2: 6. Dh5+ g6 7. Lf7+ Kd8 8. Lg6: Dh1:+ 9. Ke2 c6 10. Sc3 Sf6 11. Lg5?! (11. Dh4! Le7 12. Lg5! Da1: 13. Lf6: Lf6: 14. Df6:+ Kc7 15. Sc4! mit Vorteil für Weiß; Fernpartie Purins – Eglitis, 1971) 11. ... Da1: 12. Lf6:+ Kc7 13. Sc4 Lb4! (Wegen De1 Matt wird jetzt der Sc3 unbeweglich.) 14. Le5+ d6 15. Sd6: b6! 16. Sc8:+

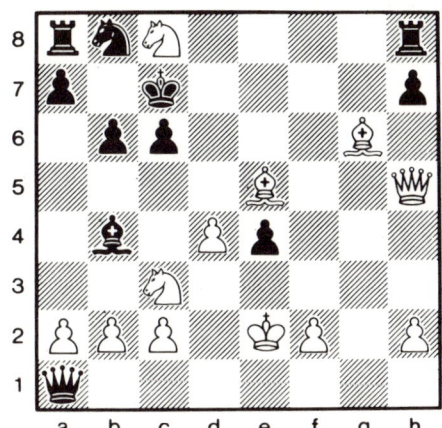

16. ... Kb7!! (16. ... Kc8: 17. Lf5+ hätte dem Weißen ein riesiges Angriffstempo gegeben.) 17. Lf5

Db2: 18. Df7+ Ka6 19. Dc4+ b5 20. Sb5: cb5: 21. De6+ Ka5 22. Lh8: Dc2:+ 23. Kf1 Dd1+ 24. Kg2 Df3+ 25. Kg1 Le1, und Weiß gab auf.

3. ... Df6 4. Sc4!

Gut ist auch 4. d4 d6 5. Sc4 fe4:, und jetzt 6. Se3 oder 6. Sc3 (siehe weiter die Fernpartie Stockholm – Riga), aber Schwarz erhält hier einige Möglichkeiten mehr.

4. ... fe4: 5. Sc3 Dg6

5. ... De6 6. d3 ed3:+ 7. Se3 dc2: 8. Dc2: ist vielleicht etwas besser, obwohl, laut Keres, Weiß für den geopferten Bauern einen bedeutenden Entwicklungsvorteil besitzt.

6. d3 Lb4

Geradezu selbstmörderisch ist der Bauerngewinn 6. ... ed3: 7. Ld3: Dg2: wegen 8. Dh5+ g6 (8. ... Kd8 9. Le4) 9. De5+, und Weiß gewinnt das Spiel.

7. Ld2

Auch 7. de4: De4:+ 8. Se3 Lc3:+ 9. bc3: Sf6 10. Lc4 wäre vorteilhaft für Weiß. In einer Partie Trifunovic – Apscheneek (Olympiade in Stockholm 1937) versuchte Schwarz, mit 10. ... c6 11. 0–0 d5 die Diagonale des Lc4 zu schließen, wurde aber von dem schönen Opfer 12. Sd5:! überrascht. Nach 12. ... Dc4: 13. Te1+ Kf7 14. Sf6: Kf6: 15. Dd6+ Le6 16. Lg5+! konnte der entblößte schwarze König schnell Matt gesetzt werden: 16. ... Kg5: 17. Te6: Sd7 (um das entscheidende Turmschach auf e5 etwas zu verzögern) 18. Dd7: Dc3: 19. f4+ Kh5 (19. ... Kf4: 20. Tf1+ usw.) 20. Te5+ Kh6 21. Th5+!, Schwarz gibt auf. Es folgt Matt in zwei Zügen. Eine klassische »Königsjagd«-Kombination.

7. ... Lc3: 8. Lc3: d5

Auf 8. ... Sf6 wollte Smyslow 9. Lf6: gf6: 10. Se3 antworten, während Keres 9. de4: Se4: 10. Ld3 empfiehlt, beides jeweils zugunsten von Weiß. Versucht wurde auch 8. ... Se7 9. de4: De4:+ 10. Se3 0–0, aber nach 11. Dh5 steht Weiß deutlich besser (Gilman – Golowko, Fernpartie 1948).

9. Se5 Df5 10. de4: De4:+ 11. Le2

Weiß hat mit einfachen Mitteln einen deutlichen Vorteil erreicht: Entwicklungsvorsprung, das Läuferpaar und taktische Möglichkeiten, die unsichere Stellung des schwarzen Königs auszunutzen. Es ist bemerkenswert und sehr lehrreich, daß Schwarz diese Stellung nur noch sechs weitere Züge halten konnte.

11. ... Sf6

11. ... Dg2:? 12. Lh5+ Kf8 13. Lf3 kommt nicht in Frage.

12. 0–0 c6

Die Drohung Lf3 zwang Schwarz zu diesem Zug. Anders hätte er sicherlich rochiert.

13. Lh5+ Kf8

Wenn 13. ... g6, so 14. Te1.

14. Te1 Dh4

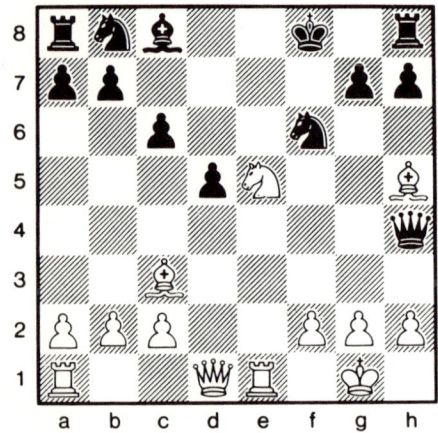

Kaum besser wäre 14. ... Da4 15. Sf7 Tg8 16. Lf6: gf6: 17. Sd6 Ld7 18. De2, und Weiß gewinnt.

15. Lg6!

Wie in solchen Stellungen üblich, wird die Entscheidung durch taktische Wendungen erreicht. Der Läufer darf wegen der Springergabel selbstverständlich nicht genommen werden, und Weiß gewinnt damit ein Tempo für den Angriff. Zu bemerken ist noch, daß die schwarze Dame an die Verteidigung des Feldes b4 gebunden ist (anders folgt Lb4+).

15. ... Sa6

Um die Dame von der Bewachung des Feldes b4 zu befreien. Auf 15. ... Sbd7 wäre, laut Smyslow, 16. Sf3 Dg4 17. Ld3 nebst 18. h3 und 19. De2 mit starkem Angriff gefolgt.

16. De2 (droht Matt, beginnend mit Sd7+) **16. ... Lh3 17. Sf3,** und Schwarz gab auf.

1. e4 e5 2. Sf3 f5 3. Se5: Df6 4. d4 d6 5. Sc4 fe4: 6. Se3

Nimzowitsch glaubte, daß nach diesem von ihm vorgeschlagenen Zug Schwarz praktisch gezwungen wäre, c7–c6 zu spielen, um das Feld d5 unter Kontrolle zu behalten. So geschah es in der Partie Nimzowitsch – C. Behting (Riga 1919), wo Weiß nach 6. ... c6 7. Lc4! d5 (anders kommt Schwarz nicht zur Rochade) 8. Lb3 Le6 9. c4 Df7 10. De2 Sf6 11. 0–0 in Vorteil kam. Diese Fernpartie zeigte aber, daß Schwarz sich erlauben kann, die »Drohung« Sd5 zu ignorieren.

Weiß kann, außer Nimzowitschs Zug 6. Se3, auch einfach 6. Le2 ziehen, was, laut *Bronstein,* am besten ist. Die folgende schöne Partie, die er gegen *Mikenas (Rostow 1941)* gewonnen hat, scheint diese Meinung zu bestätigen: **6. Le2 Sc6** (Nach 6. ... d5 7. Se3 erreicht Weiß Nimzowitschs Aufstellung unter besseren Umständen: Weiß hat d5 provoziert, ohne mit dem Manöver Lf1–c4–b3 Zeit zu verlieren. Der Versuch 6. ... Df7 hat sich in der Partie *Littlewood – Kindermann,* England 1978, nicht bewährt: Nach 7. Sc3 Sf6 8. Lg5 Sbd7 9. Sb5 Kd8 10. Dd2 Le7 11. 0–0–0 war Weiß in Vorteil.) **7. d5 Se5 8. 0–0 Sc4: 9. Lc4: Dg6 10. Lb5+ Kd8 11. Lf4 h5** (Etwas zu optimistisch. Schwarz möchte dem Lf4 das Feld g3 durch h5–h4 nehmen, um Lh3 oder Lg4–f3 möglich zu machen, jedoch ist es zunächst Weiß, der unter Bauernopfer die f-Linie öffnet und zum Angriff kommt. Es ist deshalb vernünftiger, 11. ... Sf6 zu spielen.) **12. f3 Lf5 13. Sc3 ef3: 14. Df3: Lc2:** (Für nur einen Bauern, der übrigens leicht zurückzugewinnen ist, hat Weiß einen klaren Entwicklungsvorsprung erreicht und dazu offene Linien für den Angriff bekommen.) **15. Lg5+!** Sf6 **16. Tae1** (Es lohnt sich nicht, mit 16. Lf6:+ den Bauern zurückzugewinnen.) **16. ... c6 17. Lf6:+ Df6: 18. De2! Dd4+ 19. Kh1 Lg6 20. Tf8:+ Kc7** (Natürlich kann der Turm wegen De7 nicht genommen werden.) **21. Lc6:! bc6: 22. Sb5+!** (Eine schöne Schlußkombination!). (Siehe Diagramm) **22. ... cb5: 23. Db5: Te8** (23. ... Tf8: 24. Te7+) **24. Te7+!,** Schwarz gibt auf.

6. ... Sc6! 7. Sd5 Df7 8. Sbc3?!

In einer anderen, viel später gespielten Fernpartie

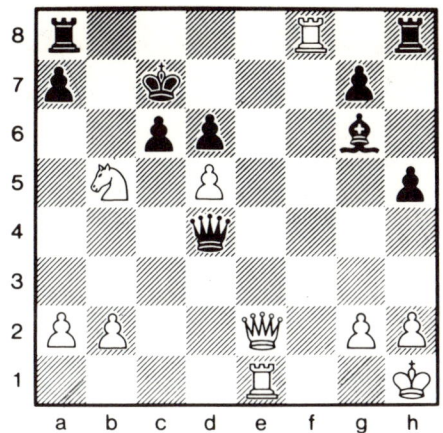

Stellung nach 22. Sb5+!

Schwarz – Dreibergs (1961) führte die richtige Fortsetzung 8. c4! nach 8. ... Lf5 9. Sbc3 0–0–0 10. Le2 Sf6 11. 0–0 zu einem kleinen Plus für Weiß.

8. ... Le6 9. Sc7:+

Nach 9. Sf4 d5 10. Se6: De6: 11. Dh5+ g6 12. Dd5: Dd5: 13. Sd5: 0–0–0 erobert Schwarz den Bauern mit ausgeglichenem Spiel zurück.

9. ... Dc7: 10. d5 Sf6! 11. de6:

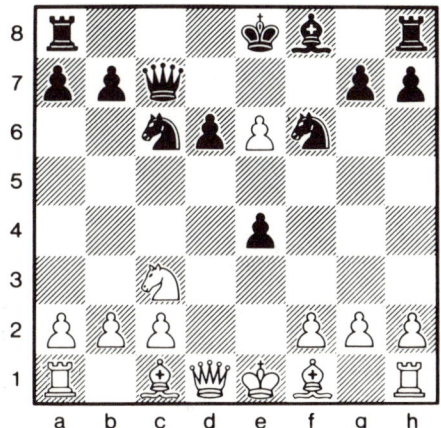

11. ... d5!

Damit opfert Schwarz einen zweiten Bauern, um seinen Entwicklungsvorsprung zu vergrößern. Tatsächlich würde Weiß, wenn er versucht, nach 12. Sd5: Da5+ 13. Sc3 Lb4 mit 14. Ld2 das erbeutete Material zu behalten, nach 14. ... 0–0–0 in

eine ganz unerfreuliche Lage geraten. Vielleicht wäre 14. Le2! Lc3:+ 15. bc3: Dc3:+ 16. Ld2 De5 eine bessere Lösung als die Partiefortsetzung: die zwei Bauern werden zurückgegeben.

12. Lg5 0–0–0 13. Lb5 d4!

Wieder opfert Schwarz einen Bauern, um die Initiative zu behalten.

14. Lc6: Dc6: 15. Lf6: gf6: 16. e7 Le7: 17. Dg4+ Kb8 18. Se4: Lb4+!

Mit 18. ... Dc2: könnte Schwarz seinen geopferten Bauern zurückbekommen, aber das hätte Weiß erlaubt, mit 19. 0–0! den König in Sicherheit zu bringen. Jetzt bleibt der weiße König im Zentrum und wird den kommenden Orkan kaum überleben.

19. Kd1

Auf 19. c3 wäre 19. ... The8 20. f3 Lc3:+! 21. bc3: Dc3:+ mit Gewinnstellung gefolgt (22. Kf2 Db2+ 23. Kg3 Tg8 oder 22. Ke2 De3+ 23. Kf1 Tg8! nebst Tc8 usw.).

19. ... The8 20. f3 Tc8 21. Tc1 d3! 22. c3

Oder 22. Df4+ Ka8 23. cd3: Da4+ 24. Ke2 Tc2+ 25. Kf1 Ld2!, und Schwarz gewinnt.

22. ... Da4+ 23. Kd2 Da2: 24. Tb1 Tg8!
25. Df4+ Ka8 26. g3 La3, und Weiß gab auf. Es gibt keine Verteidigung mehr, z.B.: 27. Thd1 Lb2: 28. Ke1 Lc1: 29. Sd2 Db1: oder 27. Kc1 f5! 28. Dd2 (28. Df5: Db3) 28. ... fe4: 29. ba3: Da3:+ 30. Kd1 e3! 31. De3: Da4+ mit Matt oder Damenverlust.

Albins Gegengambit

Der Zug **2. ... e5!?** wurde von dem österreichisch-rumänischen Meister A. Albin Ende des vorigen Jahrhunderts als eine aggressive Methode, das Damengambit **(1. d4 d5 2. c4)** zu bekämpfen, vorgeschlagen. Wenn man annimmt, daß das Damengambit eigentlich kein echtes Gambit ist (Schwarz kann den Gambitbauern nehmen, ihn aber nie behalten), so wäre es wahrscheinlich richtiger, Albins Erfindung einfach als Gambit zu betrachten. Aber egal wie man es nennt, die Idee, nach **3. de5:** mit **3. ... d4!** die Entwicklung von Weiß zu stören und damit die Initiative zu übernehmen, ist zweifellos interessant. Der vorgerückte Bauer d4 – genau so wie der Be4 in Falkbeers Gegengambit – wirkt störend und zwingt Weiß, etwas zu unternehmen, um ihn zu eliminieren, was freilich nicht so einfach ist. Zwar meint die Theorie, daß Weiß dieses Gambit erfolgreich bekämpfen kann, eine direkte Widerlegung wurde immerhin bis jetzt noch nicht gefunden. Bekannte Theoretiker, wie Krause[12] oder Balogh[13], waren von der Korrektheit des Gambits überzeugt. Krause schrieb sogar (»Wiener Schachzeitung« 1928, S. 25): »Denn falls das Schachspiel überhaupt sinnvoll ist, so ist es ausgeschlossen, daß das Budapester Gambit richtig und das Albin-Gambit falsch sein könnte – während das Gegenteil zwar nicht wahrscheinlich, aber doch denkbar wäre.«

Unserer Ansicht nach bietet Albins Gegengambit die praktischen Chancen, die fast jedes Gambit bietet, und diese Chancen dürfen, wie aus den folgenden Beispielen zu sehen sein wird, kaum unterschätzt werden.

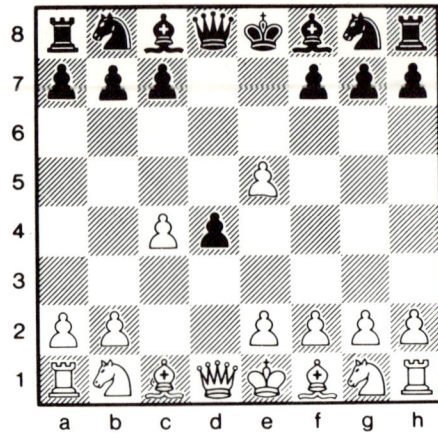

Stellung nach 3. ... d4

Juferow – Kupreitschik (Minsk 1972)

1. d4 d5 2. c4 e5 3. de5:
Die Ablehnung des Gambits schafft Schwarz keine Schwierigkeiten, z.B.: 3. Sc3 ed4: 4. Dd4: dc4: 5. Dc4: Sf6 oder 3. ... c6. Auch Weiß erreicht mit 3. e3 ed4: 4. ed4: Sf6 nichts.

3. ... d4 (siehe nächstes Diagramm)
Die Ausgangsstellung des Gambits. Was soll Weiß jetzt tun? Unvorsichtige Reaktionen können unangenehme Folgen haben. Nicht gut ist z.B.: **4. e3** Lb4+ 5. Ld2 de3:! 6. fe3: (Ein bekannter Fehler ist 6. Lb4:? ef2:+ 7. Ke2 fg1:S+! 8. Ke1 Dh4+ 9. Kd2 Sc6 10. Lc3 Lg4, und Schwarz gewinnt. Auch 6. Da4+? Sc6 7. Lb4: ist wegen 7. ... ef2:+ 8. Kf2: Dh4+ 9. Ke3 Dd4+ 10. Kf3 Lg4+ 11. Kg3 Sh6 fehlerhaft.) 6. ... Dh4+ 7. g3 De4 8. Df3 Ld2:+ 9. Sd2: De5: 10. 0–0–0 Sf6 mit Vorteil für Schwarz.

Schwach ist auch **4. f4,** wonach Schwarz in einer Partie *Merényi – Székely (Györ 1906)* schnell in

Vorteil kam: 4. ... Lg4 5. Db3 Sc6 6. Sf3 Sh6! 7. e4? (demgegenüber wäre 7. Sbd2 weniger schlecht) 7. ... de3: 8. Le3: Lf3: 9. gf3: Dh4+ 10. Ke2 0–0–0 11. Sc3 Sf5 12. Da4 Sfd4+ 13. Ld4: Sd4: 14. Ke3 Sc2+! 15. Dc2: Lc5+ 16. Ke4 Td4+ 17. Ke3 Td1+ 18. Ke4 f5+ 19. Kf5: Tf8+ (0–1). Auch die Deckung des Be5 durch **4. Lf4** ist nicht zweckmäßig. Der Läufer wird später angegriffen, was zu einem Zeitverlust führt. Die Folge einer Partie *Hübener – Helling (Berlin 1937)* bestätigt das: 4. ... Sc6 5. Sf3 Sge7 6. a3 Sg6 7. Lg5 f6! 8. ef6: gf6: 9. Lc1 Lg4 10. Dd3 Dd7 11. e4 0–0–0 12. Le2 Sge5 13. Se5: Se5: 14. Dd1 Le2: 15. De2: Tg8 16. f3 d3! 17. Df1 (Lohnt es sich, für einen Bauern einen solchen Entwicklungsrückstand auf sich zu nehmen? Der folgende schöne

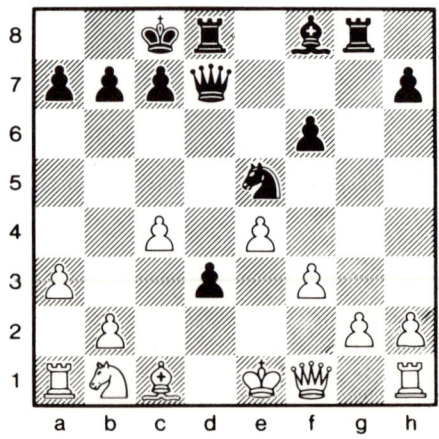

[12] Dr. O.H. Krause (1867–1935) war ein sehr origineller Meister und Theoretiker. Ihm verdanken wir eine Menge neuer Ideen in den verschiedensten Eröffnungen (Caro-Kann, Russisch usw.).

[13] Dr. J. Balogh war ein bekannter Fernschachmeister. Er veröffentlichte viele Analysen über Albins Gegengambit und andere nicht so übliche Eröffnungen (z.B. 1. e4 d6 2. d4 f5?!).

Schlußangriff gibt eine klare Antwort auf diese Frage.)

17. ... d2+! (Ein typisches Räumungsopfer. Der Bauer macht das Feld d3 für den Springer frei ...) 18. Ld2: Sd3+ 19. Ke2 Sf4+! (... der wird seiner- seits für den gleichen Zweck geopfert!) 20. Lf4: Dd3+ 21. Ke1 Dd1+ 22. Kf2 Lc5+ 23. Le3 Dc2+ (0—1).

Eine interessante, aber für Weiß doch nachteilige Fortsetzung ist **4. e4?!**, wonach Schwarz am be- sten mit 4. ... Sc6 antwortet, und nach 5. f4 (5. Lf4 Sge7 6. Lg3 h5 7. h3 g5! führte in einer Par- tie Janowski — Maroczy, München 1900, zu Vorteil für Schwarz.) 5. ... f6! 6. ef6: (6. Sf3 fe5: 7. Ld3 Lb4+ 8. Sbd2 ef4: 9. 0—0 Sf6 10. Sb3 0—0 11. c5 De7 ist gut für Schwarz, Spassky — Lutikow, UdSSR 1963) 6. ... Sf6: 7. Ld3 Lb4+ 8. Sd2 Sg4 9. a3 Se3 10. De2 Lg4 mit für Schwarz günstigen Verwicklungen (Osipow — Jurawljew, UdSSR 1972).

4. Sf3 Sc6 5. g3

Das ist eine der meist gespielten Fortsetzungen an dieser Stelle. Die wichtigsten Alternativen sind:
1) **5. a3** (um Lb4 zu verhindern) 5. ... Lg4 (Die Meinungen über den Wert von 5. ... a5 sind geteilt. Einerseits wird damit b4 verhindert, an- derseits verzichtet Schwarz auf den Plan einer langen Rochade.) 6. b4 (6. Sbd2 führt zu 2)) 6. ... De7 (Schwarz kann mit 6. ... a5 den Bauern zurückhaben. Wie aber *Flohr* in einer Partie mit *Benkö [Budapest 1949]* überzeu- gend zeigte, überläßt dies Weiß andere Vor- teile: 7. b5 Lf3: 8. ef3: Se5: 9. f4 Sg6 10. g3 Lc5 11. Lg2 De7+ 12. Kf1! Tb8 13. Ta2 Dd6 14. Sd2 Sf6 15. Sb3 0—0 16. Sc5: Dc5: 17. Dd3 c6 18. a4 cb5: 19. ab5: Tfc8 20. Tc2 Db4? 21. Lf3 Sf8 22. La3 Da4 23. Tc1 [1—0]. Es gibt keine Verteidigung gegen Ld1. Ein seltener Da- menfang.) 7. Da4 0—0—0 (Dr. Balogh empfiehlt hier 7. ... Lf3: 8. gf3: De5: 9. Lb2 Le7 mit einer sehr komplizierten Stellung.) 8. Lf4 Lf3: 9. gf3: Kb8 10. Sd2 Se5: 11. Db3 Sg6 (Laut Euwe kommt 11. ... Sf6 in Frage, mit der Absicht Sh5.) 12. Lg3 f5 13. f4 mit etwas besserem Spiel für Weiß (Petrosjan — Porrecca, Belgrad 1954).
2) **5. Sbd2** Lg4! 6. a3 (Weiß erreicht nichts mit 6. h3 Lf3: 7. Sf3: Lb4+ 8. Ld2 De7 9. a3 Ld2:+ 10. Dd2: 0—0—0 11. 0—0—0 Se5: 12. Se5: De5: 13. e3 c5; Fernpartie Toth — Dr. Balogh, 1944)

6. ... De7 7. h3 (In einer Fernpartie Rutland Manners — Podgorny, 1984, wurde 7. g3 Se5:!? 8. Se5: De5: 9. Lg2 0—0—0 10. Sf3 ge- spielt, mit einigem Vorteil für Weiß. Schwarz sollte aber u. E. viel besser 7. ... 0—0—0 spie- len, z. B.: 8. Lg2 d3! 9. e3 Se5: 10. Db3 c6! mit gutem Spiel, ähnlich einer Fernpartie Michels — Dr. Balogh (1935), wo noch die Züge h3 und Lh5 eingeschaltet wurden.) 7. ... Lf3: (Auch 7. ... Lh5 kommt in Frage.) 8. Sf3: 0—0—0 9. Dd3. Bis hier, wie in einer bekannten Partie Lasker — Aljechin (Petersburg 1914), wo Weiß nach 9. ... h6 10. g3 g6 11. Lg2 Lg7 12. 0—0 Se5: 13. Se5: Le5: 14. b4 f5 15. c5 in Vorteil kam. Das schwarze Spiel kann aber verbes- sert werden. Laut Tarrasch sollte Schwarz statt 9. ... h6 im Gambitstil 9. ... f6! fortsetzen. Einen sehr interessanten Vorschlag machte der tschechische Meister Podgorny: 9. ... Se5: 10. Df5+ Sd7 11. Sd4: g6 mit Gegenspiel.

5. ... Lg4

Auch 5. ... f6!? 6. ef6: Sf6:! wäre eine Möglichkeit. Eine Fernpartie Barbora — Benesch (1981) ging weiter mit 7. Lg2 Lf5 8. 0—0 Dd7 9. Sbd2?! (bes- ser a3) 9. ... 0—0—0 10. a3 Lh3 11. b4 Lg2: 12. Kg2: g5! zugunsten von Schwarz.

6. Lg2 Dd7 7. 0—0 Lh3

Alternativen sind 7. ... 0—0—0, 7. ... Sge7 oder so- gar 7. ... h6!?

8. Dd3

Wenn Weiß 8. Db3 mit der Absicht auf 8. ... 0—0—0?! spielt, um mit 9. e6! durch Zugumstel- lung eine Stellung aus der Partie Spasski — Forin- tos (Sotschi 1964) zu bekommen (9. ... Le6: 10. Se5 Dd6 11. Sc6: bc6: 12. Da4 mit Vorteil für Weiß), so nimmt Schwarz zunächst auf g2.

8. ... 0—0—0 9. Lh3: Dh3: 10. Sbd2 Sge7 11. Tfd1?!

Es wurde hier 11. Sg5 empfohlen, mit der Idee, nach 11. ... Dh5 12. f4 zu spielen, und falls 12. ... Se5:, so 13. fe5: Dg5: 14. Sf3 mit Vorteil zu antwor- ten. Das wäre wahrscheinlich besser als die Par- tiefortsetzung, obwohl die Lage nach 12. ... h6 nebst Sb4 unklar bliebe.

11. ... Sg6 12. De4 Le7 13. Sb3 f5!

Ein bekanntes Verfahren: Bei Entwicklungsvor- sprung muß das Spiel geöffnet werden.

14. ef6: Lf6: 15. Lg5 The8

Der Minusbauer ist nun durch die aktivere Stel- lung der Figuren völlig kompensiert.

16. Dc2 Lg5: 17. Sg5: Dg4 18. Dd2

Auf 18. Sf3 wäre 18. ... Sf4 mit entscheidendem Vorteil gefolgt. Die Pointe ist, daß Weiß nicht auf d4 nehmen darf: 19. Sbd4: Sd4: 20. Sd4: wird durch 20. ... Td4:! widerlegt (21. Td4: Se2:+). Jetzt hofft Weiß auf 18. ... Te2:, wonach er sich mit 19. h3 Td2: 20. hg4: Tb2: 21. Se6 oder 21. Sh7: noch verteidigen könnte. Schwarz findet aber eine bessere Lösung:

18. ... h6 19. Sf3

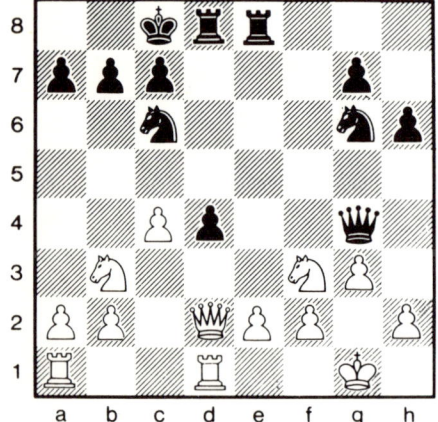

19. ... d3! 20. h3 Df5 21. Te1 de2: 22. Dc3 Sge5!

Auf 22. ... Td3 hätte Weiß die Antwort 23. Sfd4, und falls 23. ... De4, so 24. Dc2. Der Partiezug löst die Aufgabe auf dem einfachsten Weg: Auf 23. Sbd2 oder 23. Kg2 entscheidet Td3, und nach 23. Se5: Se5: ist die Partie zu Ende (Sf3+).

23. Sh4 Dh3: 24. Sc5 Sh4:, Weiß gibt auf.

Budapester Gambit

Eine kleine Gruppe von jungen ungarischen Meistern (Abonyi, Breyer, Vajda) hat dieses neue Gambit am Ende des Ersten Weltkrieges erfunden und ausführlich analysiert. Es war in den 20er Jahren sehr modern und wurde von den sogenannten »Hypermodernen«[14] häufig gespielt.

---

[14] So wurden von Tartakower die Repräsentanten der jungen Schachgeneration (mit Reti und Breyer an der Spitze) genannt, die nach dem Ersten Weltkrieg die etablierten, etwas dogmatischen Thesen von Dr. Tarrasch mit neuen Konzeptionen über das Zentrum und die Schachdynamik scharf kritisierten.

Im Laufe der Zeit sind viele Versuche gemacht worden, das Budapester Gambit zu widerlegen. Es ist bis heute nicht gelungen. Weiß muß vorsichtig spielen und, nach Steinitz' Methode, im richtigen Augenblick den Gambitbauern zurückgeben, um einen geringen Vorteil zu behalten. Das Spiel, das im Budapester Gambit entsteht, ist kompliziert und die Kompensation für den geopferten Bauern manchmal gar nicht so offensichtlich – die Initiative kann auch einen positionellen Charakter haben. Es gibt aber auch immer wieder schnelle Siege, wenn die Grundregeln der Entwicklung nicht respektiert werden.

Rubinstein – Vidmar (Berlin 1918)

1. d4 Sf6 2. c4 e5!?

Das sind die Grundzüge des Gambits. Weiß ist praktisch gezwungen, die Herausforderung anzunehmen, weil weder mit 3. e3 noch mit 3. d5 irgendwelcher Vorteil zu erreichen ist.

3. de5: Sg4

Eine interessante Alternative ist die riskante Fajarowicz-Variante: 3. ... Se4!? (siehe Seite 59).

4. Lf4

Eine Zeitlang glaubte man, Aljechins Fortsetzung 4. e4 wäre eine Quasiwiderlegung des Gambits. Weiß verzichtet auf die Verteidigung des Gambitbauern, gewinnt aber nach 4. ... Se5: 5. f4 Zeit und Raum im Zentrum. Nach einer Reihe von Niederlagen wurde jedoch die richtige Entgegnung gegen diesen Plan doch noch gefunden. Die vorgerückten weißen Zentralbauern können, nach dem Muster der Aljechin-Verteidigung, angegriffen werden, und das gibt Schwarz genügend Gegenchancen, z. B.:

1) 5. ... Sec6 6. Le3 (6. Sf3 Lc5) 6. ... Lb4+ 7. Sc3! Dh4+! (besser als 7. ... De7 8. Ld3 f5 9. Dh5+ g6 10. Df3 Lc3:+ 11. bc3: fe4:? 12. Le4: 0–0 13. Ld5+ Kh8 14. Sh3 d6 15. 0–0 Lh3: 16. Dh3: Dd7 17. f5 gf5: 18. Tab1 f4 19. Lf4: Dh3: 20. Le5+, 1–0, Aljechin – Seitz, Hastings 1925) 8. g3 Lc3:+ 9. bc3: De7 10. Ld3 Sa6 11. Lc2 b6 12. Sf3 Sc5 13. 0–0 Lb7 14. e5 0–0–0 15. Sd4, und mit 15. ... g6! könnte Schwarz gleiches Spiel erreichen (Keres – Gilg, Prag 1937).

2) 5. ... Sg6 (Wegen einer Partie *Aljechin – Rabinowitsch, Baden-Baden 1925,* wo Schwarz eine schlimme Stunde erlebte, wurde diese Fortsetzung lange Zeit als unbefriedigend betrachtet.) 6. Sf3! Lb4+ (»Wie sofort ersichtlich, braucht Weiß den Zug Lf8–c5 nicht zu verhindern«, schrieb Aljechin. Rabinowitsch spielte dennoch 6. ... Lc5 und wurde auf folgende Weise bestraft: 7. f5! Sh4? 8. Sg5! De7 9. Dg4 f6 10. Dh5+! g6 11. Dh4: fg5: 12. Lg5: Df7 13. Le2 0–0 14. Tf1 Sc6 15. Sc3 Sd4 16. fg6: Dg6: 17. Tf8:+ Lf8: 18. Lh5 Db6 19. 0–0–0 Lg7 20. Tf1 Se6 21. Lf7+ Kh8 22. Le6: De6: 23. Lf6! (1–0). Kein Wunder, daß es niemand mehr wagte, 5. ... Sg6 zu spielen.) 7. Sc3 Df6! (Damit erzwingt Schwarz den folgenden Vorstoß, der die weiße Bauernstellung schwächt.) 8. e5 Db6 9. Dd3 (Schwächer spielte Reshevsky in einer Partie mit Shipman, New York 1956, 9. a3, wonach Schwarz im echten Gambitstil mit 9. ... Lc3:+ 10. bc3: d6! 11. ed6: 0–0! fortsetzte und nach 12. Dd4 Da5! 12. Ld2 Sc6 14. Dd5 cd6: ein besseres Endspiel erreichte, das er schließlich gewann.) 9. ... d6 10. a3 Lc3: 11. Dc3: 0–0 12. Le3 Dc6 13. 0–0–0 de5: 14. fe5: Sd7 mit beiderseitigen Chancen (Fine – Kevitz, USA 1945).

Zu bemerken ist noch, daß Schwarz nach 4. e4 das »Super-Gambit« 4. ... d6!? zur Verfügung hat. Auch diese Fortsetzung wurde in Budapester Schachkreisen analysiert und von Tartakower in einigen Partien erprobt, darunter sogar gegen Capablanca (Bad Kissingen 1928). Er verlor zwar diese Partie, aber spätere Analysen zeigten, daß nach 5. ed6:!? Ld6: 6. Le2 f5! 7. ef5: De7 8. Sf3 (Nach 8. c5 Lc5: 9. Da4+ Sc6 10. Dg4: hat Schwarz, laut Tartakower, die starke Antwort 10. ... Lf5:!; Maroczy hat, statt 10. ... Lf5:, die Fortsetzung 10. ... 0–0 11. Dc4+ Kh8 12. Sf3 Tf5: 13. 0–0 b5 14. Db5: Sb4 15. Ld3 Tf3: 16. gf3: Lh3 empfohlen, mit Vorteil für Schwarz.) 8. ... Lf5: 9. Lg5 Sf6 10. Sc3 Sc6 11. Sd5 Df7 12. 0–0 0–0–0 13. Sd4 Sd4: 14. Dd4: c6 15. Lf6: gf6: 16. Df6: Schwarz mit 16. ... Dg6! gute Gegenchancen bekommen könnte, z.B.: 17. c5 (17. Dg6: hg6: ist nicht gut) 17. ... Lc5: 18. Dc3 Le4 (Analyse von Kmoch).

Wenn Weiß statt 4. Lf4 **4. Sf3** spielt, so kann Schwarz mit 4. ... Sc6 5. Lf4 Lb4+ in die Hauptvariante einlenken oder, wie manche Spezialisten dieser Gambits empfehlen, besser **4. ... Lc5** spielen.

Radulescu – Bakonyi (Budapest 1948): 5. e3 Sc6 6. Le2 Sge5: 7. Se5: Se5: 8. Sc3 d6 9. 0–0 0–0 10. Sa4 Lb6 11. b3 Ld7 (11. ... f5 12. Dd5+ Sf7 ist umstritten) 12. Sb6: ab6: 13. Lb2 De7 14. Dd4?! f5 15. a4 Tae8 16. Tae1 Lc6 17. Ld1 Tf6 18. f3 Th6 19. Lc2 Tf8 20. Df4?! Sg6 21. Dg3 Sh4 22. Df4 Tg6 23. Te2 Tf7! 24. Kh1.

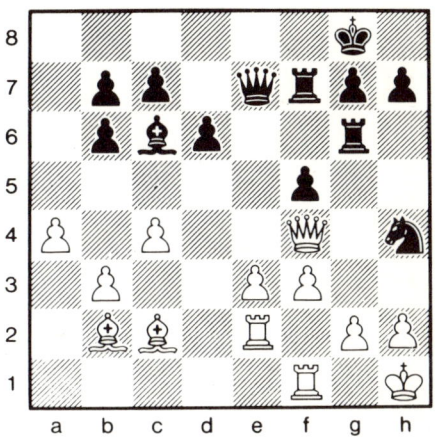

24 ... Sf3:! 25. Lf5: (Sowohl nach 25. Tf3: als auch nach 25. gf3: geht durch 25. ... Tg4 die Dame verloren.) 25. ... Sh4 26. Lg6: (Auch anders ist nichts zu retten.) 26. ... Tf4: 27. Lh7:+ Kh7: 28. Tf4: Sg2: 29. Tg2: De3: 30. Tf1 De2 31. Tg1 Db2: (0–1).

Sterk – Reti (Budapest 1932): 8. 0–0 d6 9. f4 (9. Sc3 0–0 10. Sa4 Lb6 führt mit Zugumstellung zur vorigen Partie.) 9. ... Sg6 10. Kh1 f5 11. Sc3 0–0 12. Sa4 De7 13. Lf3 Lb6 14. Sb6: ab6: 15. g3?! Le6! 16. b3 Df6 17. Dd4 Df7! 18. Lb2 (18. Lb7:? c5 19. Dd6: Tfd8 verliert eine Figur.) 18. ... Tfd8 19. e4 fe4: 20. Le4: d5! 21. f5 (21. Lg6: hg6: 22. c5 bc5: 23. Dc5: d4! mit starkem Angriff) 21. ... de4: 22. De4: Ld7 23. Db7: Se7 24. Dc7: Lc6+ 25. Kg1 Td2 26. Tf2 Tf2: 27. Kf2: Df5:+, und Schwarz gewann leicht.

Yrjölä – Li (Dubai 1986): 6. a3 a5 7. b3 0–0 8. Lb2 Te8 9. Ld3 d6 10. ed6: (nächstes Diagramm) 10. ... Sf2:! 11. Kf2: Te3: 12. Kf1 Lg4 13. Le2 Lf3: 14. Lf3: Dh4 15. Ta2 Tae8 16. Lc3 cd6: (Weiß befindet sich in einem eigenartigen Zugzwang.) 17. g3 Dh3+ 18. Lg2 Df5+ 19. Tf2 Df2:+! 20. Kf2: Td3+ (0–1).

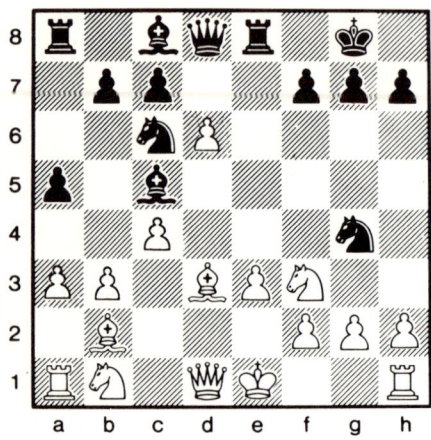

Stellung nach 10. ed6:

4. ... Sc6

Auf 4. ... g5!? sollte Weiß am besten mit 5. Ld2 antworten, z.B.: 5. ... Se5: 6. Sf3 Lg7 7. Se5: Le5: 8. Lc3 De7 9. Le5: De5: 10. Sc3, und Weiß hätte die besseren Aussichten (Ivkov – Drimer, Raach 1969).

5. Sf3 Lb4+

In einer Wettkampfpartie mit Eliskases (Berlin 1939) hatte Bogoljubow mit 5. ... f6!? Erfolg. Nach 6. ef6: Df6: 7. Dd2 (Euwe schlug hier 7. Dc1 Lb4+ 8. Ld2 vor.) 7. ... Lb4 8. Sc3 Lc3: 9. bc3: d6 10. e3 b6 11. Le2 Lb7 12. 0–0 Se7 13. Sd4 Se5 spielte Eliskases statt 14. Sb5! schwächer 14. Lg3 und geriet nach 14. ... 0–0–0 15. f4 Sd7! 16. Lf3 Sc5 17. Dc2 h5! in Nachteil. Für die Psychologie der Schachfehler ist es interessant, Eliskases Kommentar zu seinem fehlerhaften Zug zu zitieren (Deutsche Schachzeitung 1939, Seite 73): »Es war meine Absicht, mit 14. Sb5! fortzusetzen. Das hätte den Gewinn eines weiteren Bauern eingetragen (14. ... 0–0–0 15. Sa7:+ Kb8 16. Sb5) oder einen ungünstigen Königszug (14. ... Kd8) erzwungen und somit den Vorteil klargestellt. Irrtümlicherweise glaubte ich, das Vorgehen der Bauern auf der Königsseite (f4 und e4) sei nachhaltiger, und darum gab ich den ersten Gedanken auf.«

6. Sc3

Eine bescheidenere Alternative ist 6. Sbd2, z.B.: 6. ... De7 7. a3 Sge5: 8. Se5: Se5: 9. e3 Ld2:+ 10. Dd2: d6 11. Le2 0–0 12. 0–0 mit einem sehr geringen Vorteil für Weiß.

6. ... De7 7. Dd5

Damit versucht Weiß, den Mehrbauern zu behalten. Nach 7. Tc1 gleicht Schwarz ziemlich leicht aus: 7. ... Sge5: 8. Se5: Se5: 9. e3 0–0 10. Le2 d6 11. 0–0 Lc3: 12. Tc3: b6 (Ivkov – Mestrovic, Sarajewo 1967).

7. ... Lc3:+

Der Versuch 7. ... f6!? 8. ef6: Sf6?! (8. ... Lc3:+ führt mit Zugumstellung zur Partie) wird mit 9. Dd3 d6 10. Ld2! entgiftet.

8. bc3:

Es ist zu bemerken, daß die gleiche Stellung mit 6. ... Lc3:+ 7. bc3: De7 8. Dd5 (was vielleicht präziser ist) erreicht werden kann.

8. ... Da3

Wahrscheinlich ist hier 8. ... f6 9. ef6: Sf6: 10. Dd3 d6 besser. In einer Partie Rubinstein – Schlechter aus dem gleichen Turnier (wo diese Stellung mit Zugumstellung entstand: 7. ... f6 8. ef6: Lc3:+ 9. bc3: Sf6: 10. Dd3 d6) folgte 11. e3 0–0 12. Le2 Se4 (in Betracht kommt Se5 – Schlechter) 13. Dc2 Sc5 14. Sd4 Se5 15. 0–0 Ld7 16. f3 Tae8 17. Lg3 Df7 18. Le5: Te5: 19. e4 a6 20. Tae1 Le6: »Die Chancen stehen ungefähr gleich. Schwarz hat zwar einen Bauern weniger, dafür aber eine sehr feste Stellung.« (Schlechter)

9. Tc1

9. Dd2 De7 10. Dd5 führt zu Zugwiederholung. Der Versuch, nach 9. Dd2 mit 9. ... Dc5 auf Gewinn zu spielen, hat in der Partie Rubinstein – Tartakower (Bad Kissingen 1928) nach 10. e3 Da5 11. Tb1! a6 12. c5! Dc5: 13. h3 Sh6 14. Ld3 zu weißem Vorteil geführt.

9. ... f6 10. ef6:

Der Berliner Meister Lewitt hat hier 10. e6 mit der Folge 10. ... de6: 11. Dh5+ g6 12. Dg4: e5 13. Dh4 ef4: 14. Df4: 0–0 vorgeschlagen. Schlechter schätzt diese Stellung folgendermaßen ein: »Weiß hat den Bauern behauptet. Wir bevorzugen das schwarze Spiel, da es besser entwickelt ist und Aussicht hat, einen der schwachen Bauern des weißen Damenflügels zu erobern.«

10. ... Sf6: 11. Dd2 d6 12. Sd4 0–0 13. e3?!

Spätere Analysen haben gezeigt, daß die beste Fortsetzung für Weiß hier 13. f3 ist, gefolgt von 14. e4 mit guten Aussichten. Hauptsächlich aus diesem Grund ist 8. ... f6 vorzuziehen.

13. ... Sd4:!

Eine sehr interessante taktische Möglichkeit. Mit der Dame kann Weiß nicht zurücknehmen, und

wenn er mit einem seiner Bauern zurücknähme, so öffnet sich entweder die e-Linie oder, wie in der Partie, die Diagonale a5–e1.

14. cd4: Se4 15. Dc2 Da5+ 16. Ke2

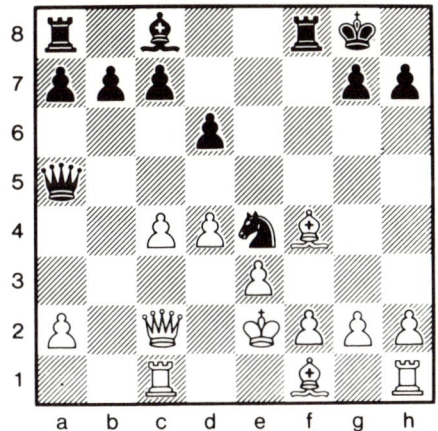

Wenn 16. Kd1, so 16. ... Lf5, und falls 17. Ld3, so Sf2:!

16. ... Tf4:! (um die e-Linie zu öffnen) **17. ef4: Lf5 18. Db2 Te8 19. Kf3** (Es drohte Sg5+ nebst Matt.)

19. ... Sd2+ 20. Kg3 Se4+ 21. Kh4?

Besser war zweifellos 21. Kf3, wonach Schwarz den Angriff mit 21. ... h5 fortsetzen konnte. Nun geht die Partie schnell verloren.

21. ... Te6 22. Le2 Th6+ 23. Lh5 Th5:+ 24. Kh5: Lg6++ (0–1).

Zum Schluß ein paar Beispiele für das **Fajarowicz-Gambit,** eine selten gespielte und dennoch nicht ungefährliche Abart des Budapester Gambits.

Aljechin – Tartakower (London 1932)

1. d4 Sf6 2. c4 e5 3. de5: Se4!? 4. Sd2

Dies führt mit Zugumstellung zur Hauptvariante 4. Sf3 Sc6 5. Sbd2 Sc5, die als beste Fortsetzung für Weiß betrachtet wird. Versuche, dieser Fortsetzung auszuweichen oder sie zu »verbessern«, sind meistens gescheitert, wie die folgenden Beispiele zeigen:

Schlage – K. Richter (Berlin 1930): 4. Sf3 Sc6 **5. a3** d6! 6. ed6: Ld6: 7. e3 Lg4 8. Le2 Df6 9. h3

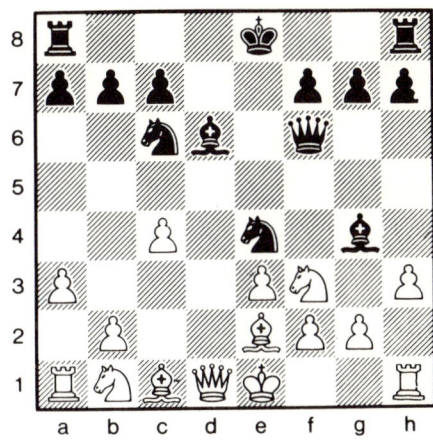

9. ... 0-0-0! (Der Entwicklungsvorsprung von Schwarz ist so groß, daß er es sich leisten kann, die Bedrohung des Lg4 einfach zu ignorieren.) 10. hg4: Lg3! 11. fg3: Td1:+ 12. Ld1: (Materiell steht Weiß mehr als befriedigend, positionell aber ...) 12. ... Se5! 13. 0-0 Sg3: 14. g5 Df5 15. e4 Dd7 16. Te1 Sd3 17. Sc3 (Weiß ist verloren.) 17. ... Se1: 18. Se1: h6! 19. gh6: Dd4+ 20. Kh2 Df2 21. Sf3 Sf1+ 22. Kh1 Se3 23. Le3: De3: 24. Sd5 Th6:+ (0-1).

van Doesburgh – K. Richter (München 1936): **4. Dc2** d5 5. ed6: Lf5! 6. Da4+ Sc6 7. Sf3 Ld6: 8. g3 Lc5 9. Le3 Df6 10. Lc5: Sc5: 11. Da3 De7 12. e3? Lb1:! 13. Tb1: De4 14. Sd2 Dh1: 15. Dc5: Dh2: 16. Sf3 Dh6 17. Td1 Df6 18. Lh3 Td8! 19. Td8: Dd8: 20. Sg5 h6 21. Se4 De7 22. Dd5 0-0 23. Sc5? Sb4 (0-1).

Sabjan – J. Szabó (Ungarische Fernschach-Meisterschaft 1986): **4. a3** d6 5. ed6:?! (besser 5. Sf3 Sc6 6. Dc2!) 5. ... Ld6: 6. Sf3? Sf2:! 7. Dd4 Sh1: 8. Dg7: Tf8 9. Lh6 f6 10. Dh7: Tf7 11. Dg6 Sc6 12. Dg8+ Ke7 13. Dg6 Sg3! 14. hg3: Lf5! (0-1).

4. ... Sc5 5. Sf3 Sc6 6. g3

Vielleicht ist hier 6. a3 noch stärker, z.B.: 6. ... a5 7. Sb3 Se6 8. Ld2 a4 9. Sc1 d6 10. Lc3 Ld7 11. Sd3 Sa5 (besser 11. ... Le7!?, gefolgt von 0-0 und f7–f6) 12. Sd2 mit Vorteil für Weiß (Dr. Hübner – Pedersen, Athen 1969).

6. ... De7

Im Gambitsinn ist hier der Zug 6. ... d6!? zu empfehlen, z.B.: 7. ed6: Ld6: 8. Lg2 0-0 9. 0-0 Df6 10. Sb3 Le6 11. Sc5: Lc5: mit beiderseitigen Chancen (Barcza – Halic, Ungarische Meisterschaft 1937).

7. Lg2 g6 8. Sb1!

»Dieser auf den ersten Blick erstaunliche Zug ist eigentlich sehr logisch. Nachdem Schwarz seine Absicht deutlich gezeigt hat, den Läufer nach g7 zu entwickeln, braucht Weiß Operationen auf der Diagonalen e1–a5 nicht mehr zu fürchten. Es gibt also keinen Grund, nicht gleich den Springer nach d5 zu versetzen.« (Aljechin)

8. ... Se5: 9. 0–0 Sf3:+ 10. ef3: Lg7 11. Te1 Se6 12. Sc3 0–0 13. Sd5 Dd8 14. f4 c6

Auf den natürlichen Zug 14. ... d6 hätte Weiß mit dem vorübergehenden Bauernopfer 15. f5! einen starken Angriff eingeleitet. Das Verjagen des Springers schafft aber nun eine lästige Schwäche auf d6.

15. Sc3 d6 16. Le3 Dc7 17. Tc1 Ld7 18. Dd2 Tad8 19. Ted1 Lc8 20. Se4 Sc5

Damit versucht Schwarz, sich aktiv zu verteidigen. Seine Stellung ist schwierig, weil der normale Befreiungsversuch 20. ... d5 wegen 21. cd5: Td5: 22. Sf6+ Lf6: 23. Ld5: nicht geht. Auch 20. ... c5 (um das Feld d4 zu erobern) führt nach 21. f5! gf5: 22. Sc3 Sd4 23. Sd5 Db8 24. Lg5 zu Vorteil von Weiß. Der Partiezug wird hier taktisch widerlegt.

21. Sd6:! Sa4 22. c5 Sb2: 23. Te1

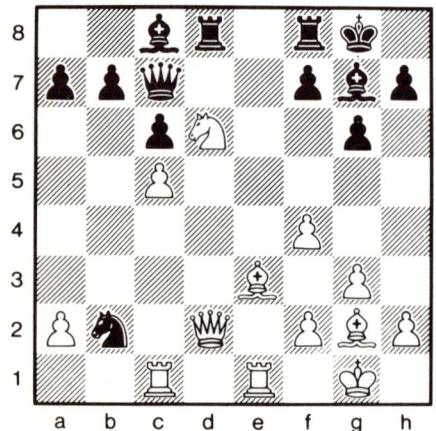

23. ... b5

Das ist die logische Folge der mit 20. ... Sc5 begonnenen Aktion.

24. cb6:!

»Eine nicht sehr komplizierte, aber unerwartete Kombination. Die einzige Schwierigkeit war, sie bei 21. Sd6: vorauszusehen.« (Aljechin)

24. ... Dd6: 25. Dd6: Td6: 26. ba7: Lb7 27. Lc5 Tdd8 28. Lf8: Kf8: 29. Lc6: Lc6: 30. Tc6: Ta8 (Auch andere Züge verlieren schnell.) **31. Tb6 Ta7: 32. Tb8 Matt.**

Froms-Gambit

Dieses Gambit gehört eigentlich, wie auch das Staunton-Gambit oder das Benkö-Wolga-Gambit, in das nächste Kapitel. Sie wurden aber so viel gespielt und analysiert, daß sie heute von der Theorie als selbständige Eröffnungen betrachtet werden.

Das Froms-Gambit ist eine aggressive Reaktion auf die Bird-Eröffnung **1. f2–f4.** Es wurde von dem dänischen Spieler Martin From Mitte des vorigen Jahrhunderts vorgeschlagen und beginnt mit dem Bauernopfer **1. ... e5!?** Jetzt steht Weiß vor einer interessanten Wahl: das Gambit mit 2. fe5: zu akzeptieren oder selber mit 2. e4 ins Königsgambit überzugehen. Psychologisch wäre die zweite Alternative, die die aggressiven Absichten des Gegners durchkreuzt, besser. Die Spieler, die mit 1. f4 die Partie beginnen, sind aber meistens keine Gambitfans – sie bevorzugen, den Gambitbauern zu nehmen, in der Überzeugung, daß der Angriff immer abzuschlagen ist. Vor diesem Dilemma stehen eigentlich fast alle Nicht-Gambitspieler, und das erklärt teilweise den psychologischen Hintergrund des Gambitspiels.

Das Spiel im Froms-Gambit entwickelt sich zunächst nach klassischen Regeln: **1. f4 e5 2. fe5: d6 3. ed6: Ld6: 4. Sf3.**

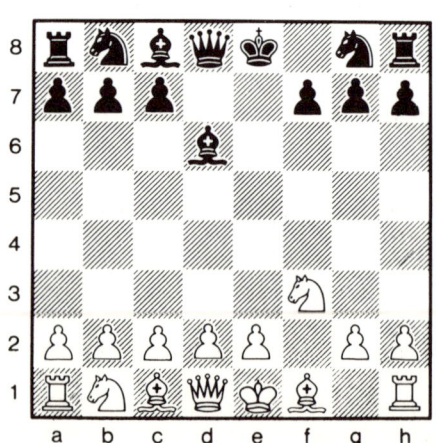

Für den geopferten Bauern hat Schwarz ein freies Spiel und taktische Möglichkeiten am Königsflügel. Auch der Versuch, auf d6 nicht zu nehmen, verhindert das Gambitspiel nicht. Die Folge einer Partie Pachman – Keres (Wien 1957) ist in dieser Hinsicht kennzeichnend. Weiß spielte 3. Sf3, aber nach 3. ... de5: (3. ... g5 4. e4 g4 5. Lc4 gf3: 5. Df3: – eine Art Muzio-Gambit – ist sehr zweischneidig.) 4. e4 Sc6 5. Lb5 Lc5! 6. De2 Sf6 7. Se5: 0–0 8. Lc6: bc6: 9. d3 Te8 10. Sf3 La6 bekam Schwarz eine mehr als ausreichende Kompensation für den geopferten Bauern.

4. g3 (statt Sf3) ist wegen des sofortigen Aufmarschs des schwarzen h-Bauern entschieden schlechter: 4. ... h5 5. Lg2 Sc6 (noch besser 5. ... h4!) 6. Sc3 h4 7. Se4 hg3: 8. h3 Sf6 9. Sd6:+ Dd6: 10. d3 Le6 11. c3 0–0–0 mit deutlichem Vorteil für Schwarz (Bird – Blackburne, Hastings 1895).

In der Diagrammstellung hat Schwarz zwei Wege, die Initiative zu entfalten: **4. ... g5!?** und **4. ... Sf6.** Die folgenden Beispiele zeigen, was damit zu erreichen ist.

Katz – Kudaschew
(Fernpartie, UdSSR 1975/76)

4. ... g5!? Dieser sehr aggressive Zug wurde von Lasker in seinem Wettkampf mit Bird 1890 eingeführt.

5. g3

Laut Larsen ist dies die beste Fortsetzung für Weiß. Nach dem früher meistens gespielten 5. d4 g4 hat Weiß die Wahl zwischen zwei Fortsetzungen:

1) 6. Sg5?! (führt zu unübersehbaren Verwicklungen) 6. ... f5 7. e4 h6 8. e5 Le7 (Dieser Zug ist in fast allen Theoriebüchern als selbstverständlich angegeben. Welche versteckten Möglichkeiten die Stellung enthält, zeigt die Fortsetzung 8. ... Le5:!?, die mit Erfolg in etlichen Fernpartien versucht wurde, z.B.: 9. de5: Dd1:+ 10. Kd1: hg5: 11. Lg5: Th5 12. h4 hg3: 13. Lf4 Le6 14. Sc3 Sc6 15. Kd2 0–0–0+ 16. Ke3! Sb4 17. Tc1 Se7 18. Th3: Sbd5+ 19. Sd5: Sd5:+ 20. Kf3 Sf4: 21. Kf4: Td4+ 22. Ke3 Te4+ 23. Kf2 Tf4+! 24. Kg1 Th3: 25. gh3: Kd7! 26. Lg2 Td4 27. Tf1 b6 28. b3

Th4 29. Tf3 f4 30. Lf1 Remis; Risch – Popp, Fernpartie 1969.) 9. Sh3 gh3: 10. Dh5+ Kf8 11. Lc4 Th7! (Die Kurzpartie *Kotlermann – Kotkow, Archangelsk 1949,* zeigt deutlich die Gefahren der Stellung: 11. ... De8 12. Dh3: Kg7?! 13. 0–0 Lg5 14. Dg3 Dg6 15. e6! c6 16. Lg5: Dg5: 17. De5+ Df6 18. Tf5:! De5: 19. Tf7+ Kg6 20. de5: Le6: 21. Le6: Sa6 22. Tf3 Se7 23. Tf6+ Kg5 24. Sd2, 1–0.) 12. Dg6 Lb4+! 13. Ke2 (13. c3? Tg7 14. Lh6: Dh4+ 15. g3 Dh6:∓; Speer – Brinkmann, Fernpartie 1961–62) 13. ... Tg7 14. Lh6: Sh6: 15. Dh6: Dg5 16. Dg5: Tg5: 17. g3 c5!, und die schwarze Mehrfigur erweist sich stärker als die weißen Bauern (Kremer – Krause, Fernpartie 1966–68).

2) 6. Se5 (Das ist einfacher und sicherer als Sg5.) 6. ... Le5: 7. de5: Dd1:+ 8. Kd1: Sc6 9. Sc3 Le6 10. Lg5 Se5:! 11. Sb5 (11. e3 f6 12. Lh4 Kf7 13. Ld3 Sd3: 14. cd3: Se7 mit beiderseitigen Chancen; Brinkmann – Tartakower, Kecskemet 1927) 11. ... Kd7 12. Ke1 f6 mit gleichem Spiel (Rellstab – Zastrow, Fernpartie 1961–62).

5. ... g4 6. Sh4 Se7

Die meistgespielte Fortsetzung. Es kommen aber auch andere Züge in Betracht, z.B.: 6. ... Le7!? 7. Sg2 h5 8. d4 h4 9.Tg1 Lf5 10. Lf4 Sc6 11. c3 Sf6 12. Sh4: Th4: 13. gh4: Sd5 14. Dd2 Lh4:+ 15. Tg3 Df6 16. Sa3 0–0–0 mit beiderseitigen Aussichten (Remenjuk – Kosewitsch, UdSSR 1969), oder 6. ... f5 7. e3 Se7 8. Ld3 Le6! 9. Sc3 Sbc6 10. 0–0 Dd7 11. a3 Se5 12. Le2 S5g6 13. Sg6: hg6: 14. Sb5 0–0–0 15. Sd6:+ Dd6: 16. c4 Th3 17. Tf2 Tdh8 18. Lf1 Dg3:+! 19. Tg2 Dh4 20. De2 Lc4: (0–1) *Belibekow – Chalibeili (UdSSR 1964).*

7. d4 Sg6 8. Sg6:!?

Die Alternative zu diesem Zug ist 8. Sg2. So wurde in einer überall zitierten Partie Larsen – Zuidema (Beverwijk 1964) gespielt, wo nach 8. ... Sbc6 9. c3 (Schwächer ist 9. e3 h5 10. Ld3 h4 11. Lg6: hg6: 12. Sh4: Th4:!, und Schwarz gewann schön; Schenkein – Spielmann, Wien 1910.) 9. ... h5 10. e4 h4 11. e5 Le7 12. Tg1 hg3: 13. hg3: Th2 14. Le3 Lf5 15. Sd2 Lg5?! (siehe nächstes Diagramm) eine sehr komplizierte und scharfe Stellung entstand.

Es ist interessant, daß die Fortsetzung 11. ... Le5: (wie oben unter 1) auch hier möglich ist, z.B.: 12. de5: Dd1:+ 13. Kd1: hg3: 14. Le3? (besser

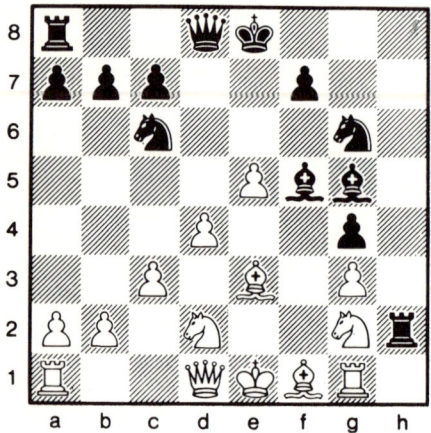

Stellung nach 15. ... Lg5?!

Lg5 oder Lb5) Th2: 15. Tg1 Sce5: mit Vorteil für Schwarz (Böhringer – Popp, Fernpartie 1969).

8. ... hg6: 9. Dd3

Gegen Th2:! nebst Lg3:+ gerichtet.

9. ... Sc6 10. c3 De7 11. Lg2

Oder 11. e4 Ld7 12. e5 0–0–0 13. Lg2 Le5:!? 14. de5: Se5: 15. De2 Lb5 16. Lb7:? (besser Db5:) Kb8! 17. Db5: Sf3++ 18. Kf2 Th2! (0–1) *Kosakow – Woljak (UdSSR 1972)*.

11. ... Lf5 12. e4 0–0–0 13. 0–0?!

Dieser Zug erlaubt eine sehr schöne und auch recht komplizierte Gewinnkombination, allerdings stand zu dem jetzigen Zeitpunkt Weiß bereits schlecht.

13. ... Se5 14. Dc2

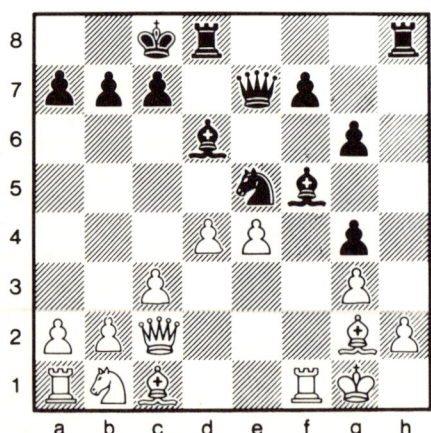

14. ... Th2:!

Wenn Weiß jetzt den Turm nimmt (15. Kh2:), so folgt 15. ... Sf3+ 16. Lf3: Th8+ 17. Kg2 (17. Kg1 gf3: 18. ef5: Lg3: nebst Dh4; falls 19. Tf3:, so 19. ... De1+ 20. Tf1 Th1+ nebst Matt) 17. ... Lg3:! mit siegreichem Angriff. Auch die Partiefortsetzung rettet die Lage nicht.

15. Tf5: Tg2:+ 16. Kg2: gf5: 17. de5: De5: 18. Lf4 Dh8! 19. Sa3 Dh3+, und Weiß gab auf.

Nyman – Larsen (Fernpartie 1966)

4. ... Sf6 5. d4

Die Alternative 5. g3 verspricht dem Weißen nichts. Nach 5. ... Sc6 6. Lg2 Lg4 7. d3 Lc5 8. Sc3 a6 9. Lg5 h6 10. Lf6: Df6: 11. Dd2 0–0–0 hat Schwarz genügend Kompensation.

5. ... 0–0

»Die wichtigste Antwort hier, laut Theorie, ist 5. ... Se4 – ich verstehe aber nicht, warum. Man soll doch seine Figuren entwickeln!« (Larsen)

6. Lg5 Te8

Die Theorie empfiehlt 6. ... h6 7. Lf6: Df6: 8. e4?! c5 9. e5 De7 10. Le2 Lc7 11. c3 Sc6 12. Sbd2 Lg4 mit Vorteil für Schwarz. Das weiße Spiel kann aber mit 8. Sc3 verbessert werden.

7. Dd3 Sc6 8. a3

Das ist stärker als 8. c3, wonach Schwarz mit 8. ... h6 9. Lf6: Df6: 10. Sbd2 Lf5 11. e4 Dg6 12. 0–0–0 Te4:! einen starken Angriff bekommen könnte. Eine andere Möglichkeit wäre 9.Lh4 g5 10. Lf2 Se4 11. h3 Lf5 12. Dd1 De7 13. g4 Sf2: 14. Kf2: De3+ 15. Kg2 Df4 16. De1 Lg4: mit großem Vorteil für Schwarz (Varianten von Larsen).

8. ... h6 9. Lh4?

Nach diesem Fehler übernimmt Schwarz energisch die Initiative. Weiß sollte 9. Lf6: Df6: 10. e4 spielen, wonach Schwarz entweder nach 10. ... Lf5 11. Sc3 den geopferten Bauern leicht zurückbekommen oder mit 10. ... Lg4 versuchen könnte, etwas mehr zu erreichen, was nach 11. Sbd2 nicht allzu einfach ist.

9. ... g5! 10. Lf2 Se4 11. h3

Schwächt das Feld g3, Weiß hat aber keinen besseren Weg gefunden, die Drohung Sf2: nebst g5–g4 zu neutralisieren.

11. ... Lf5 12. Dd1

12. Db5 ging nicht wegen 12. ... Lg3!, und Weiß geht nach dem Verlust des Bd4 schnell zugrunde.

12. ... Lf4 13. g4 Sf2: 14. Kf2: Le3+ 15. Kg2

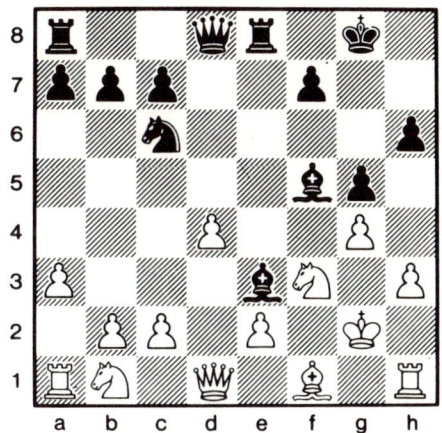

15. ... Sd4:!

»Une petite combinaison« (eine kleine Kombination), wie Capablanca zu sagen pflegte. Weiß darf den Springer wegen Le4+ nicht nehmen.

16. gf5: Sf3: 17. Dd8: Sh4+ 18. Kg3 Tad8:

Eine Traumstellung für einen Gambitspieler! Die noch verbliebenen weißen Figuren befinden sich noch auf ihren Startfeldern (mit Ausnahme des Königs, der bevorzugt ein Mattnetz!), die Bauernstruktur ist zerissen, ein Bauer geht verloren, und die schwarzen Figuren sind für den Schlußsturm bereit!

19. Sc3 Sf5:+ 20. Kg2 Td2 21. Tc1 h5 22. Sd1 Lb6 23. Kh2 T8e2:+

Eleganter Schluß.

24. Le2: Te2:+ 25. Sf2 Tf2:+ 26. Kg1 Te2+ 27. Kf1 Sg3 Matt.

Wie man aus diesen Partien sieht, bietet das Froms-Gambit ausgezeichnete Chancen, die Initiative zu ergreifen und gefährliche Angriffe einzuleiten. Weiß muß aufpassen! Vielleicht wäre es, wie schon gesagt, am besten, das Königsgambit selber anzubieten.

Staunton-Gambit

Dieses von Howard Staunton (siehe Fußnote Seite 49) Mitte des vorigen Jahrhunderts vorgeschlagene Gambit ist bis heute eine der ener-

gischsten Spielmethoden gegen die Holländische Verteidigung. Eigentlich wollte Staunton, der ein Positionsspieler war, nur den für diese Verteidigung typischen Kampf um das Feld e4 auf radikale Weise zugunsten von Weiß lösen. Seine Idee war, nach **1. d4 f5 2. e4 fe4: 3. Sc3 Sf6 4. Lg5** Druck auf e4 auszuüben und bei passender Gelegenheit den Gambitbauern mit Vorteil zurückzugewinnen. Später wurden schärfere, echte Gambitfortsetzungen in Verbindung mit f2–f3 gefunden und mit viel Erfolg gespielt.

Es ist interessant, daß viele Meister, die die Holländische Verteidigung spielen wollten, aber das Staunton-Gambit befürchteten (wie z. B. Botwinnik in den 30er Jahren), eine andere Reihenfolge der Züge benutzten, um dieses Ziel zu erreichen. Sie beantworteten 1. d4 mit 1. ... e6, um nun nach 2. c4 mit f7–f5 fortzusetzen. Der Nachteil dieser Zugfolge ist, daß Weiß mit 2. e4 in die Französische Verteidigung übergehen kann.

Laut moderner Theorie bedeutet das Staunton-Gambit bei richtiger Verteidigung keine ernste Gefahr für Schwarz. Die Praxis zeigt aber immer wieder, daß diese »richtige Verteidigung« nicht so leicht zu führen ist. Überzeugen Sie sich doch selbst einmal:

Tartakower – Mieses (Baden-Baden 1925)

1. d4 f5 2. e4 fe4: 3. Sc3 Sf6 4. g4!?

»Ein überkühnes Strategem« (Tartakower), das sicherlich den Gegner überrascht hat.

4. ... d5

Doch zuverlässiger ist, zunächst g4–g5 mit 4. ... h6 zu verhindern, wonach Schwarz gute Aussichten auf eine erfolgreiche Bekämpfung des gewagten »Bajonett-Angriffs« (so Tartakower!) des Gegners bekommt, z. B.: 5. f3 (Auch nach 5. h4 d5 6. Lh3 Sc6 7. Lf4 g5! kommt Weiß nicht zur Vertreibung des schwarzen Springers.) 5. ... d5 6. g5 (6. Lg2? e5! 7. de5: Sg4:! gibt Schwarz einen heftigen Angriff.) 6. ... hg5: 7. Lg5: Lf5 8. Lg2 e3! 9. Sge2 Sc6 10. a3 e6 11. Le3: Ld6 12. Lf4 Lf4: 13. Sf4: Dd6 14. Dd2 Th4, und Schwarz steht eher besser (Tyroler – Araiza, Den Haag 1928). Laut Tartakower erhält Weiß durch 5. g5 hg5: 6. Lg5: d5 7. f3 »manch ernste Angriffschancen«.

5. g5 Sg8 6. f3 ef3:
Vielleicht sollte Schwarz mit 6. ... e5!? den Bauern zurückgeben, um das Zentrum zu öffnen und so die Felder und Bauernschwächen im weißen Lager ausnutzen zu können. Nach 7. de5: (möglich ist auch 7. fe4: de4: 8. d5 Lf5 9. Sge2 Lb4 10. Lg2 Se7 mit gleichen Aussichten) 7. ... Lb4 (Schwach ist 7. ... ef3: 8. Dd5: f2+ 9. Kf2: Le7 10. Lc4 mit großem weißen Vorteil; Tscherepkow – Liwschitz, Leningrad 1964.) 8. fe4:! d4 9. a3 La5 10. b4 dc3: 11. Dd8:+ Kd8: 12. ba5: entsteht eine unübliche Stellung, wo das weiße Läuferpaar und die offenen Linien die Schwäche der Bauernstellung bestimmt kompensieren. Man könnte sogar sagen, daß die weißen Aussichten, vom dynamischen Standpunkt her gesehen, etwas besser sind.

7. Df3: e6
»Eine Gegenidee bestand in 7. ... Sc6, z. B.: 8. Dd5 Sd4: oder 8. Le3 e5!?.« (Tartakower)

8. Ld3 g6?!
Dieser Zug ist gegen die Drohung 9. Dh5+ g6 10. Lg6:+ gerichtet. »Weiß hat keine direkten Drohungen mehr, aber er setzt die Entfaltung seiner Streitkräfte in sehr schnellem Tempo fort.« (Tartakower) Man muß aber hinzufügen, daß sich auch der von Lasker empfohlene Zug 8. ... Se7 als unbefriedigend erwiesen hat. Nach 9. Lf4 a6 10. Le5 Sbc6 11. Dh5+ Kd7 12. Sf3 Sb4 13. 0–0–0 stand Weiß in einer Partie Weichert – John, Berlin 1932, deutlich vorteilhafter.

9. S1e2 De7 10. Lf4!
Eine für den Sinn des Gambitspiels sehr lehrreiche Stellung. Während fast alle weißen Figuren auf ausgezeichneten Feldern entwickelt sind, hat Schwarz nur die Dame im Spiel. Es ist kein Wunder, daß dieses enorme Übergewicht von Zeit, Raum und mobilisiertem Material die Partie schnell entscheidet.

10. ... c6 11. Le5 Lg7 12. Dg3! Sa6
Die Alternative 12. ... Sd7 hätte den Lebensraum der schwarzen Dame zu sehr reduziert. Nach 13. Ld6 Dd8 14. Tf1! wäre 14. ... Se7 wegen 15. Lc7 mit Damengewinn verfehlt.

13. 0–0 Ld7
Schwarz leidet an akutem Raummangel: 13. ... Sb4 geht wegen 14. Ld6 nicht, und auf 13. ... b6 folgt 14. Lg7: Dg7: 15. Dd6 Se7 16. Tf6!. Mit dem Partiezug verbindet Schwarz die Hoffnung, lang rochieren zu können ...

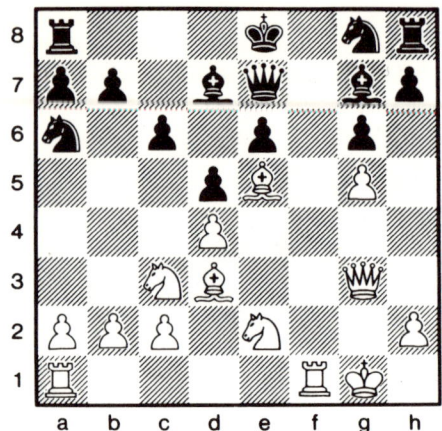

14. Ld6 Dd8 15. Df4, und vor der doppelten Mattdrohung auf f7 und f8 gab Schwarz auf.

Reti – Euwe (Rotterdam 1920)

1. d4 f5 2. e4 fe4: 3. Sc3 Sf6 4. Lg5 g6
Ausgleich bietet, laut Theorie, Mieses Fortsetzung **4. ... Sc6,** z. B.: 5. d5 Se5 6. Dd4 Sf7 7. Lf6: (7. h4 und 7. Lh4 werden aufgrund von Analysen von Simagin und Kotow aus den 50er Jahren als schwächer betrachtet.) 7. ... ef6: 8. Se4: Le7 (Auch Panows Empfehlung 8. ... f5 ist gut.) 9. 0–0–0 0–0 10. f4 (oder 10. Sf3 d6 11. Kb1 c5 12. Dd2 f5 13. Sg3 Sg5 mit Ausgleich; Schuster – Johannesen, Bergendaal 1960) 10. ... f5 11. Sg3 Lf6 12. Dd2 d6 13. Sf3 c5 mit gleichen Chancen (Analyse von Taimanow).
Aus diesem Grund wurde immer häufiger statt 4. Lg5 die Fortsetzung 4. f3 gespielt. Anderseits ist es interessant zu bemerken, daß Schwarz in den Partien, in denen in letzter Zeit 4. Lg5 gespielt wurde, meistens andere Fortsetzungen gewählt hat (4. ... e6, 4. ... b6 usw., siehe unten).

5. f3 ef3:
Für die Alternative 5. ... d5 hier und im nächsten Zug siehe die nächste Partie.

6. Sf3: Lg7 7. Ld3
Eine interessante und vielleicht erfolgversprechendere Alternative ist 7. Lc4, z. B. 7. ... c6 (7. ... c5? ist schlecht wegen 8. dc5: Da5 9. De2 Dc5: 10. 0–0–0 e6 11. Sb5 0–0 12. Le3 mit Ge-

winnstellung für Weiß; Schadurskis – Bonneville, Fernpartie 1978–79) 8. Dd2 d5 9. Ld3 0–0 10. 0–0 Sbd7 11. Lh6 Sb6 12. Lg7: Kg7: 13. Tae1 mit scharfem Spiel und etwas besseren Aussichten für Weiß.

7. ... c5

Vorsichtiger ist 7. ... 0–0 8. Dd2 d6 9. 0–0–0 Lg4 10. Tde1 Sc6 11. Lc4+ Kh8 12. Le6 Le6: 13. Te6: Dd7 14. The1 Tae8, und Schwarz steht gut (Karaklaic – Matulovic, Jugoslawien 1961).

8. d5 Db6 9. Dd2! Db2:?

Wieviele unzählige Male wurde dieser vergiftete Bauer in Meisterpartien genommen, und wieviele Male hat Schwarz das später bereut? Anscheinend lernt man nie genug aus der Erfahrung anderer ...

10. Tb1 Sd5:

Natürlich wußte Euwe, welche Gefahren das Nehmen eines solchen Bauern mit sich bringt, er hatte indessen (zu seinem Unglück) diese »Kombination« gesehen und glaubte, hier handele es sich um einen Ausnahmefall ...

11. Sd5:!!

Eine brillante Idee. Weiß opfert die beiden Türme, um den gegnerischen König matt zu setzen.

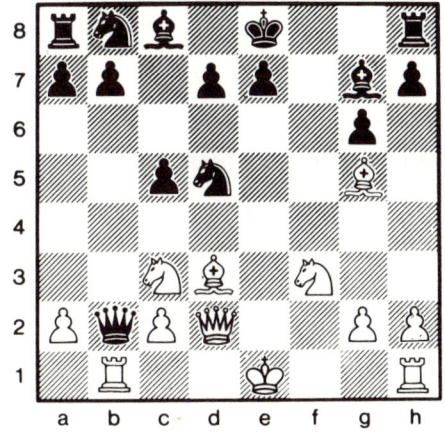

11. ... Db1:+ 12. Kf2 Dh1: 13. Le7:

Der enorme materielle Vorteil ist für Schwarz wertlos. Seine beiden Mehrtürme stehen tatenlos in ihren Ecken und können dem alleingebliebenen König keine Hilfe leisten.

13. ... d6 14. Ld6: Sc6

Deckt vorübergehend das Mattfeld e7...

15. Lb5 Ld7 16. Lc6: bc6: 17. De2+, und

Schwarz gab auf. Das Matt ist undeckbar (17. ... Kd8 18. Lc7 Kc8 19. Da6 Matt oder 17. ... Kf7 18. Sg5+ Kg8 19. Se7+ Kf8 20. Sg6:++ Kg8 21. Dc4+ nebst Matt).

Waganjan – Kovacevic (Wettkampf UdSSR – Jugoslawien 1975)

(Die ersten 7 Züge wie in der vorigen Partie.)

7. ... d5 8. De2 Sc6 9. 0–0–0 Sb4?!

Besser war 9. ... Lg4, und falls 10. h3, so 10. ... Lf3: 11. Df3: Sd4: 12. De3 c5! 13. Sb5 0–0 14. Sd4: cd4: 15. De6+ Tf7 mit Vorteil für Schwarz. Nach 10. De3 0–0 11. h3 Lf3: 12. gf3: Sh5! wären die beiderseitigen Aussichten im Gleichgewicht.

10. The1 c6

Das geplante 10. ... Sd3:+ 11. Td3: Lf5 war wegen 12. Te3 nicht gut (12. ... Se4 13. g4±).

11. h3 0–0 12. g4!

Nach 12. De7: De7: 13. Te7: Tf7 gleicht Schwarz aus.

12. ... b5 13. Se5 Dc7 14. Kb1 a5 15. De3! Ld7

Auf 15. ... Sd3: folgt 16. Sd3:, und falls 16. ... b4, so 17. Sa4 Se4 18. Sac5 mit Vorteil für Weiß.

16. Le2 a4 17. h4 a3 18. b3

Damit wird die schwarze Aktion am Damenflügel gestoppt, und Weiß hat freie Hand am Königsflügel. Im Vergleich dazu wäre jetzt aber 18. ... Tae8 besser gewesen. Nach dem fehlerhaften Partiezug geht der Kampf rasch zu Ende.

18. ... c5? 19. Sd7:! cd4: 20. Sf6:+ Lf6:

Oder 20. ... ef6: 21. Lf4 Dc3 22. Dc3: dc3: 23. Ld6, und gewinnt.

21. Td4: Ld4: 22. Dd4: Tac8 23. Ld2! e5 24. Db4: d4 25. Lb5:! dc3: 26. Lc4+ Dc4: 27. bc4: Tb8 28. Lc3:, und Schwarz gab auf.

Fedorowicz – Leow (Philadelphia 1986)

1. d4 f5 2. e4 fe4: 3. Sc3 Sf6 4. Lg5 e6

Die eigentliche Zugfolge in der Partie war 1. d4 f5 2. Sc3 Sf6 3. Lg5 e6 4. e4 fe4:.

5. Se4: Le7 6. Lf6: Lf6: 7. Dh5+

Auch nach dem früher üblich gespielten Zug

7. Sf3 ist es für Schwarz nicht leicht, das Gleichgewicht zu behalten, z. B.:
1) 7. ... d5 8. Sf6:+ gf6: 9. Dd2 Sc6 10. 0–0–0 Ld7 11. Lb5 De7 12. The1, und »Schwarz steht eine mühsame Verteidigung bevor«. (Taimanow)
2) 7. ... De7 (mit der Absicht, lang zu rochieren) 8. Ld3 Sc6 9. c3 b6 10. De2 Lb7 11. 0–0–0 0–0–0 12. The1 Kb8 13. Kb1 Df7 mit ungefähr gleichen Aussichten (Miß Vera Menchik – Flohr, Hastings 1933–34).
3) 7. ... b6?! 8. Se5 0–0 9. Ld3 Lb7 10. Dh5 De7? 11. Dh7:+! Kh7: 12. Sf6:++ Kh6 13. Seg4+ Kg5 14. h4+ Kf4 15. g3+ Kf3 16. Le2+ Kg2 17. Th2+ Kg1 18. Kd2 Matt. Diese kleine Partie wurde 1912 in London zwischen Eduard Lasker[15] und Sir G. Thomas gespielt.
4) 7. ... 0–0 8. Ld3 Sc6 9. c3 d6! 10. Dc2 h6 11. 0–0–0 e5 12. d5 Se7 13. h3 Kh8 14. c4 mit einem kleinen Vorteil für Weiß (Taimanow – Stanciu, Hamburg 1965).

7. ... g6 8. Dh6 Sc6

Schlecht ist 8. ... Ld4:? wegen 9. 0–0–0 Lf6 10. h4! mit siegreichem Angriff für Weiß, spielbar hingegen ist 8. ... b6 9. Sf3 Lb7 10. Ld3 De7 11. 0–0–0 Sa6 12. c3 Lg7 13. De3 0–0–0 (Ash – Jusupow, Winnipeg 1986).

9. 0–0–0!

Das ist stärker als 9. Sf3, wonach Schwarz mit 9. ... De7! antwortet (aber nicht 9. ... Sd4:?! 10. Sd4: Ld4: 11. 0–0–0 Lf6 12. h4 De7 13. Sf6:+ Df6: 14. h5 Tg8 15. Ld3 mit Vorteil für Weiß; Knaak – Ftacnik, Trnava 1980) 10. Sf6:+ Df6: 11. 0–0–0 b6 »... und Schwarz muß das Spiel allmählich ausgleichen können.« (Knaak)

9. ... b6 10. Se2 De7 11. De3! Lg7 12. S2c3 Lb7

Besser wäre 12. ... d5, um den folgenden Vorstoß zu verhindern.

13. d5! Sb4

Das Öffnen des Spieles mit 13. ... ed5: ist äußerst gefährlich: 14. Sd5: De5 15. Sdf6+! Lf6: 16. Sf6:+ Kf7 17. Se4 d5 18. Sg5+ Kf6 19. Df3+ usw. (19. ... Kg5: 20. Td5:).

14. de6: d5

[15] Eduard Lasker (1885–1981) war ein Homonym, hingegen kein Verwandter des Weltmeisters Emanuel Lasker. Geboren in Berlin, emigrierte er nach Amerika, wo er in den 20er Jahren eine wichtige Rolle im dortigen Schachleben spielte.

Auch nach 14. ... 0–0–0 15. a3 Sc6 16. ed7:+ Td7: 17. Le2 stünde Weiß deutlich besser.

15. Lb5+ c6

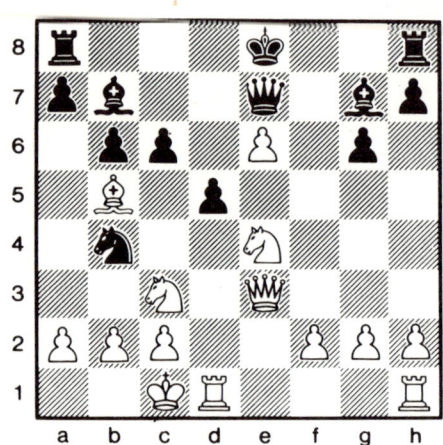

16. Td5:! 0–0

Der Läufer darf nicht genommen werden wegen Td7, und auf 16. ... Sd5: wäre 17. Sd5: Dd8 18. Df4! Lh6 19. Sef6+ entscheidend gefolgt.

17. Td7 De6: 18. Tb7: Sa2:+ 19. Kb1 Sc3:+ 20. Sc3:, und Schwarz gab auf, weil auf 20. ... De3: folgt 21. Lc4+ Kh8 22. fe3: mit einer Mehrfigur.

Sokolski – Kofman (Kiew 1948)

1. d4 f5 2. e4 fe4: 3. Sc3 Sf6 4. Lg5 b6?!

Die Idee dieses von Nimzowitsch stammenden Zuges ist, den Gambitbauern unter günstigen Umständen zurückzugeben und damit gleiches Spiel zu erreichen. Dies wird aus der Fortsetzung 5. Lf6: ef6: 6. Se4: De7! 7. De2 Lb7 leicht ersichtlich. Auch mit 5. Lc4 e6 6. Lf6: (6. d5 Lb4 7. de6: d5! ist eher für Schwarz günstig) 6. ... Df6: 7. Se4: De7 8. Ld3 Sc6 9. c3 Lb7 10. Sf3 0–0–0 erreicht Weiß nichts (Brinkmann – Nimzowitsch, Kopenhagen 1924). Nimzowitsch selber empfahl 5. Lf6: ef6: 6. a3! »... mit ernstlichen Schwierigkeiten für Schwarz.«

5. f3!

Auch diese Fortsetzung stellt Schwarz vor etliche Probleme.

5. ... Lb7

Nach 5. ... ef3: 6. Sf3: Lb7 7. d5 steht Weiß klar günstiger. Es ist zweifellos klüger für Schwarz, den Bauern mit 5. ... e3 zurückzugeben, z. B.: 6. Le3: e6 7. Sh3! (besser als 7. Dd2 d5 8. 0–0–0 c5 9. Lb5+ Ld7 10. Ld7:+ Dd7: 11. Sh3 Sc6 12. The1 0–0–0 13. De2 c4 mit Vorteil für Schwarz; P. Johner – Nimzowitsch, Karlsbad 1929) 7. ... Lb7 (zu versuchen ist 7. .. d5!? nebst c5) 8. Le2 De7 (8. ... Lb4!?) 9. 0–0 Sc6 10. f4 0–0–0 11. Lf3 h6 12. Te1 mit etwas besseren Aussichten für Weiß (Lissizyn – Kortschnoi, UdSSR 1951).

6. fe4: Se4: 7. Se4: Le4: 8. Sf3 Dc8

Dieser Zug spiegelt die Entwicklungsprobleme von Schwarz wider. 8. ... g6 wäre nicht ratsam wegen 9. Se5 Lg7 10. Lc4!.

9. Ld3 Ld3: (Auf 9. ... Db7 wäre 10. Se5 sehr stark.) **10. Dd3: Da6 11. De4 Sc6** (Falls 11. ... c6, so 12. Tf1 mit der Drohung Se5.) **12. d5 Sa5 13. Se5!**

Sehr verlockend wäre 13. Le7: Le7: 14. d6, aber Schwarz verteidigt sich mit 14. ... Sc6 15. de7: Da5+ 16. c3 Dc5. Der Partiezug enthält eine tückische Drohung, die Schwarz übersieht.

13. ... d6?

Auch nach der einzigen Verteidigung 13. ... Sb7 bekommt Weiß mit 14. Df3 Sd6 15. Dh5+ Kd8 16. Dg4 eine überwältigende Stellung.

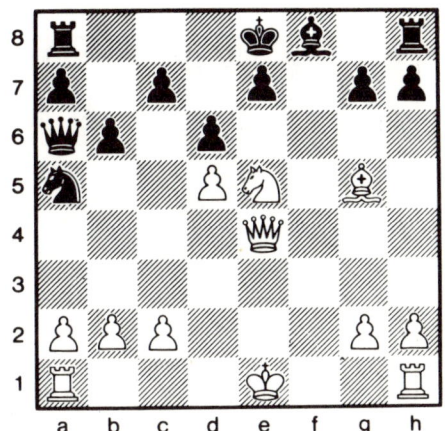

14. Sf7!

Ein schöner Zug, der auf einer bekannten Kombinationsidee beruht: Eliminierung der Verteidigungsfiguren, in unserem Fall des Lf8.

14. ... Kf7:

Auf 14. ... Tg8 gewinnt 15. Dh7: Kf7: 16. Tf1+.

15. Tf1+ Ke8 16. Tf8:+!, und Schwarz gab auf. Es folgt Matt in einigen Zügen (16. ... Kf8: 17. De7:+ Kg8 18. De6+ Kf8 19. Le7+ Ke8 20. Ld6:+ Kd8 21. De7+ Kc8 22. Dc7: Matt).

Szabó – Pedersen (Marianske Lazne 1951)

1. d4 f5 2. e4 fe4: 3. Sc3 Sf6 4. f3!

Diese echte Gambitfortsetzung ist zweifellos energischer und gefährlicher als 4. Lg5.

4. ... ef3:

Die Annahme der Herausforderung ist nicht ganz ungefährlich. Für die anderen möglichen Fortsetzungen siehe die nächste Partie.

5. Sf3 e6

Mit 5. ... d5 kann Schwarz das Zentrum fixieren, würde jedoch mit der Schwäche des Feldes e5 einen zu hohen Preis dafür bezahlen. In einer Partie Mikenas – Kotow (UdSSR-Meisterschaft 1951) erlangte Weiß nach 6. Se5! Lf5 (Auf 6. ... g6 kann 7. Lf4 Lg7 8. Dd2 0–0 9. 0–0–0 oder energischer 7. h4! Sbd7 8. h5 Se5: 9. de5: Sh5: 10. Th5: gh5: 11. Dh5:+ Kd7 12. e6+ Ke6: 13. Lf4 mit Angriff folgen.) 7. g4! Le6 (7. ... Sg4: 8. Sg4: e5 9. Df3 Dh4+ 10. Sf2. Wenn aber 7. ... Le4, so 8. Se4: Se4: 9. Df3.) 8. g5 Sfd7 (8. ... Se4 9. Lh3 Lh3: 10. Dh5+ g6 11. Dh3: mit den Drohungen 12. Sg6: und 12. De6) 9. Dh5+ g6 10. Sg6: Lf7 11. Ld3 Lg7 12. Tf1! Se5 (12. ... hg6: 13. Dg6:! oder 12. ... Sf8 13. Tf7:!) 13. de5: hg6: 14. De2 e6 15. Lf4 Sc6 16. 0–0–0 Dd7 17. Lg3, und Weiß steht nun offensichtlich günstiger.

Die beste Verteidigung ist 5. ... g6, wonach in einer Partie Bronstein – Alexander (Hastings 1953–54) 6. Lf4 Lg7 7. Dd2 0–0 8. Lh6 d5 9. Lg7: Kg7: folgte. Weiß sollte hier, laut einer Analyse von Bronstein, statt der Partiefortsetzung (10. 0–0–0?!) besser 10. Ld3! spielen. Nach 10. ... Sc6 11. 0–0 Lg4 12. Se5 hat Weiß genügend Kompensation für den geopferten Bauern.

6. Ld3 Le7 7. De2 c5?!

Kurz rochieren wollte Schwarz wegen 8. Lg5, gefolgt von 0–0–0, nicht. Auch 7. ... b6 wäre wegen 8. Sg5 nicht gut, weil 8. ... Lb7? wegen 9. Sh7:! nebst Dh5+ nicht möglich wäre.

8. dc5: Lc5: 9. Lg5 0–0 10. Se5 Sc6 11. Tf1 d5?!
Relativ besser wäre 11. ... Se5: 12. De5: Le7, obwohl auch in diesem Fall die weiße Stellung klar vorzuziehen wäre. Angeblich hat Schwarz die Stärke des folgenden Zuges unterschätzt.
12. Sg4! Le7 13. Sf6:+ gf6:

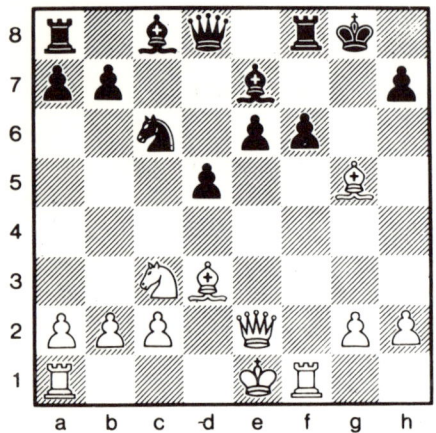

Zu spät erkennt Schwarz, daß 13. ... Lf6: sich wegen 14. Dh5 g6 15. Lg6:! Lc3:+ 16. Ke2! Sd4+ 17. Kd3! verbietet.
14. Lh7:+! Kg7
14. ... Kh7: verliert schnell nach 15. Dh5+ Kg8 16. Lh6! usw. Nun hat Weiß seinen Bauern bei vortrefflicher Stellung zurück. Die Partie ist prinzipiell entschieden: Was folgt, ist ein Modell genauer Verwirklichung des Vorteils.
15. Ld2!
Aber nicht 15. Dh5? fg5: 16. Dg6+ Kh8 17. Dh6 Tf1:+ 18. Kf1: Df8+, und Schwarz gewinnt.
15. ... Se5 16. Dh5 Th8 17. Dh6+ Kf7 18. Lf4! Ke8 19. Le5: fe5: 20. Dg7 Kd7 21. 0–0–0
Dem schwarzen König ist die Flucht aus der Gefahrenzone gelungen, seine desorganisierte Armee ist dagegen kaum imstande, dem folgenden Bauernvormarsch am Königsflügel Widerstand zu leisten.
21. ... Kc6 22. Tf7 Ld6 23. g4! Ld7 24. g5 Tb8 25. h4. Schwarz gab auf. Er hat keine vernünftigen Züge mehr zur Verfügung, um die Freibauern zu stoppen.

Simagin – Kopylow (Leningrad 1951)

1. d4 f5 2. e4 fe4: 3. Sc3 Sf6 4. f3 Sc6
Dieser Zug von Simagin wurde lange Zeit als die optimale Fortsetzung für Schwarz betrachtet. Nach der »Enzyklopädie« ist aber 4. ... d5 vorzuziehen, z.B.: 5. fe4: de4: 6. Lg5 Lf5 7. Lc4 Sc6 8. Sge2 Dd7 (In einer Partie Furman – Lutikow, Leningrad 1950, wurde ohne Erfolg 8. ... e5?! versucht. Nach 10. 0–0! Dd7 11. Lf6: gf6: 12. Sd5 Lg7 13. Tf5:! Df5: 14. Sc7:+ kam Weiß in Vorteil.) 9. 0–0 e6 10. De1 0–0–0 11. Td1 Sa5 12. Lb5 c6 13. La4. Die entstandene Stellung ist scharf und schwer zu beurteilen. Die Bauernstruktur von Schwarz ist schwach, er hat jedoch einen Bauern mehr und seine Figuren sind aktiv. Praktische Beispiele fehlen, man könnte aber vielleicht sagen, daß die Chancen sich in einem (prekären) dynamischen Gleichgewicht befinden.
5. fe4: e5 6. de5:!
Weiß muß das Spiel offen halten, um seine bessere Entwicklung auszunutzen.
6. ... Se5: 7. Sf3 d6
Nachdem die Erfahrung mit diesem Zug sich als unbefriedigend erwiesen hat, wurde der unnatürlich aussehende Zug 7. ... Ld6!? als Wunderheilmittel vorgeschlagen. Er löste eine eifrige theoretische und praktische Debatte aus.

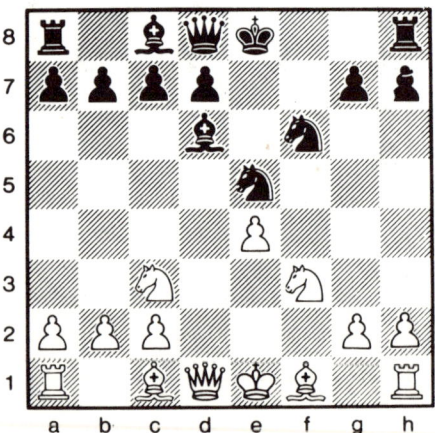

Nach vielen fehlgeschlagenen Versuchen wurden schließlich doch noch wirksame Gegenmittel, auch für diesen Paradoxzug, gefunden:

1) 8. Lg5 h6 9. Lh4 Sg6 10. Lg3 Lg3: 11. hg3:
    De7 12. Dd4 d6 (Grigorian – Tal, UdSSR
    1972), und nun hätte 13. 0–0–0 dem Weißen
    einen kleinen Vorteil gegeben.

2) 8. Sb5! Sf3:+ 9. Df3: Le5 10. Lf4! (Viel stärker
    als 10. Lc4? De7 11. Lb3 d5! mit Vorteil für
    Schwarz wie in der Stammpartie dieser Va-
    riante, Saharow – Winogradow, Leningrad
    1952.) Nun analysierte Kondratjew die fol-
    genden Fortsetzungen:

2a) 10. ... d6 11. Le5: de5: 12. Dc3 0–0 13. Dc7:,
    und 13. ... Se4: geht wegen 14. Dc4+ nicht.

2b) 10. ... Lf4: 11. Df4: d6 12. e5 De7 13. Sc7:+
    Dc7: 14. ef6:.

2c) 10. ... Lf4: 11. Df4: 0–0 12. Dc7: Se4: 13. Dd8:
    Td8: 14. 0–0–0 Sf2 15. Lc4+ Kh8 16. Sd6.

2d) 10. ... De7 11. 0–0–0! 0–0 12. Lc4+ Kh8
    13. Le5: De5: 14. The1.

In all diesen Varianten erreicht Weiß einen deutlichen Vorteil.

8. Lf4 Sf3:+

Etwas günstiger ist 8. ... Sg6, aber auch in die-
sem Fall stand Schwarz nach 9. Lg3 Sh5 10. Lf2
Shf4 11. Ld4! c6 12. Dd2 Da5 13. Le3! Se6 14. Lc4
Ld7 15. a3! vor großen Schwierigkeiten (Furman –
Löwenfisch, UdSSR-Meisterschaft 1951).

**9. Df3: Lg4 10. Df2 Le7 11. Lc4! c6 12. h3 Lh5
13. g4 Lg6 14. 0–0–0**

Wieder das typische Gambitbild: Weiß hat mindestens zwei Tempi Entwicklungsvorsprung sowie
Raumvorteil. Schwarz darf jetzt den Be4 nicht
nehmen wegen 14. ... Se4: 15. Se4: Le4:
16. The1 d5 17. Te4:!

14. ... Tf8 15. Dg3 Sg4:

Damit versucht Schwarz, mit taktischen Mitteln
»im Trüben zu fischen«: wenn nämlich 16. hg4:, so
16. ... Tf4:!

16. Ld6: Sf2

Schwarz scheint – auf den ersten Blick – mit hei-
ler Haut davonzukommen. Entscheidend ist hingegen nicht das Material, sondern die schlechte
Stellung des schwarzen Königs, die jetzt dem
Weißen eine glanzvolle Kombination erlaubt.

17. Le7: De7:
18. Sb5!!

Schwarz ist nun gezwungen (wegen der Drohungen Sc7+ und Sd6+) den Springer zu nehmen,
wonach die weißen Figuren freien Weg zum Angriff erhalten.

18. ... cb5: 19. Lb5:+ Kf7 20. Db3+ De6

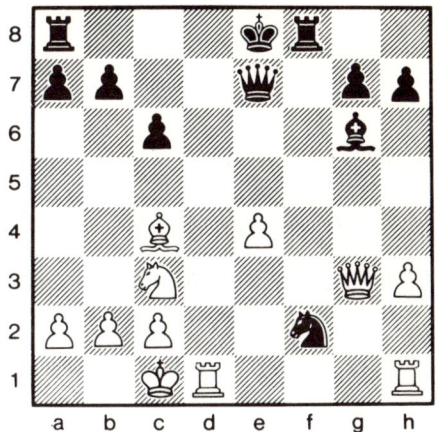

Oder 20. ... Kf6 21. Df3+ Kg5 22. h4 Kh6 23. De3
nebst Matt.

21. Lc4, und Schwarz gab auf.

Benkö-Wolga-Gambit

Dieses Gambit, das nach den Zügen **1. d4 Sf6
2. c4 c5 3. d5 b5** entsteht, ist ein subtiles Produkt
der modernen Konzeption positioneller Initiative.
Der Zweck des Bauernopfers ist, im Unterschied
zu den klassischen Gambits, nicht, einen raschen
Angriff zu erreichen, sondern durch die gemein-
same Wirkung des Lg7 (auf die große Diagonale)
und der schweren Figuren (auf die halboffenen
a- und b-Linien) einen dauernden Druck auf den
weißen Damenflügel auszuüben. Mit diesem positionellen Gambit sind schnelle Siege nur als
Folge von Fehlern zu erreichen oder wenn Weiß
versucht, den gegnerischen Druck mit taktischen
Mitteln abzubrechen. Wir werden in den folgenden Ausführungen versuchen, solche möglichen
Kurzschlüsse im Rahmen einer für den strategischen Inhalt des Benkö-Wolga-Gambits typischen Partie darzustellen.

Portisch – Wasjukow (Manila 1974)

1. d4 Sf6 2. c4 c5 3. d5 b5 4. cb5: ...

Meistens wird das Gambit akzeptiert, jedoch ist
es vielleicht günstiger, es mit 4. Sf3 abzulehnen.

Was danach geschehen kann, wenn Schwarz zu unvorsichtig spielt, zeigen die folgenden Beispiele:

Seirawan – Gurewitsch (USA-Meisterschaft 1986)
4. ... b4?! 5. a3! a5 6. Sbd2 g6 (besser 6. ... d6 nebst Sbd7) 7. e4 d6 8. ab4: cb4:

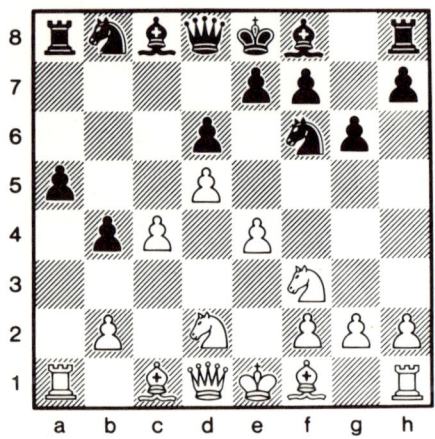

9. c5! dc5: 10. Lb5+ Ld7 11. Lc4 e6 (11. ... Lg7?! 12. e5 Sg4 13. De2±) 12. 0–0 ed5: 13. ed5: Lh6?! (13. ... Ld6 14. Te1+ Kf8 15. Se4 Se4: 16. Lh6+ Kg8 17. Te4:±) 14. Te1+ Kf8 15. Se5 Kg7? (15. ... Le8 16. Sb3±) 16. Sf7:! Kf7: 17. d6+ Kf8 18. Te7 Le8 19. Se4 Lc1: 20. Sf6: Lb2: 21. Sh7:+ Th7: 22. Df3+ Lf7 23. Tf7:+ (1–0).

Gulko – Renet (Marseille 1986) 4. ... g6?! 5. cb5: a6 6. Sc3 ab5: 7. d6!? (Eine Idee des georgischen Meisters Ubilawa. Auch 7. e4 b4 8. e5 bc3: 9. ef6: Da5 10. bc3: Dc3:+ 11. Ld2 Df6: 12. Tc1 Lg7 14. Lc4! ist vorteilhaft für Weiß; Christiansen – Andersson, New York 1985.) 7. ... Da5 (7. ... ed6: 8. e4! b4 9. Sb5 La6 10. Lf4 ist günstig für Weiß.) 8. e3 ed6: (oder 8. ... Se4 9. Ld2 Sd6: 10. Sb5 Db6 11. Lc3 mit Vorteil für Weiß; Ubilawa – Zeschkowski, UdSSR 1984) 9. Lb5: d5 10. 0–0 Lb7 11. e4! (Sehr schön! Nun ist es Weiß, der einen Bauern opfert, um die Linien gegen den noch unrochierten schwarzen König zu öffnen.) 11. ... de4: (Nach 11. ... d4 hätte Weiß noch eine Figur im Interesse des Angriffs geopfert: 12. Sd4:! ed4: 13. Dd4:, und sowohl nach 13. ... Le7 14. Lg5 Dd8 15. Sd5 Ld5: 16. ed5: als auch nach 13. ... Lg7 14. Lg5 Sh5 15. Dd6 f6 16. De6+ Kf8 17. Dd6+ Ke8 18. Le3 hätte Schwarz vor schweren Verteidigungsproblemen gestanden.) 12. Se5

c7 13. Lf4 Sh5 (Auf 13. ... Ld6 wäre 14. Ld7:+ Sd7: 15. Sb5 gefolgt.)

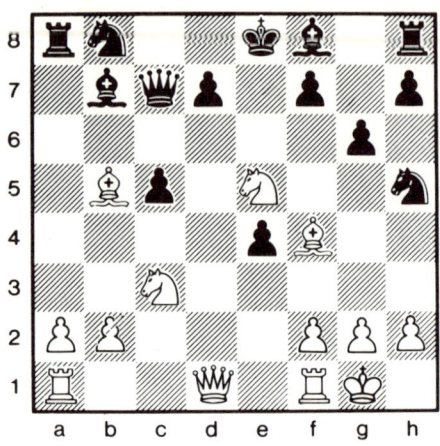

14. Sd5! (Ein schöner Zug, der die Partie schnell entscheidet.) 14. ... Dd6 (Die Hauptvariante der Kombination lautet 14. ... Ld5: 15. Dd5: Sf4: 16. Df7:+ Kd8 17. Df4:, und Schwarz ist verloren. Auf 14. ... Dd8 wäre 15. Sd7:! Sd7: 16. Sc7+ gefolgt mit Matt oder Damengewinn.) 15. Sd7:! Sf4: 16. Sc5:+! Lc6 17. Se4: De5 (Der Versuch, die Dame zu opfern, reicht nicht: 17. ... Lb5: 18. Sdf6+ Df6: 19. Sf6:+ Ke7 20. Sd5+ Sd5: 21. Dd5: Lf1: 22. Te1+ Kf6 23. De5 Matt.) 18. Lc6:+ Sc6: 19. Sdf6+ (1–0).
Die beste Antwort auf 4. Sf3 ist 4. ... Lb7, wonach Weiß mit 5. a4 ein aussichtsreiches Spiel bekommt.

4. ... a6 5. ba6:
Hier bieten sich auch andere Fortsetzungen an, wie z. B.: 5. e3, 5. b6 oder 5. f3. Die interessanteste ist aber zweifellos das Gegengambit 5. Sc3 ab5: 6. e4! b4 7. Sb5! Schwarz darf jetzt den Be4 nicht nehmen (7. ... Se4:?? 8. De2 f5 9. f3, und der Springer darf wegen Sd6 Matt nicht ziehen!) und muß, um e4–e5 zu verhindern, mit 7. ... d6 fortsetzen. (Siehe nächstes Diagramm.)
In dieser Stellung hat Schwarz nach 8. Lf4! mit zahlreichen taktischen Schwierigkeiten zu kämpfen, wie aus der folgenden Partie *Zeschkowski – Alburt (Wilna 1975)* deutlich zu sehen ist: 8. ... Sbd7 (Vielleicht günstiger ist 8. ... Sa6 mit unklaren Verwicklungen sowohl nach 9. Lc4 g6 10. e5 de5: 11. Le5: Lg7 12. d6 0–0 als auch nach 9. Sf3 g6 10. e5! de5:! 11. Le5: Lg7 12. d6 0–0.) 9. Sf3

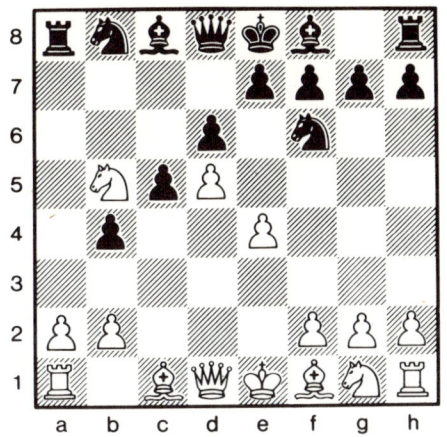

Stellung nach 7. ... d6

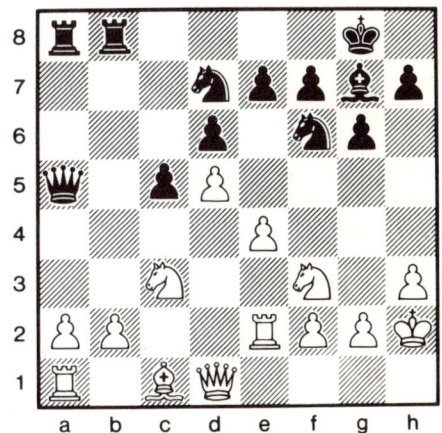

Sb6 10. Tc1 Se4: (10. ... Ta5? wird auf interessante Weise widerlegt: 11. a3! Dd7 12. Tc5:! dc5: 13. Sc7+ Kd8 14. Se5 mit siegreichem Angriff; Stettler – Becker, DDR 1977.) 11. Ld3 Sf6 12. De2 e6 13. de6: fe6: 14. Sg5 Sbd5 (Auf 14. ... e5 gibt Zeschkowski die folgende Gewinnfortsetzung: 15. Le5: de5: 16. De5:+ De7 17. Sd6+ Kd8 18. Sgf7+ Kc7 19. Tc5:+ Kb8 20. Sc8: De5: 21. Te5: Kc8: 22. Sh8:.) 15. Se6: Sf4: 16. Sf4:+ Le7 17. Lc4 (Jetzt kann der schwarze König seinem Schicksal nicht mehr entkommen.) 17. ... Lg4 18. f3 Lf5 19. Td1 Kf8 20. g4 g5 21. Se6+ Le6: 22. De6: Kg7 23. Df7+ Kh6 24. h4 De8 25. hg5:+ Kg5: 26. Td5+ Kf4 27. Kf2! (1–0).

Bessere Verteidigungslinien gegen dieses Gegengambit sind wohl 9. ... Sh5 (statt Sb6) 10. Lg5 Shf6 11. e5! Se5: 12. Se5: de5: 13. Lc4 (Radaschkowitsch – Romm, Israel 1976) oder 8. ... g5 (statt Sbd7) 9. Le3 Se4: 10. Ld3 Sf6 11. Lg5: Lg7 12. Se2 Sbd7 (Franczek – Dobosz, Meisterschaft von Polen 1976).

5. ... La6: 6. Sc3 d6 7. Sf3 Sbd7

Wie man sieht, beide Seiten setzen die Entwicklung fort, als wären keine Bauern geopfert. Weiß bekommt unterdessen einige Schwierigkeiten mit seinem Königsflügel. Will er zur Rochade kommen, so ist der einzige Weg mit 8. g3 nebst Lg2 verbunden. Dieses gibt wiederum dem Schwarzen Zeit, den positionellen Druck am Damenflügel zu organisieren, z. B.: 8. g3 g6 9. Lg2 Lg7 10. 0–0 Sb6 11. Te1 0–0 12. Sd2 Dc7 13. Tb1 Db7! 14. b3 Sfd5: 15. Sd5: Sd5: mit ungefähr glei-

chen Aussichten (Hort – Alburt, Decin 1977) oder 12. e4 Sfd7 13. Dc2 Sc4 14. Lf4 Da5 15. Tac1 Tfb8 16. b3 Sa3, und die schwarze Initiative kompensiert den geopferten Bauern (Janosevic – Despotovic, Jugoslawien 1977). In unserer Partie versucht nun Weiß einen anderen Plan: Er verzichtet auf die Rochade, um gleich e2–e4 durchzusetzen und seine Zentralstellung zu konsolidieren. Der König wird später »künstlich« in die Rochadestellung gebracht.

8. e4 Lf1: 9. Kf1: g6 10. h3

Damit verhindert Weiß das starke Manöver Sf6–g4–e5, aber das kostet freilich wieder Zeit. Die Alternative 10. g3 Lg7 11. Kg2 0–0 führt zu einer bekannten Stellung, die in vielen Partien entsteht und die ungefähr gleiche Aussichten bietet.

10. ... Lg7 11. Kg1 0–0 12. Kh2 Da5 13. Te1 Tfb8 14. Te2

Eine für das Benkö-Wolga-Gambit typische Stellung. Weiß hat seine Stellung konsolidiert und den Mehrbauern behalten. Er hofft, die jetzt folgenden schwarzen Operationen trotz der relativen Passivität seiner Stellung gut zu überstehen und später zum Gegenangriff kommen zu können.

14. ... Tb4!

Schwarz muß seine Initiative, die auf einer besseren Entwicklung und aktiveren Figurenstellung beruht, präzise durchführen. Die Alternative 14. ... Se8 wäre hier jetzt schwächer, wonach in einer Partie Hort – Jimenez (Palma de Mallorca 1970) 15. Tc2 Sc7 16. Ld2 Sb5 17. a4 Sc3 18. Lc3: Lc3: 19. bc3: Se5 20. Se5: de5: 21. Dd3 zu einer für Weiß besseren Stellung führte.

15. Kg1

Gleich 15. e5? zu spielen, ist nicht möglich, da 15. ... de5: 16. Se5: Se5: 17. Te5: Sg4+ folgen würde und Schwarz dann gewinnt. Das erklärt den letzten Königszug, im Gegensatz dazu wäre 15. Kh1 vielleicht besser (siehe die Anmerkung zum 22. Zug von Schwarz).

15. ... Se8 16. a3

Damit wird der schwarze Turm aus seiner dominanten Stellung verdrängt, immerhin aber auf Kosten der Schwächung des Feldes b3. Weiß sollte grundsätzlich in diesem Gambit seine Damenflügelbauern nur sehr vorsichtig bewegen, um dem Gegner keine Angriffsziele zu geben.

16. ... Tb7 17. Tc2 Tab8 18. De2 Se5 19. Se5: Le5: 20. Lh6 Sc7 21. Tac1 Tb3!

Schwarz könnte hier den Bauern mit 21. ... Lc3: 22. bc3: Da3: zurückgewinnen, was wiederum zum Verlust der Initiative führen würde. Nach 23. e5! hätte Weiß nun seinerseits gute Chancen, den durch den Abtausch des Läufers geschwächten schwarzen Königsflügel anzugreifen. Er bevorzugt deshalb, auf den Rückgewinn des Bauern zugunsten einer Verstärkung des Druckes am Damenflügel zu verzichten.

22. f4

Das ist nun aber zu optimistisch. Besser wäre hier 22. Te1.

22. ... Ld4+

Jetzt wird es klar, warum es vorteilhafter wäre, den König im 15. Zug nach h1 zu ziehen. Aber wer könnte das voraussehen?

23. Kh2 Da6!

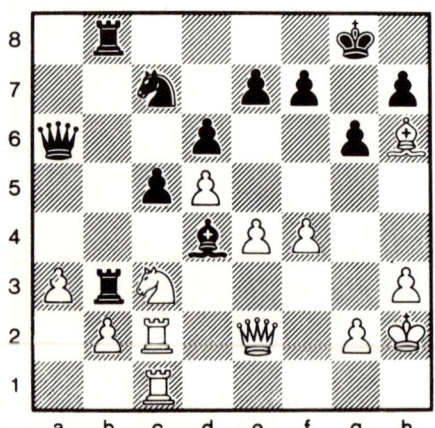

Ein Damenabtausch ist für das Gambitspiel nicht charakteristisch. Dabei handelt es sich hier jedoch um positionellen Druck und nicht um einen Angriff. Schwarz behält seinen Druck auch ohne Damen, während Weiß damit jede Möglichkeit verliert, ein Gegenspiel am Königsflügel zu organisieren. Aus diesem Grund lehnt Portisch den Abtausch ab.

24. Dg4 Dc8

Aber nicht 24. ... Tb2: 25. Tb2: Tb2: 26. Dd7!

25. De2 Da6 26. Dg4 Se8

Schwarz, mit einem Minusbauern, lehnt die Zugwiederholung ab und spielt auf Gewinn.

27. Te1

27. Dd7 wäre fehlerhaft wegen 27. ... Sf6 28. De7:? T3b7.

27. ... Dd3

Wiederum war das Nehmen auf b2 nicht gutzuheißen: 27. ... Tb2:? 28. Tb2: Tb2: 29. Dd7! Tb8 30. Tb1!

28. De2?

Nachdem er den Damentausch mehrmals abgelehnt hat, ändert Weiß plötzlich seine Meinung und schlägt ihn nun doch vor, aber in einem äußerst schlechten Augenblick. Günstiger wäre 28. T1e2 Sf6 29. Df3, und wenn jetzt 29. ... Df3: 30. gf3: Sh5 folgt, so wäre der schwarze Vorteil nur minimal.

28. ... De2: 29. T1e2: f6 30. h4 Sc7 31. Sd1 Kf7 32. g3 f5!

Nach genauer Vorbereitung greift Schwarz nun das weiße Zentrum an. Es ist lehrreich zu sehen, daß der Druck auf den Bb2 benutzt wurde, um die weißen Figuren an seine Verteidigung zu binden, während der Hauptschlag anderswo geschieht.

33. e5 Sd5: 34. ed6: ed6: 35. Lg5 Te8! 36. Te8: Ke8: 37. Td2 Kd7.

Die strategische Schlacht wurde von Schwarz gewonnen. Er hat den Gambitbauern zurückbekommen und den positionellen Druck behalten.

38. h5 gh5: 39. Kh3 Kc6 40. Kh4 Tf3 41. a4 Sb6 42. Sc3 Sc4 43. Te2 Sb2: (Endlich fällt der belagerte Bauer.) 44. Sb5 Sa4: 45. Sd4: cd4: 46. Td2 d3 47. Kh5: Tg3:, und Weiß gab auf.

Ein Modell einer Spielführung mit dem für das Benkö-Wolga-Gambit charakteristischen Thema: »Bauernopfer für Initiative«.

Gambitfortsetzungen in verschiedenen Eröffnungen

Bisher haben wir die bekanntesten klassischen Gambiteröffnungen untersucht. Der Gambitgedanke beschränkt sich aber nicht allein nur auf diese etablierten und gut analysierten Gambits. Gambitideen tauchen in fast allen Eröffnungen auf (siehe auch Seite 11), destabilisieren das normale positionelle Gleichgewicht und sorgen für überraschende, neue Kampfwege. Das Leitmotiv bleibt immer dasselbe: Es wird Material geopfert – meist nur ein Bauer –, um Zeit und Raum zu gewinnen, und es wird nicht unbedingt ein Königsangriff angestrebt, sondern positionelle oder dynamische Vorteile, die eine andere Art von Initiative mit sich bringen. Ein typisches Beispiel ist das Benkö-Wolga-Gambit (siehe Seite 69).

Diese Gambitfortsetzungen, die man in den verschiedenen Eröffnungen immer wieder finden kann, waren zu Beginn ihrer Existenz – also in der ersten Partie, in der sie angewendet wurden – eigentlich theoretische Neuerungen, die recht oft schnelle, manchmal auch schöne Siege mit sich brachten. Ein treffendes Beispiel hierfür sind die berühmte 12. und 14. Partie des zweiten Wettkampfes Karpow – Kasparow (1985), wo Kasparow mit einem verblüffenden Bauernopfer in einer der bekanntesten Varianten der Sizilianischen Verteidigung seinen Gegner überraschte (mehr darüber auf Seite 118).

Wir werden in diesem Kapitel einige der wichtigsten Gambitmöglichkeiten, die im Rahmen bekannter Eröffnungen gespielt worden sind, untersuchen. Sie bieten dem unternehmungslustigen Spieler ausgezeichnete Gelegenheiten, aus dem sicheren Pfad der »approbierten« Fortsetzungen in die risikoreiche Gambitwelt überzugehen und – vielleicht – schnell zu gewinnen!

Cochrane-Opfer in der Russischen Partie

»In der Russischen Partie (1. e4 e5 2. Sf3 Sf6) ist die übliche Fortsetzung 3. Se5:. Nach 3. ... d6 wird der Springer nach f3 zurückgezogen, obwohl die Fortsetzung 4. Sf7:! meiner Meinung nach keinesfalls schwächer ist. Weiß bekommt nach 4. ... Kf7: 5. d4 zwei bewegliche Zentrumsbauern, die ihm eine langfristige Initiative sichern. Versuchen Sie unbedingt das Springeropfer auf f7!« Das schrieb Großmeister Bronstein schon 1970 in seinem Buch »200 offene Partien«, aber niemand nahm damals diese Empfehlung sehr ernst. Schließlich war Bronstein doch bekannt für seine ziemlich extravaganten Experimente ...

Diese Gambitidee, die von dem englischen Meister Cochrane schon Anfang des 19. Jahrhunderts analysiert und gespielt und seit langem von der Theorie als »unbefriedigend« notiert wurde, erschien überraschend Mitte der 80er Jahre wieder im Rampenlicht. Ein paar K.-o.-Siege von Weiß, und man sprach sogar von einer Widerlegung der Russischen Partie. Das stimmt natürlich nicht, allein die neuen Analysen des lettischen Meisters Vitolins haben gezeigt, daß Cochranes Opfer tückisch und voller Gefahren ist, besonders für einen unvorbereiteten Gegner. Schwarz muß jedenfalls gut aufpassen, um Eröffnungskatastrophen wie die folgende zu vermeiden.

Barbara Hund – Sabine Reddehase (Deutsche Damenmeisterschaft Bad Lauterberg, 1987)

1. e4 e5 2. Sf3 Sf6 3. Se5: d6 4. Sf7:!? Kf7: 5. d4
Hat Weiß in dieser Stellung genügend Initiative für den geopferten Springer? Eine Frage, die nicht so

leicht zu beantworten ist. Streng objektiv vielleicht nicht, aber in der Praxis stößt der Verteidiger auf manche Schwierigkeiten, besonders, wenn er mit den Erkenntnissen der Theorie nicht so vertraut ist.

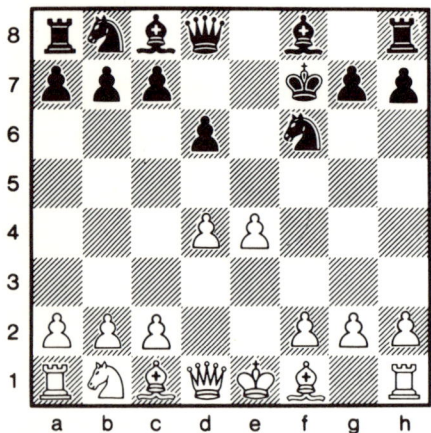

Werfen wir in der Diagrammstellung einmal einen Blick auf die Möglichkeiten, die sich Schwarz bieten.

1) **5. ... Se4:?** 7. Dh5+ Ke7 7. De2 und gewinnt den geopferten Springer zurück (7. ... d5 8. Lg5+).

2) **5. ... d5** 6. e5 Se4 7. Ld3 (aber nicht 7. Df3+ Kg8 8. De4: Lb4+!) 7. ... Dh4 (Schwächer ist 7. ... Sc6 8. c3 Ke8 9. h4! Lf5 10. g4 Le6 11. f3 ±.) 8. 0–0 Sc6 9. c4! (Das ist stärker als 9. c3 Ke8 10. f3 Sg5 11. f4 Se4 12. Db3 Se7 13. c4 Sf5 14. cd5: Sd4: 15. Dd1 Lg4 16. Da4+ Ld7 17. Dd1 =; Fernpartie Siwak – Udalow, UdSSR 1984; 12. f5!? ist zu prüfen.) Es scheint so, daß Schwarz hier mit großen Schwierigkeiten zu kämpfen hat, z. B.: 9. ... Le6 (9. ... dc4: 10. g3) 10. Df3+ Ke8 11. cd5: Ld5: 12. g3 Sd4: 13. De3, und Schwarz bietet sich nichts Besseres als 13. ... Sf5 14. gh4: Se3: 15. Le3:. Weiß steht besser.

3) **5. ... Lg4** 6. f3 (Auch 6. Le2 Le2: 7. De2: d5 8. e5 Se8 9. 0–0 verdient eine genauere Untersuchung.) 6. ... Le6 7. Ld3 a5 8. c3 g6 9. Lg5 Le7 10. Lh6 d5 11. Sd2 c5 12. e5 Sg8 13. Le3 c4 14. Lc2 b5 15. 0–0 Kg7 16. g4 Dd7 17. h3 h5 18. Kg2. »In dieser geschlossenen Stellung sind die zwei Bauern der Figur keineswegs unterlegen.« (Mazukewitsch) Ein anderer Plan

für Weiß ist 7. Sc3, z. B.: 7. ... Le7 8. Ld3 Tf8 9. 0–0 Kg8 10. Kh1, und falls 10. ... c5?, so 11. e5 de5: 12. de5: Sfd7 13. f4 Sc6 14. Dh5 ±.

4) **5. ... Le6** 6. Ld3 (oder 6. Sc3 Le7 7. f4 Te8 8. f5 Ld7 9. Lc4+ Kf8 10. 0–0 ±; Drowalew – Kaliberdin, Fernpartie, UdSSR 1982) 6. ... g6 7. 0–0 Kg7 8. f4 Sbd7 9. Sd2 Le7 10. Sf3 Tf8 11. f5! gf5: 12. Sg5 Lg8 13. Tf5: h6 14. Sh3 Le6 15. Lh6:+! mit entscheidendem Vorteil für Weiß (Nagrocka – Kadilkhar, Naleczow 1982). Der Läufer darf aufgrund 16. Dd2+ Kg7 17. Dg5+ nicht genommen werden, und die Partiefortsetzung 15. ... Kh8 rettet ebenfalls nicht: 16. Lf8: Lf8: 17. Sg5 Lg8 18. Df3 Lh6 19. Dh3 Kg7 20. Taf1 usw.

5) **5. ... c6** (gegen Lc4+ gerichtet) 6. Ld3 Le7 7. 0–0 g6 8. c4 (oder 8. f4 Tf8 9. c3 Kg7 10. f5 Sg8 11. g4 Lg5 12. Sd2 Le3+ 13. Kh1 Sh6 14. De2 Lg5 15. h3 mit beiderseitigen Chancen; Nowoschilow – Lytschin, Fernpartie 1983) 8. ... Kg7 9. Sc3 Sbd7 10. Le3 Sf8 11. h3 d5 12. e5 Se8 13. cd5: cd5: 14. f4, und die Partie Vitolins – Butnorius (Wilna 1985) zeigte, daß der Durchbruch f4–f5 schwer abzuwehren ist. Nach 14. ... Lb4 15. f5 Lc3: 16. bc3: gf5: 17. Dh5 Kg8 18. Lf5: De7 19. Lg5 Sg7 20. Le7: Sh5: 21. Lf8: Sg3 22. Lc8: Tc8: 23. Tf3 Tc3: 24. Tc3: Se2+ 25. Kh2 Sc3: 26. Tf1 h5 27. e6 war die Lage von Schwarz hoffnungslos.

6) **5. ... c5** (Die Idee dieses Zuges ist, nach 6. Lc4+ einen dritten Bauern zu geben, um die Figuren schnell ins Spiel zu bringen, z. B.: 6. ... d5! 7. ed5: Ld6 8. 0–0 Te8 9. dc5: Lc5: 10. Sc3 [besser Lg5] Lg4 11. Dd3 Sbd7 12. Lf4 Se5 13. Le5: Te5:, und Schwarz stand in der Partie Jandemirow – Plisezki, Moskau 1983, klar besser.) 6. dc5:, und nun:

6a) **6. ... Da5+** 7. Sc3 Dc5: 8. Le3 Da5 9. Lc4+ Le6 10. Le6:+ Ke6: 11. 0–0 Sc6 12. f4 Td8 13. g4!? (13. a3!) 13. ... d5 (Nowoschilow – Rajezki, Fernpartie, UdSSR 1984), und Weiß könnte hier mit 14. g5 Se4: 15. Dg4+ Kd6 16. Sd5: Dd5: 17. Tad1 oder 14. ... de4: 15. De2 Sd5 16. f5+ Ke7 17. Se4: einen gefährlichen Angriff entwickeln. In der Partie folgten die schwächeren Züge 14. f5+ Kf7 15. g5 Lc5! 16. gf6: Le3:+ 17. Kh1 d4 18. fg7: Thg8, und Schwarz übernahm die Initiative.

6b) **6. ... De8** 7. Sc3 d5 8. Lg5 Sbd7 9. Lb5 Lc5:
10. Lf6: gf6: 11. Dd5:+ De6 12. Dh5+ Kg7
13. Ld7: Lf2:+ 14. Kf2: Ld7: 15. Thd1 Thd8
16. Dd5 Db6+ 17. Dd4 Dc7 18. Sd5 Dc2:
19. Td2 Dc6 20. Tc1 Dd6 21. Tc7 Tac8
22. Tb7: Tf8 23. g3 Dc6 24. Ta7: (1–0) *Vitolins
– Wiksna (Meisterschaft von Lettland 1985).*

6c) **6. ... d5** 7. e5 De8 8. f4 Lg4 9. Le2 Le2:
10. De2: Lc5:! 11. ef6: Dc6 12. Kd1! g6 (Vitolins – Chalifman, Borschomi 1984). Die richtige Fortsetzung wäre hier 13. f5, wonach
Weiß ein etwas vorteilhafteres Endspiel erreichen könnte, z.B.: 13. ... Sd7 14. De6+ De6:
15. fe6:+ Ke6: 16. Te1+ Kf6: 17. Sc3 Sb6
18. Le3 usw. Vitolins wollte mehr und erreichte im Gegensatz dazu nach 13. g4 Df6:
14. f5 Sc6 15. c3 The8 16. Dg2 Kg7 17. Tf1
d4 18. c4 Tad8 19. g5 Df7 20. Sd2 d3 21. Dh3
gf5: 22. Df5: Dh5+ 23. Df3 Df3:+ 24. Tf3: Tf8
viel weniger.

7) **5. ... g6** ist in der »Enzyklopädie« als einzige
gute Antwort zu Cochranes Opfer angege-
ben. Wie wir sehen werden, ist die Lage gar
nicht so einfach.

7a) **6. Ld3** Le7 (Mit 6. ... De8?! wollte Schwarz in
der Partie Schirjaew – Warlamow, UdSSR
1964, mit Zugumstellung in die Variante
6. Sc3 De8 7. Ld3 oder 7. Lc4 übergehen.
Weiß spielte aber anders: 7. 0–0 Lg7 8. c3
Tf8 9. Db3 De6 10. Lc4 d5 11. ed5: Dd6
12. g3 Sh5 13. Sd2 Te8 14. Lb5! Te7 15. Sc4
Dd8 16. d6 cd6: 17. Lg5 Sf6 18. Sd6:+ Kf8
19. Sc8: Dc8: 20. Tae1, und Schwarz ist verloren.) 7. Lh6 Le6 8. h3 Sg8 9. Le3 Kg7
10. Dd2 Sd7 11. Sc3 c6 12. 0–0–0 Sgf6
13. Lh6+ Kg8 14. f4 Lf8 15. Lg5 Da5 16. Kb1
b5 17. d5, und die weiße Initiative verwandelt
sich allmählich in einen gefährlichen Angriff
(Schirjaew – Tjunkow, Fernpartie 1984).

7b) **6. Sc3 De8!?,** wonach Weiß die Wahl zwischen 7. Lc4 und 7. Ld3 hat. **7. Lc4** führte in
einer Partie Vitolins – Anikajew (Riga 1982)
nach 7. ... Le6 8. d5 (Zu beachten ist auch
8. De2.) 8. ... Lc8 (8. ... Ld7 bereitet
b7–b5–b4 vor, läßt aber den Springer b8 außer Spiel. Das gibt Weiß taktische Möglichkeiten: 9. 0–0 b5 10. Ld3 b4 11. Se2 Se4:
12. Te1 Sc5 13. Sd4 Dd8 14. Se6!) 9. 0–0 Lg7
10. Te1 Tf8 11. e5 (Vielleicht ist 11. f4 präziser.)
11. ... de5: 12. d6+ Le6 13. Te5: Lc4:! 14. Te8:

Te8: 15. dc7: Sa6 16. Lf4 Tec8 mit unklarem
Spiel. **7. Ld3** hat in der Partie Vitolins – Domulis (Riga 1983) zu großen Verwicklungen
geführt. 7. ... Lg7 8. 0–0 Tf8 9. e5 (in Frage
kommt auch 9. f4) 9. ... Sg4 (Auf 9. ... de5:
ist 10. Lc4+ Le6 11. d5 unangenehm.) 10. h3
Sh6 11. ed6: (Ebenso verlockend ist 11. Lc4+
Le6 12. d5, wonach Schwarz 12. ... Lc8 ziehen muß, weil 12. ... Lf5 nicht durchführbar
ist wegen 13. e6+ Kg8 14. g4. Nach 12. ...
Lc8 kann Weiß seine Initiative mit 13. Sb5
Dd8 14. Sd4! Kg8 15. Se6 Le6: 16. de6: Kh8
17. ed6: Dd6: 18. Dd6: cd6: 19. Td1 weiter
entwickeln.) 11. ... Kg8 (11. ... cd6:? 12. Te1!
Dc6 13. Le4 nebst Ld5+) 12. dc7: Sc6 13. d5
Se5 14. Le4 Lf5?! 15. Te1 Dd7 16. Lh6: Lh6:
17. d6 Le4: 18. Se4: Dc6 19. b3 mit deutlichem Vorteil für Weiß.

Als Verstärkung für Schwarz wurde 14. ...
Shf7 vorgeschlagen. Nach 15. d6 Dd7
16. Le3 Sd6:! 17. Ld5+ Kh8 18. Lc5 Tf6 (Variante von Domulis) ist die Lage mindestens
unklar. Meister Mazukewitsch macht auf die
taktische Möglichkeit von 19. Te1 Dc7:
20. Ld4 Tf5 21. f4! aufmerksam, und falls
21. ... Sef7, so 22. Lf7: Tf7: 23. Sb5.

7c) **6. Sc3 Lg7.** Hier erwähnt die »Enzyklopädie« die Partie Vitolins – Anikajew (Frunse
1979), wo nach 7. Lc4 Le6 8. Le6:+ Ke6: 9. f4
Kf7 10. e5 Te8 11. 0–0 Sc6 12. d5 ed5:
13. dc6: Dd1: 14. Sd1: bc6: eine ähnliche
Stellung entstand. Diese Partie ist aber überhaupt nicht überzeugend. In einer Fernpartie
Waiser – Wisozki (UdSSR 1981–84) erreichte
Weiß mit 12. ef6: Df6: 13. Sb5! Te7 14. c3 das
weitaus überlegenere Spiel. Auch 10. ... Se8
(statt Te8) ist nicht besser für Schwarz. In einer Partie Makropoulos – Toth (Rom 1981)
kam Weiß nach 11. Df3 c6 12. Se4 (auch
12. f5!? ist gut) Da5 13. Ld2 Dd5 14. f5 Tf8
15. f6 deutlich in Vorteil.

7d) **6. Sc3 Kg7** (eigentlich die Grundidee von
5. ... g6) 7. f4! De8 8. e5 de5: 9. fe5: Lb4
10. a3 (besser 10. Lc4 oder 10. Ld3) 10. ...
Lc3:+ 11. bc3: Sc6 12. Le2 Se5:!? 13. de5:
De5: 14. 0–0 Lf5 15. Lf4 Dc3: 16. Ld3 Thd8
17. Df3 c6 18. Tae1 Te8 19. Dg3 (Vitolins –
Kveinis, Jurmala 1981). Über diese Stellung
sind die Meinungen geteilt. Laut Großmeister
Makarytschew hat Schwarz gutes Spiel –

laut Meister Mazukewitsch hat Weiß die Initiative. Das zeigt nur, wie unterschiedlich die Einschätzungen der Situation in den Gambitspielen sein können.

Und nun zurück zu unserer Partie.

5. ... Le7

Auch diese Verteidigung ist nicht neu.

6. Sc3 Le6?!

Hier ist aber sicherlich 6. ... Te8 günstiger, obgleich auch in diesem Fall nach 7. Lc4+ Kf8 8. 0–0 Lg4 9. f3 (schwächer ist 9. Dd3!? Sc6 10. f4 Sb4) 9. ... Lh5 10. g4 Lf7 11. Lf7: Kf7: 12. f4 folgt. »Der Bauernsturm sieht vielversprechend aus.« (Analyse von Domulis) Falls aber 7. ... d5 (statt 7. ... Kf8), so 8. Sd5: Le6 9. Sf6: Lf6: 10. Le6: Te6: 11. e5, und Schwarz ist in Schwierigkeiten (Fedorow – Salnikow, Leningrad 1977).

7. f4 Ke8?

Das kann nicht gut sein! Im Gegensatz dazu ist 7. ... Te8 erfolgversprechender, obwohl nach 8. f5! Ld7 9. Lc4+ Kf8 10. 0–0 Weiß besser steht (siehe oben unter 4).

8. Le2 Dd7 9. d5 Lg4 10. e5! Le2: 11. De2: de5: 12. fe5: Sg8 13. 0–0

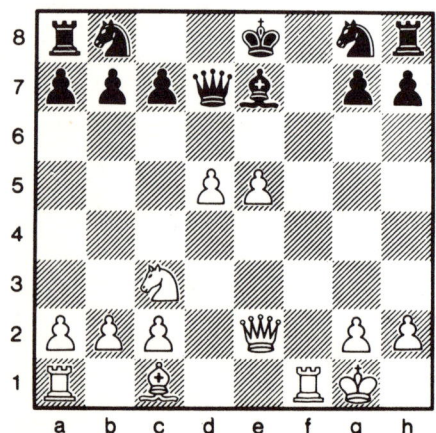

Mit zwei Bauern für die geopferte Figur, Entwicklungsvorsprung und einem starken Bauernzentrum ist Weiß jetzt klar überlegen und kann den entscheidenden Sturm nach allen Regeln der Kunst durchführen.

13. ... Sa6 14. Lf4 Lc5+ 15. Kh1 Kd8

Ein Fluchtversuch, der mit Gewalt unterbrochen wird.

16. Tad1 Kc8 17. e6! De7 18. d6!

Noch ein Bauernopfer, um den Weg zum schwarzen König zu öffnen.

18. ... cd6: 19. Sb5 Sc7 (Es gibt keine Rettung.)
20. Sd6:+ Ld6: 21. Ld6: De6: 22. Tf8+ Kd7
23. Lc7:+ Ke7 24. Ld6+, und Schwarz gab auf. Sie wird nach 24. ... Kd7 mit 25. Db5 mattgesetzt. Im besten Stil der alten Meister gespielt!

»Ist das Cochrane-Gambit also in seiner neuen Verfassung korrekt?« fragt Großmeister Makarytschew. Er gibt auch selbst die Antwort: »Wenn wir die Praxis als Kriterium für die Korrektheit akzeptieren, dann kann man den Anhängern der Russischen Partie ohne viel Risiko empfehlen, nach besseren Verteidigungsmethoden nach dem Springeropfer zu suchen ...« Dazu nun auch noch die halbironische Meinung von Großmeister Sweschnikow: »Ich bin überzeugt, daß Weiß im Endeffekt irgendwie ein etwas besseres Endspiel bekommt ...«

Belgrader Gambit

Das Belgrader Gambit ist ein aggressives Nebenprodukt der friedlichen schottischen Variante des Vierspringerspiels. Nach **1. e4 e5 2. Sf3 Sc6 3. Sc3 Sf6 4. d4 ed4:** verläßt Weiß plötzlich die normale Fahrbahn (5. Sd4: Lb4 6. Sc6: bc6: 7. Ld3 d5 usw.), um sich mit **5. Sd5!** ins Abenteuer zu stürzen.

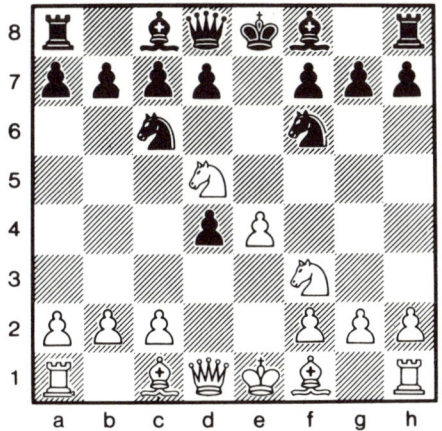

Diese Fortsetzung wurde gleich nach dem Zweiten Weltkrieg von den Belgrader Schachspielern eifrig analysiert und brachte, mindestens am Anfang, dem Weißen viel Erfolg. Mit der Zeit wurde festgestellt, daß Schwarz nicht nur das Gambit sehr bequem mit 5. ... Le7 ablehnen kann, sondern daß er es sich auch leisten kann, die Herausforderung anzunehmen.

Wir werden beide Möglichkeiten im Rahmen der folgenden interessanten Fernpartie unter die Lupe nehmen.

Szklarczyk – Brauer (Fernpartie 1984)

5. ... Se4:

Die Verwicklungen, die nach der Annahme des Gambits entstehen, können selbstverständlich viel einfacher im Fernschach gemeistert werden. Die Meister und Großmeister des Nahschachs bevorzugen demgegenüber meist, diesen Ver-

wicklungen aus dem Wege zu gehen, besonders weil **5. ... Le7** das Spiel leicht ausgleicht, z.B.: 6. Sd4: (oder 6. Lf4 d6 7. Sd4: Sd5: 8. ed5: Sd4: 9. Dd4: Lf6 mit Ausgleich) 6. ... Sd5: 7. ed5: Sd4: 8. Dd4: 0–0 9. Le2 Lf6, und hier sowohl nach 10. Dd3 d6 11. 0–0 Te8 12. Lf3 g6 13. c3 (13. Db3 =) Lf5 14. Dc4 a6 15. Le3 b5 (Padewski – Smyslow, Moskau 1956) als auch nach 10. Dd1 d6 11. 0–0 Lf5 12. Ld3 Dd7 13. c3 Tfe8 14. a4 Le4 15. Le4: Te4: (Sax – Karpow, Tilburg 1979) steht Schwarz etwas aussichtsreicher.

6. De2

Vielleicht ist hier 6. Lc4 besser. Eine mögliche Folge ist 6. ... Le7 7. Sd4:! (Besser als 7. 0–0 0–0 8. Te1 Sf6, und falls 9. Sg5?, so 9. ... Sd5: 10. Sf7: Tf7: 11. Ld5: Df8, und Schwarz gewinnt.) 7. ... 0–0 (7. ... Sd4: 8. Dd4: Sf6 9. 0–0 0–0 10. Se7:+ De7: 11. Lg5 ±, Nunn) 8. Sb5 Lb4+?! (8. ... Se5 9. Sbc7: Lc5 10. 0–0 Dh4 11. Le3 Sg4 12. h3 Sef2: 13. Dg4:!! Sg4: 14. Lc5: ~, Nunn) 9. c3 Sf2: 10. Dh5! Sh1: 11. cb4: Sb4:? (Besser 11. ... De8+! 12. De2! De2:+ 13. Le2: b6 14. Sbc7: Tb8 15. Le3 mit einem schlechteren, aber noch spielbaren Endspiel.) 12. Lg5 Te8+ (12. ... De8+ 13. Se7+ Kh8 14. Sc7: Dd8 15. Lf7: Tf7: 16. Df7:, und Weiß gewinnt.) 13. Kf1 Te5 14. Te1!!, und Schwarz gab auf (*Kenworthy – Van der Sterren, Ramsgate 1982*).

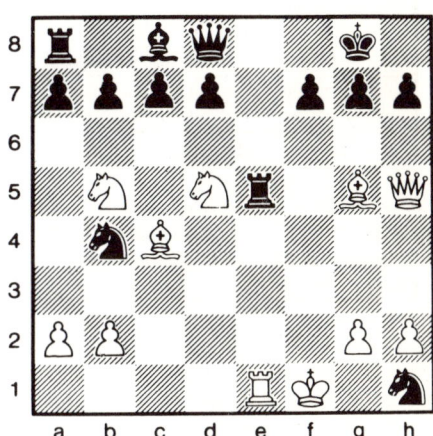

Die Schlußstellung (siehe Diagramm) zeigt eine seltene kombinatorische Ausnutzung der Schwäche der 8. Reihe: Auf 14. ... Te1:+ kommt 15. Ke1: De8+ 16. Se7+ Kf8 17. Sc7:±; wenn aber 14. ... De8, so 15. Te5: De5:

16. Se7+ Kh8 17. Df7: nebst Matt, und wenn 14. ... Tg5:, so 11. Dg5:±.

6. ... f5 7. Sg5 d3!

Mit diesem Bauernopfer verschafft sich Schwarz sehr gute Gegenchancen. Schwächer ist 7. ... Le7? aufgrund von 8. Se4: fe4: 9. De4: 0–0 10. Ld3 g6 11. Lh6 Te8 12. 0–0 mit starker Initiative (Karaklajic – Potasman, Belgrad 1946).

8. cd3: Sd4 9. Dh5+

Etwas besser ist vielleicht 9. Se4:!? Se2: 10. Lg5 Le7 11. Le7: De7: 12. Se7: fe4: 13. Sc8: ed3: 14. Le2: de2: 15. Sd6+ cd6: 16. Ke2: mit ungefähr gleichen Chancen (Variante von Van der Tak).

9. ... g6 10. Dh4 c6

Schwach ist 10. ... Sc2+ 11. Kd1 Sa1: 12. de4: c6 13. Lb5! mit starkem Angriff (Abluchow – Saslawski, Fernpartie UdSSR 1966).

11. de4: cd5: 12. ed5: Lg7!?

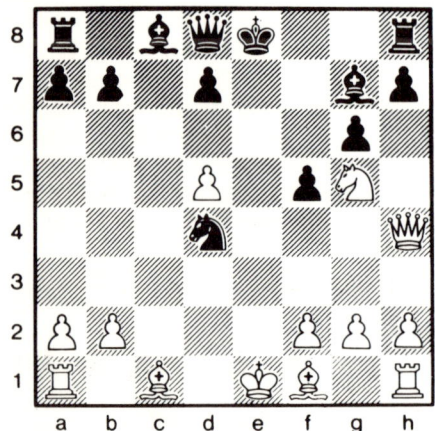

Das ist besser als 12. ... Da5+, wonach Schwarz höchstens ein Remis durch Dauerschach erreichen könnte: 13. Kd1 (Weiß kann noch 13. Ld2 Da4 14. Dg3 f4! 15. Dc3!? spielen.) 13. ... Dd5: 14. Lc4 Dc4: 15. Te1+ Le7 16. Te7:+ Ke7: 17. Se4+ Ke6 18. Df6+ Kd5 19. Sc3+ Kc5 20. b4+ Kb4: 21. Ld2 Df1+ (Lubenski – Schzipanes, Warschau 1955) oder 21. Dd6+ Ka5 22. Da3+ Kb6 23. Dd6+ Ka5 (Varady – Larsson, Fernpartie 1961).

13. Dg3 0–0! 14. d6

Bis hier folgten beide Seiten den theoretischen Empfehlungen. Der letzte Zug von Weiß ist als Verstärkung gegen 14. Kd1, 14. Ld3 oder 14. Lc4 (die

in verschiedenen Partien zu Vorteil von Schwarz führten) vorgeschlagen.

14. ... b5!

Verhindert Lc4+.

15. Ld3 Da5+ 16. Ld2

Auch nach 16. Kf1 Lb7 wäre die weiße Lage ziemlich prekär.

16. ... Te8+ 17. Kd1 Da4+ 18. b3 Da3 19. Lc3 Dc5 20. Tc1 Lb7 21. Dh4?

Dieser Zug verliert schnell. Zu erwägen wäre 21. Lb2 oder sogar 21. h4.

21. ... h6 22. Ld4 Dd6:!

Viel besser als 22. ... Dd4: 23. Dd4: Ld4: 24. Sf3 mit Ausgleich.

23. Sf3 Lf3: 24. gf3: Ld4:!

Der schwarze Vorteil ist jetzt klar. Bei ungleichfarbigen Läufern ist die gefährdete Stellung des weißen Königs kaum zu retten. Der folgende Fehler verkürzt das Leiden.

25. Dh6: Le3! Weiß gibt auf.

Siesta-Variante

Die alte Spanische Partie[16] ist eine vielseitige Eröffnung, in der strategische Ideen mit Hilfe von zahlreichen taktischen Wendungen verwirklicht werden. So ist es kein Wunder, daß im Laufe der Zeit eine ganze Reihe von Gambitideen gefunden wurden: Mit Weiß (seltener), um das positionelle Ziel schneller zu erreichen, mit Schwarz, um die Initiative zu übernehmen. Die Gambitfortsetzungen in der Spanischen Partie sind ziemlich gut bekannt und ausführlichst analysiert worden. Über einige (wie z.B. der Marshall-Angriff) wurden ganze Bücher geschrieben, aber dennoch findet man im Labyrinth der analysierten Varianten immer wieder Fehler oder neue Züge, die die Einschätzung der Lage jeweils ändern. Und trotz der umfassenden theoretischen (Un-)Kenntnisse passieren immer wieder aufs neue Eröffnungskatastrophen ...

Diese gambitartige Variante wurde zum ersten Mal im Budapester Siesta-Turnier 1928 gespielt und hat seitdem unter dem Namen Siesta-Variante eine glorreiche »Karriere« gemacht. Sie wird heute als eine wichtige Fortsetzung im Rahmen der »verbesserten Steinitz-Verteidigung« betrachtet und entsteht nach den bekannten Zügen

1. e4 e5 2. Sf3 Sc6 3. Lb5 a6 4. La4 d6 5. c3 f5!?

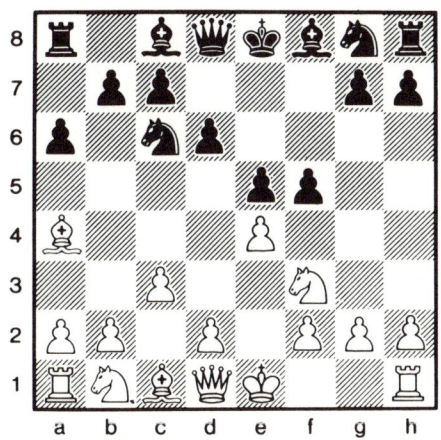

[16] Diese Eröffnung wurde von dem spanischen Geistlichen Ruy Lopez da Segura erfunden und ist schon in der Göttinger Handschrift (um 1500) erwähnt.

In der Diagrammstellung spielt Weiß am besten mit **6. ef5:** weiter und hat nach **6. ... Lf5:** die Wahl zwischen zwei Fortsetzungen: **7. d4** und **7. 0–0.** Bevor wir sie untersuchen, zunächst ein altes Beispiel aus dem Siesta-Turnier, welches die Idee des schwarzen Gambitspiels deutlich zeigt:

Reti – Capablanca (Budapest 1928)

6. d4 (statt 6. ef5:) **6. ... fe4: 7. Sg5**
Es wurde behauptet, daß Weiß mit 7. Se5: zwangsläufig ein Remis erzielen kann: 7. ... de5: 8. Dh5+ Ke7 9. Lc6: bc6: 10. Lg5+ Sf6 11. de5: Dd5! 12. Lh4 Ke6 13. Lf6: gf6: 14. De8+ Kf5 15. Dh5+ mit Dauerschach. Diese Variante wurde als freundlicher Schluß in einer Partie Foltys – Kottnauer (Amsterdam 1950) benutzt. Es sieht aber so aus, daß Schwarz besser 12. ... Kd7 13. Dg5 Le7! spielt (Seinerzeit wurde nur 13. ... h6 14. Df5+ Ke8 15. Dg6+ Df7 16. Df7:+ Kf7: 17. ef6: gf6: mit gleichem Spiel analysiert.), gefolgt von 14. ef6: Lf6: 15. Dd5: cd5: 16. Lf6: gf6: mit einem daraus entstehenden großen Vorteil (Natarius – Neschmetdinow, Kasan 1948).

7. ... ed4:
Eine interessante Idee ist hier 7. ... d5, und falls 8.de5:, so 8. ... Lc5.

8. Se4:
Eine Vereinfachung durch 8. Lc6:+ bc6: 9. Dd4: wäre viel vernünftiger.

8. ... Sf6 9. Lg5 Le7 10. Dd4:?
Auch Großmeister irren sich! Geboten wäre 10. Lf6: Lf6: 11. Dh5+ g6 12. Dd5.

10. ... b5 11. Sf6:+ gf6:
Nun sind drei weiße Figuren angegriffen.

12. Dd5 ba4: 13. Lh6 Dd7!
Damit schafft Schwarz ein Fluchtfeld für den König, verteidigt gleichzeitig den angegriffenen Springer und droht mit De6+.

14. 0–0 Lb7 15. Lg7 0–0–0! 16. Lh8: Se5 17. Dd1 (Diagramm Seite 80 links)
Auf 17. Dd4 wäre 17. ... Sf3+ 18. gf3: Tg8+ 19. Kh1 Lf3: Matt gefolgt.

17. ... Lf3! 18. gf3:
Auf 18. Dd4 gewinnt 18. ... Tg8 19. g3 Dh3.

18. ... Dh3, und Weiß gab auf. Großmeister können selten auf diese Weise geschlagen werden.

79

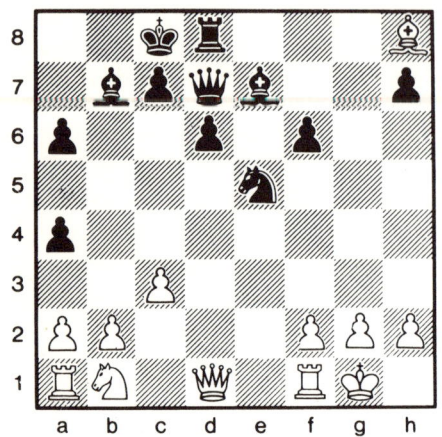

Stellung nach 17. Dd1

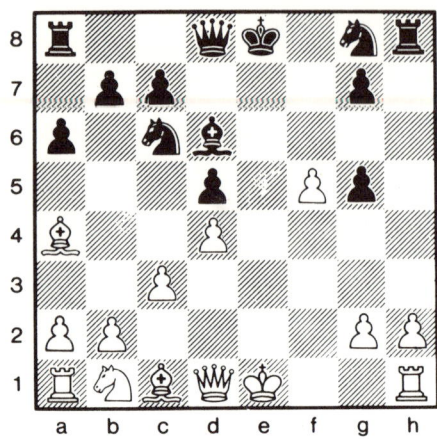

Analysediagramm nach 11. ... Ld6!

Die natürliche Fortsetzung nach **6. ef5: Lf5:** ist **7. d4 e4.** Was nun geschehen kann, das zeigen die folgenden Partien:

Nyman – Estrin (Fernpartie 1975)

8. Sg5 (die übliche Fortsetzung) **8. ... d5** (Auf 8. ... Sf6 oder 8. ... h6 folgt sehr stark 9. Db3!.)
9. f3 h6!
9. ... ef3:? ist nicht gut, da 10. 0–0! mit siegreichem Angriff kontert, hingegen ist 9. ... e3 sehr zu empfehlen und sichert Schwarz genügend Gegenspiel für den geopferten Bauern. Die Partiefortsetzung ist schärfer.
10. fe4: hg5: 11. ef5: Ld6!
(Siehe nächstes Diagramm)
Eine typische Gambitstellung, die dem Schwarzen ausgezeichnete taktische Möglichkeiten bietet. Die bisherige Erfahrung hat gezeigt, daß die weiße Verteidigung auf viele Schwierigkeiten und Probleme stößt.
12. Df3
Es wurden auch andere Züge versucht, zum Beispiel:
1) **12. Dg4** Sf6 13. Dg5: Kf8! 14. Lf4 (14. Lc6:?! bc6: 15. Dg6 Dd7 16. Lg5 Te8+ 17. Kd1 Se4 18. Kc2 Df7! 19. Df7:+ Kf7: 20. Lc1 Sg3 21. Tg1 Th2: 22. Sd2 Se2 23. Tgd1 Tg2: mit entscheidendem Vorteil für Schwarz; Schischow

– Neschmetdinow, Tbilissi 1947) 14. ... Th5 15. Dg3 De7+ 16. Kd1 Se4 17. Df3 Tf5: 18. Ld6: Sd6: 19. Te1 Df6 20. Dh3 Te8 21. Sd2 (Baturinski – Estrin, Moskau 1974), und nun konnte Schwarz mit 21. ... Te1:+ 22. Ke1: Sd4: 23. cd4: Dd4: entscheidenden Vorteil erreichen.
2) **12. De2+** Kf8 13. Kd1 (13. h3 g4! 14. Dg4: Th4 15. Dg5 Te4+ 16. Kd1 Le7 17. Dg6 Sd4: 18. Sd2 b5 mit Vorteil für Schwarz; Fernpartie Schaposchnikow – Estrin, UdSSR 1963–64) 13. ... Df6 14. Lb3 Th4 15. De6 Sge7 wiederum mit Vorteil für Schwarz (Damjanovic – Szabó, Buenos Aires 1971).
3) **12. Sd2** (vielleicht am besten) 12. ... Df6 13. Lc2 (13. g4?! Sh6 14. Df3 0–0–0 15. Sf1? Sd4! 16. cd4: Dd4: 17. Ld1 Tde8+ 18. Le2 Sg4: 19. Lg5: Se5, 0–1; Richter – Persidski, Fernpartie 1966) 13. ... 0–0–0 14. Sf3 Te8+ 15. Kf2 g4 16. Lg5 Df7 17. Sh4 Dh5 18. Dd2 Le7! (Vorteilhafter als das früher gespielte 18. ... g3+, wonach Weiß 19. Kf1! mit den Möglichkeiten Sg6, Ld1 und Sf3 antworten kann.) mit ungefähr gleichen Aussichten (Sarink – Toothill, Fernpartie 1984).

12. ... g4!
Um noch ein Tempo für die Entwicklung des Sg8 zu gewinnen.
13. Dg4: Sf6 14. Dg7:
Jetzt hat Weiß drei Bauern mehr, aber um welchen Preis!
14. ... Tg8 15. Dh6 Tg2: 16. Ld1

Auf 16. Kf1 wäre 16. ... Tf2+! 17. Ke1 (17. Kf2:?
Sg4+) 17. ... De7+ 18. De3 De3:+ 19. Le3: Tb2:
mit Vorteil für Schwarz gefolgt.

16. ... De7+ 17. Kf1

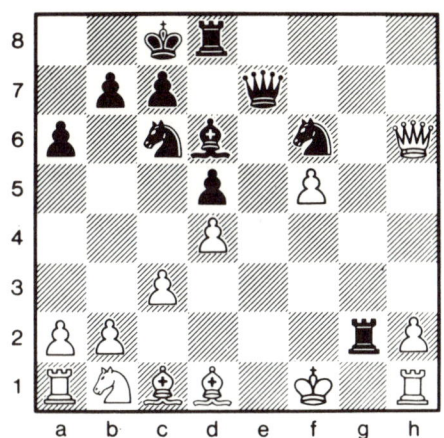

17. ... 0–0–0!

Der Angriff wird mit großem Schwung geführt:
Material spielt keine Rolle!

18. Kg2: Tg8+ 19. Lg5

Oder 19. Kf2 De4 20. Tg1 Df5:+ 21. Lf3 Se4+ oder
21. Lf4 Te8! mit vollem Debakel.

19. ... De3! 20. h4

Oder 20. Df6: Tg5:+ 21. Kf1 Df4+ 22. Ke1 De4+
23. Le2 Dh1:+ usw.

**20. ... Dg3+ 21. Kf1 Te8 22. Ld2 Sg4 23. Lg4:
Dg4: 24. De6+** (Es gab keine Rettung mehr.)
24. ... Te6: 25. fe6: Lg3!, und Weiß gab auf.

**Gretschkin – Estrin
(Fernschach-Meisterschaft, UdSSR 1949)**

(6. ef5: Lf5: 7. d4 e4) **8. 0–0!?**

»Ein Meister der Zukunft hätte vielleicht hier die
Varianten, die nach dem Opfer 8. 0–0! entstehen
und die die positionelle Spanische Partie in ein
echtes Gambit verwandeln, eingehend analysiert.« So schrieben 1948 Bronstein und Konstantinopolski in einem Artikel über die Eröffnungen
des Turniers um die Weltmeisterschaft. Es dau-
erte aber nur ein Jahr, bis diese Anregung in der
Praxis getestet wurde und eine lange theoretische Debatte auslöste ...

8. ... ef3: 9. Df3:

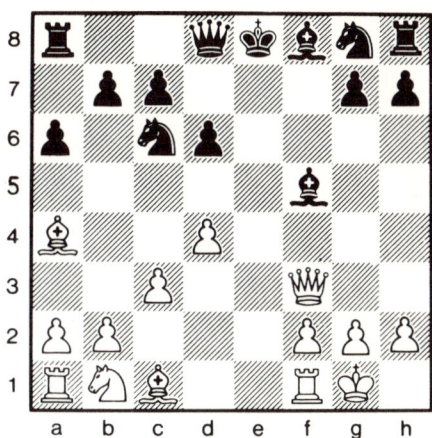

Eine sehr interessante Stellung. Weiß hat für die
geopferte Figur die übliche Gambitkompensa-
tion: Entwicklungsvorsprung, mehr Raum, direkte Drohungen und sogar einen Bauern. Doch
reicht die damit verbundene Initiative, um den materiellen Nachteil auszugleichen? Die aktuelle
Eröffnungstheorie neigt dazu, nein zu sagen,
ohne aber abzustreiten, daß Weiß in der Praxis
gefahrbringende Chancen hat.

9. ... Se7

Wahrscheinlich die beste Verteidigung. Welche
Gefahren im Verborgenen lauern, zeigt die folgende kurze Partie (wo diese Fortsetzung das erste Mal erprobt wurde): 9. ... Dc8 10. Te1+ Se7
11. h3 Kd8 12. Lb3 d5 13. Lg5 Le4 (Es ist nicht zu
sehen, wie sich Schwarz anders entfesseln
könnte.) 14. Te4! de4: 15. De4:, und es gibt keine
Verteidigung gegen die Drohung 16. Le6 gefolgt
von 17. Dd5+ (Gretschkin – Sagorowski, Meisterschaft von RSFSR 1949). Brauchbare Verteidigungen schienen dagegen 9. ... Lg6 und 9. ...
Ld7 zu sein.

10. Te1 Lg6

Später wurde allerdings festgestellt, daß hier
10. ... Dc8! die beste Verteidigung ist, wonach
11. h3 Kd8 12. Lb3 d5 13. Lg5 h6! 14. Dd5:+ Dd7
zu einer für Schwarz vorteilhaften Stellung führt
(Keres).

11. Lg5 d5 12. Lc6:+

Sehr stark ist auch 12. c4.

**12. ... bc6: 13. Sd2 h6 14. Lh4 Lf7 15. Te3 g5
16. Lg3 Lg7 17. Tae1 0–0 18. Te7: Le6**

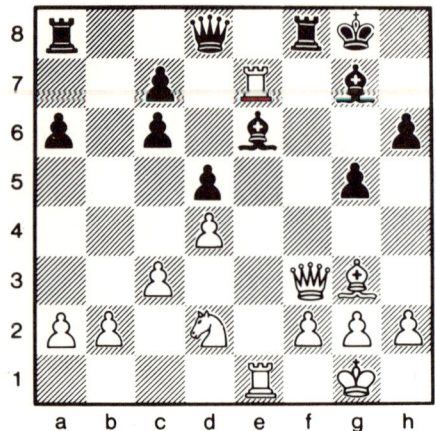

Auf diesen Zug hat Schwarz seine Hoffnungen gesetzt. Es folgt aber eine kleine Überraschung:

19. T1e6:!

Das Damenopfer stellt unter günstigen Umständen das materielle Gleichgewicht wieder her. Die schwarze Stellung ist nicht mehr lange zu halten.

19. ... Tf3: 20. Sf3: Lf6 21. Tc7: g4 22. Sh4! (Noch eine kleine Pointe.) **22. ... Lh4: 23. Tg6+ Kf8 24. Ld6+ Le7 25. Le7:+,** und Weiß gewann nach einigen bedeutungslosen Zügen.

**Van der Tak – Nederkoorn
(Fernpartie 1986)**

(1. e4 e5 2. Sf3 Sc6 3. Lb5 a6 4. La4 d6 5. c3 f5 6. ef5: Lf5:) **7. 0–0**

Unzufrieden mit den Ergebnissen von 7. d4 fand Meister Panow diesen Zug, der lange Zeit fast als Widerlegung der Siesta-Variante angesehen wurde. Aber auch gegen ihn hat man gute Gegenmittel gefunden.

7. ... Ld3!

Durch diese Blockade des d-Bauern erreicht Schwarz vollwertige Gegenchancen. In der Stammpartie dieser Variante (Panow – Löwenfisch, UdSSR-Meisterschaft 1948) bekam Weiß nach 7. ... Le7 8. d4 e4 9. d5 ef3: 10. dc6: b5 11. Lb3 fg2: 12. Te1 eine starke Initiative.

Auch 7. ... Lg4 8. d4! ist unbefriedigend für Schwarz, z.B.: 8. ... b5 9. Lb3 Df6 (9. ... Sge7 10. Lf7+! Kf7: 11. Sg5+ gefolgt von Dg4: mit klarem Vorteil für Weiß. Geringfügig besser ist 9. ...

Le7 10. Ld5 Ld7 11. Te1 Sf6, aber die Lage des Schwarzen bleibt nach wie vor unerfreulich.) 10. Ld5! Sge7 11. de5: de5: 12. Lg5 Dd6 (12. ... Dg5.? 13. Lf7+!) 13. Le7: Le7: 14. Lc6:+ Dc6: 15. Se5: Ld1: 16. Sc6: mit einem gesunden Mehrbauern für Weiß (Panow – Melichow, Moskau 1948).

8. Te1

Damit beginnt Weiß ein Manöver mit dem Zweck, den lästigen Ld3 zu vertreiben. Eine andere Möglichkeit ist 8. Db3, wonach Schwarz am besten mit 8. ... b5 9. Dd5 Sd4! reagiert. Die Folge einer Partie Mista – Ciocaltea (Reggio Emilia 1967–68) war 10. cd4: Se7! 11. De6 Lf1: 12. Kf1: ba4: 13. Sg5, und 13. ... ed4: hätte nun zum Ausgleich geführt.

8. ... Le7 9. Te3

Auch hier kommt 9. Db3 in Betracht. Schwarz verteidigt sich mit 9. ... Tb8! 10. Dd5 e4 11. Lb3 (Aber nicht 11. Lc6:+? bc6: 12. Dc6:+ Dd7! 13. Sd4 d5, und bekommt für den geopferten Bauern eine vortreffliche Stellung.) 11. ... Sh6, und Schwarz hat genügend Gegenspiel, z.B. 12. Sg5 Se5 13. Se4: (oder 13. Se6 Dd7 14. Sg7:+ Kd8 15. Se6+ Kc8) 13. ... Tf8 14. Sg3 c6 15. Dd4 c5 16. Dd5 c4 (Analyse von Radtschenko).

9. ... e4 10. Se1 Lg5!

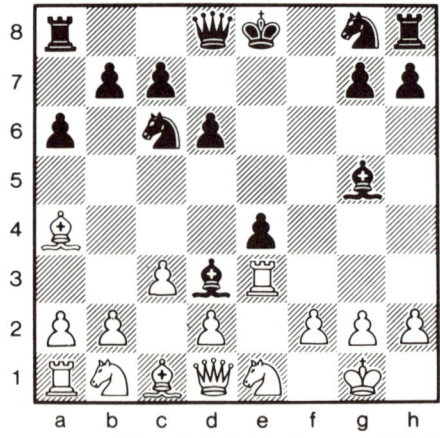

Eine schöne Idee von Keres, die folgende taktische Rechtfertigung hat: 11. Sd3: Le3: 14. Sb4 Lf2:+! 13. Kf2: Dh4+ 14. Kg1 Sh6!, und falls 15. Sc6:, so 15. ... 0–0! 16. Se7+ Kh8 17. g3 Dh3 mit siegreichem Angriff für Schwarz. In einer Partie Kljawin – Mikenas (Riga 1959) versuchte Weiß

15. g3 Dh3 16. d4, geriet aber nach 16. ... Sg4
17. De2 0–0 18. Lf4 (18. Dg2 Dg2:+ 19. Kg2: Tf2+
20. Kg1 Taf8 ist hoffnungslos) 18. ... g5! 19. Lb3+
Kh8 20. Le6 gf4: 21. Lg4: Dh6 in eine aussichtslose Lage (22. Sd2 f3 23. Dd1 Sb4: 24. cb4:
De3+ 25. Kh1 Df2! 27. Tac1 e3 28. Tc7: ed2:,
0–1).

11. Th3

Ein lehrreicher Fehler ist 11. Tg3? mit dem falschen
Gedanken, nach 11. ... Lh4 12. Th3 ein Tempo gewinnen zu wollen. Tatsächlich ist es Schwarz, der
ein Tempo gewinnt, und er nutzt es für den folgenden Überfall aus: 12. ... Lf2:+! 13. Kf2: Df6+
14. Tf3? (Etwas besser ist 14. Sf3, obwohl nach
14. ... ef3: 15. Tf3: Dg6 die Lage von Weiß auch
nicht rosig ist.) 14. .·. ef3: 15. Lc6:+ bc6: 16. Sd3:
fg2:+ 17. Kg1 Se7 18. De2 0–0 19. Dg2: Df5!
20. De2 Sg6 (0–1); *Autovic – Pinkas (Posnan
1975)*.

11. ... Sh6!?

Früher spielte man hier 11. ... Sf6 12. Sd3: ed3:
13. Td3: 0–0 mit Ausgleich. Der Fernschach-
Großmeister Sagorowski fand jedoch die sehr
starke Fortsetzung 13. De1+!, die zu einem Vorteil
für Weiß führt, z. B.:
1) 13. ... Kf7 14. Td3: Te8 15. Df1 Te7 16. Sa3 Kg8
   17. Th3 De8 18. Sc2 (Sagorowski – Heemsoth, Fernpartie 1978–80).
2) 13. ... Kd7 14. Td3: De8 15. Df1 Dg6 16. Lc2
   Sh5 17. Sa3 Sf4 18. Te3 Df6 19. d4 Taf8
   20. Tf3 (Sagorowski – Kondali, Fernpartie
   1978–80).

12. Sd3: ed3: 13. De1+

Besser 13. Td3: 0–0 14. Th3 Dd7 15. Sa3 Tae8
16. Sc2 De2 17. Df1! mit ungefähr gleichen Chancen wie in der Fernpartie Fodor – Bubenko
(UdSSR 1981). Weiß folgt dem Plan von Sagorowski, welcher aber mit dem schwarzen Springer auf h6 nicht mehr wirksam ist.

13. ... Kd7 14. Td3: Tf8! 15. Sa3?

Notwendig wäre 15. a3.

15. ... Sg4 16. Lc6:+ bc6: 17. f3 De8 18. Dg3
h5! 19. Td4 (19. fg4:? h4!) (siehe Diagramm)
19. ... Lf4! 20. Tf4: Tf4: 21. d4 Tf7 22. fg4:?!

Auf Züge wie 22. Lg5 kann Schwarz den Springer
zurückziehen und so mit der Mehrqualität ver-
bleiben.

22. ... De2!, und Weiß gab auf. Auf 23. Lg5 gibt
Van der Tak die Fortsetzung 23. ... h4! 24. Lh4:
Taf8 25. h3 Db2:, und Schwarz gewinnt.

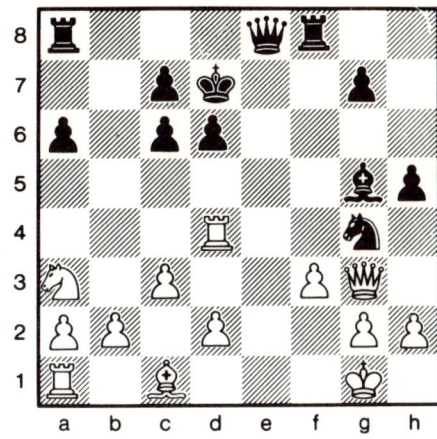

Stellung nach 19. Td4

Jänisch-Gambit

Mit **3. ... f5!?** (nach 1. e4 e5 2. Sf3 Sc6 3. Lb5) beginnt Schwarz gleich einen mit materiellen Opfern verbundenen Angriff auf das weiße Zentrum. Diese von dem russischen Meister Jänisch 1847 vorgeschlagene Fortsetzung ist bis heute einer der interessantesten Versuche geblieben, die solide Spanische Partie im Gambitstil zu behandeln. Obwohl die Zahl der im letzten Jahrhundert mit diesem Gambit gespielten Partien und veröffentlichten Analysen sehr groß ist, ist es bis heute nicht gelungen, eine Widerlegung zu finden. Manche Meister betrachten zwar dieses Gambit als etwas zu riskant, aber in der Praxis hat es sich als ganz gut spielbar gezeigt – jedenfalls nicht mehr oder weniger riskant als andere Gambits.

Wir wollen hier keinesfalls die theoretische Kontroverse über die Korrektheit des Jänisch-Gambits fortsetzen, sondern aufgrund einer kleinen Sammlung von auserwählten Kurzpartien seine taktischen Möglichkeiten darstellen.

NN[17] – Tompa (Ungarn 1962)

1. e4 e5 2. Sf3 Sc6 3. Lb5 f5 4. ef5:
Die Annahme des Gambits »wird als minderwertig betrachtet. Tatsächlich verfügt Schwarz nach 4. ... e4 5. De2 De7 6. Lc6: dc6:! 7. Sd4 De5 8. Sf3 Df5: 9. Sc3 Sf6 10. d3 Lb4 über prächtiges Gegenspiel.« (Suetin) In unserer Partie hingegen werden Sie sehen, daß Schwarz einen anderen Weg wählt.
4. ... Sf6!? 5. Lc6: dc6: 6. 0–0 Ld6 7. Te1 0–0 8. Se5: Lf5:
Für den geopferten Bauern hat Schwarz nun ein prächtiges Figurenspiel.
9. d4 Le5:! 10. Te5:?
Das kleinere Übel wäre 10. de5:, wonach Schwarz sowohl mit 10. ... Dd1: 11. Td1: Sg4 oder 10. ... Sg4! seinen Bauern mit Vorteil zurückgewinnen kann. Jetzt kommt eine überraschende Kombination:

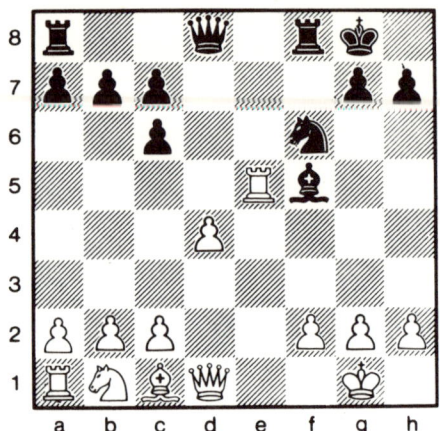

10. ... Sg4! 11. Tf5: Dh4! 12. h3
Nach 12. Tf8:+ Tf8: wird die weiße Stellung gleich unhaltbar.
12. ... Tf5:! 13. Dg4:
Auf 13. hg4: folgt 13. ... Df2:+ 14. Kh2 Dh4+ 15. Kg1 Te8! 16. Ld2 (16. gf5: Te1+ 17. De1: De1:+ 18. Kh2 Dc1: nebst Db2:) 16. ... Df2+ 17. Kh2 Te2 18. Dh1 Dh4+ 19. Kg1 Dh1:+ 20. Kh1: Tf1+ 21. Kh2 Td2:, und Schwarz gewinnt.
13. ... Df2:+ 14. Kh2 h5 15. De4
Nach 15. Dg3 Dg3:+ 16. Kg3: Tf1 gewinnt Schwarz die Qualität, z.B.: 17. Ld2 Th1 18. Lc3 Tf8 19. b3 T8f1 usw.
15. ... Taf8 16. Sa3 Tf3 17. Dg6 h4! 18. Lh6 Tg3 19. De6+ Kh7 20. De4+ Kh8 21. Tg1 Th3:+! (0–1).

Bagirow – Cholmow (Baku 1961)

1. e4 e5 2. Sf3 Sc6 3. Lb5 f5 4. Sc3
Dieser Zug, vorgeschlagen von dem Fernschachmeister Dr. Dyckhoff, gilt als die stärkste Fortsetzung gegen das Jänisch-Gambit.
4. ... Sf6
Die Alternativen sind: 4. ... Sd4 (Bulgarische Variante) und 4. ... fe4: (Hauptvariante) – siehe weiter unten.
5. De2 Lc5
Oder 5. ... Sd4 6. Sd4: ed4: 7. e5 Sg4 8. h3 Sh6 9. Sd1 mit gleichem Spiel (Spasski – Bisguier, Göteborg 1955).

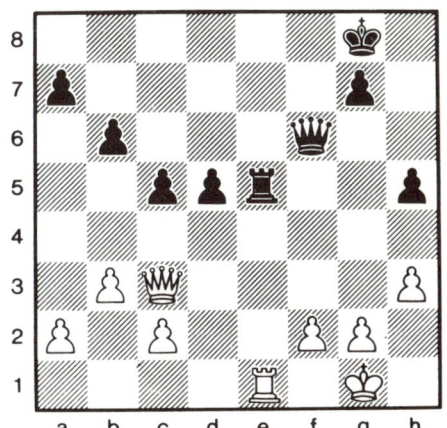

6. ef5: De7 7. Se4 Se4: 8. De4: 0–0 9. 0–0 d6 10. Lc6: bc6: 11. d4 Lf5: 12. De2 Lb6 13. de5: d5!

Für den geopferten Bauern hat Schwarz nun eine mehr als genügende Kompensation: Entwicklungsvorsprung, das Läuferpaar und offene Linien. Zusätzlich noch ein besseres Bauernzentrum (der weiße Be5 ist schwach).

14. h3 Le4 15. Sg5 Tf5! 16. Se4: Te5: 17. Da6 Te4: 18. Le3 Te8! 19. Lb6: cb6: 20. Dd3 Df6

Die Partie ist aus der Eröffnung direkt in ein für Schwarz sehr günstiges Endspiel übergegangen. Die Bauernmehrheit am Damenflügel und die e-Linie sichern ihm einen deutlichen Vorteil.

21. b3 h5 22. Tad1 T8e5! 23. Dc3 c5 24. Tfe1?

Weiß möchte gern den gegnerischen Druck durch Abtausch vermindern, übersieht aber eine schöne taktische Pointe. Aber auch anders wäre seine Stellung nur sehr schwer zu verteidigen.

24. ... Te1:+ 25. Te1:

25. ... Te2!! Ein wunderschöner Zug, der den Gegner sofort zur Aufgabe zwingt. Die angegriffene weiße Dame kann weder das drohende Matt (Df2:+), den Turm noch sich selbst gleichzeitig verteidigen.

Krjukow – Estrin (4. Fernschachmeisterschaft der UdSSR 1958/59)

(Die 4 ersten Züge wie in der vorigen Partie.)
5. ef5: Lc5 6. d3

Besser ist, laut Theorie, 6. 0–0 0–0 7. Se5: Se5: 8. d4 Ld4: 9. Dd4: d6 10. Lf4 mit geringem Vorteil für Weiß. Schlechter ist 6. De2 De7 7. Lc6: dc6: 8. Se5: Lf5: 9. d3 0–0! 10. d4?! Ld4:! 11. Dc4+ Kh8 12. Dd4: Sg4 13. f4 Tad8 14. Dg1 (es gibt nichts Besseres) 14. ... Se5: 15. fe5: Lg4! 16. Le3 De5: 17. Sd1 Db5 (0–1), *Björkman – Alföldi (Fernpartie, Ungarn 1959)*.

6. ... 0–0 7. Lg5 Sd4! 8. Lc4+ Kh8 9. 0–0 c6 10. Se4

Nach 10. Se5: d5 11. Lb3 Lf5: hat Schwarz für den Bauern eine ausgezeichnete Stellung.

10. ... Sf3:+ 11. Df3: Le7 (11. ... Lb6? 12. Sd6!)
12. Lf6: Lf6: 13. Sd6 De7 14. Sc8: Tac8:

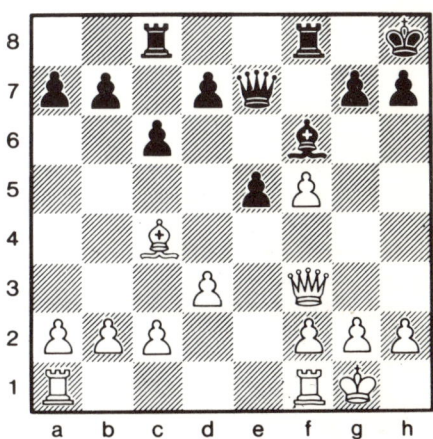

Weiß hat vielleicht gedacht, daß die ungleichfarbigen Läufer ein ausgleichender Faktor sind. Das stimmt hier jedoch nicht, da die Läufer in dieser Stellung nicht nur ungleichfarbig, sondern auch ungleichwertig sind. Der weiße Läufer ist, mindestens vorläufig, außer Spiel, und der Mehrbauer ist praktisch wertlos: Seine Verteidigung wird lediglich die Stellung des weißen Königs schwächen, und das wird von Schwarz auf tadellose Weise ausgenutzt.

15. Lb3 Lg5 16. Dh3 Df6 17. g4?!

Besser wäre 17. c3 und, falls 17. ... Df5:, nach Damentausch sein Heil im Endspiel zu suchen.

17. ... Lf4 18. c3 Dg5 19. Kg2
Zu spät bemerkt Weiß, daß 19. Kh1 schnell wegen Tf6 verliert. Er versucht, jetzt den wunden Punkt h2 mit dem Turm zu decken, um die Dame zu befreien, aber er kommt nicht dazu ...
19. ... Tf5: 20. Th1 Tcf8 21. Kf1
Ein Fluchtversuch, der brutal abgebrochen wird.
21. ... T5f6 22. Ke2 Lc1! Eine kleine, schöne taktische Pointe schließt diese lehrreiche Partie ab. Weiß gab auf.

Axelsson – Lögdahl (Schweden 1977)

1. e4 e5 2. Sf3 Sc6 3. Lb5 f5 4. Sc3 Sd4
Diese von Aljechin vorgeschlagene Fortsetzung wurde in den 50er Jahren von den bulgarischen Schachspielern ausführlich analysiert.
5. La4
Außer diesem Zug, der am häufigsten gespielt wird, kommen noch u.a. 5. Lc4 und 5. ef5: in Frage.
5. ... Sf6 6. 0–0
Andere Züge zeigen sich als weniger effektiv. Ein kurzes Beispiel: 6. ef5: Lc5 7. d3 (etwas besser ist 7. Sd4:) 7. ... 0–0 8. Lg5 d5 9. 0–0 Lf5: 10. Sd4: Ld4: 11. Sd5: Kh8 12. Lb3 Dd7 13. Sf6: gf6: 14. Lh6? Lg4 15. Dd2 Lf3 (0–1), *Kollar – Alföldi (Fernpartie 1965)*.
6. ... Lc5 7. Se5: 0–0 8. ef5:!

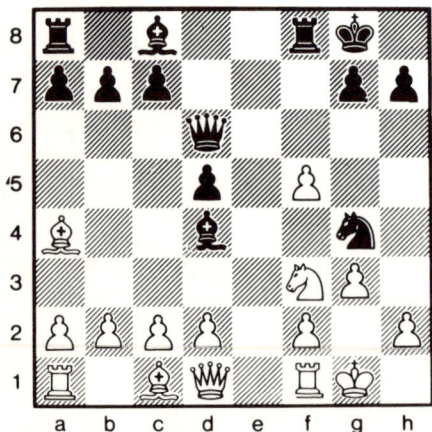

Stellung nach 12. ... g3

Besser als 8. Sd3 fe4:! 9. Sc5: d5 10. Lb3 Kh8 11. Ld5: Sd5: 12. S5e4: Sb4 13. d3 Sbc2: 14. Lg5 Dd7 15. Tc1 Sb4 (Lehmann – Spasski, Wien 1957).
8. ... d5 9. Se2
Oder 9. Sf3 Lf5:! 10. Sd4: Ld4: 11. Se2 Lg4 12. c3 De7 mit beiderseitigen Chancen.
9. ... Dd6! 10. Sd4: Ld4:! 11. Sf3 Sg4 12. g3
(Siehe letztes Diagramm)
Auf 12. c3 antwortet Schwarz 12. ... Tf5:! 13. cd4: Tf3: mit dem Erhalt guter Gegenchancen.
12. ... Sf2: 13. Tf2: Lf2:+ 14. Kf2: Lf5: 15. d4 Le4 16. Lf4 Tf4: 17. gf4: Df4: 18. Lb5 Taf8, und Weiß gab auf.

J. Balogh – Lokuciewski (Fernpartie 1964)

1. e4 e5 2. Sf3 Sc6 3. Lb5 f5 4. Sc3 fe4: 5. Se4: d5 6. Se5: de4: 7. Sc6: Dd5
Das scheint heute die beste Möglichkeit für Schwarz in dieser Hauptvariante des Jänisch-Gambits zu sein. Entschieden schwächer ist 7. ... bc6:, wie aus der folgenden schönen Kurzpartie zu sehen ist: 8. Lc6:+ Ld7 9. Dh5+ Ke7 10. De5+ Le6 11. d4 (Auch 11. f4 ef3: 12. 0–0 Tb8 12. d4 Sf6 13. d5! ist sehr stark.) 11. ... ed3: (oder 11. ... Sf6 12. d5! Sd5: 13. Lg5+ Sf6 14. Td1 Dc8 15. f4!) 12. Lg5+ Sf6 13. 0–0–0 Kf7 14. The1 La2: 15. Da5! Le6 16. Lf6: Df6: 17. Te6:! Df2: (17. ... De6: 18. Ld5 oder 17. ... Ke6: 18. Dd5+ Ke7 19. Dd7 Matt) 18. Td3: Ke6: 19. Dd5+ Ke7 20. De5+ (1–0), *O'Kelly – Denker (Mar del Plata 1948)*.
Eine schwere Krise erlebt die Fortsetzung **7. ... Dg5,** die lange Zeit als die beste angesehen wurde. Die folgenden Partien markieren die Etappen dieser Krise. In allen wurde zunächst 8. De2 Sf6 9. f4! Dh4+ 10. g3 Dh3 11. Se5+ c6 12. Lc4 gespielt (siehe nächstes Diagramm).
Und jetzt die Partien:
1) **12. ... h5** 13. Sf7? h4! 14. Tg1 hg3: 15. Sh8: gh2: 16. Th1 Lc5 17. Dh2: (17. Th2: Dg3+ 18. Tf2 Lg4 19. Df1 Lh3 20. De2 0–0–0, und Weiß ist verloren.) 17. ... Lf2+!! 18. Df2: (18. Kf2: Sg4+) 18. ... Dh1:+ 19. Lf1 Dh8: 20. d3 Lg4 21. Le2 0–0–0 22. Ld2 Te8 23. Lg4:+ Sg4: 24. Dg1 Dh4+ 25. Ke2 ed3:+

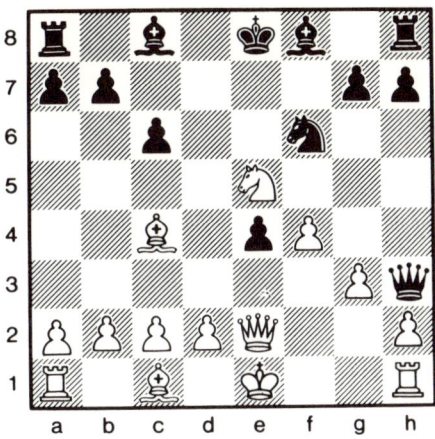

Stellung nach 12. Lc4

(0–1), *Kinzelman – Nestorenko (Fernpartie 1975–76).*

2) 12. ... h5?! 13. d3! h4 14. Le3 hg3: 15. 0–0–0 gh2: 16. de4: Le7 17. Dd3 Ld7 18. Lf7+ Kd8 19. Sd7: Kc7 20. f5 (1–0), *Liberson – Wockenfuß (Bad Lauterberg 1977).*

3) 12. ... Lc5 13. d3! Sg4 14. Sf7 Lf2+ 15. Kd1 e3 16. Df3 Sh2: 17. De4+ Kf8 18. Le3: Lg4+ 19. Kd2 Te8 20. Se5, und Weiß gewann schnell *(Kavalek – Ljubojevic, Amsterdam 1975).*

4) (wie oben) 16. ... Sh6 17. De4+ Kf8 18. Le3: Lg4+ 19. Kd2 Te8 20. Se5 (1–0), *Timman – Böhm (Holland 1980).*

8. c4 Dd6
Ein lehrreicher Fehler ist 8. ... Dg5?, wonach Weiß in der Fernpartie *Belomestnych – Betin (Fernpartie 1962)* auf folgende Weise gewann: 9. d4! Dg2: 10. Dh5+ g6 11. De5+ Se7 12. Se7:+ Kf7 13. Le8+ (1–0).

9. Sa7:+ Ld7
Die Theorie sagt, daß 9. ... c6 10. Sc8: Tc8: 11. La4 für Weiß vorteilhaft ist. Manchmal passiert es aber anders: 11. ... Sf6 12. 0–0 Le7 13. Lc2 (besser 13. d4) 13. ... Td8 14. De2 Dd4 15. Td1 0–0 16. d3 Sg4! (Eine tückische Falle!) 17. de4:? (richtig 17. Le3) 17. ... Tf2:! 18. Le3 (18. Td4: Te2: 19. Td8: Ld8:∓) 18. ... Te2: 19. Ld4: Td4: 20. h3 Lc5 21. Td4: Ld4:+ 22. Kh1 Sf2+ 23. Kh2 Tc2: (0–1), *Hajek – Skokan (Prag 1964).*
10. Ld7:+ Dd7: 11. Dh5+ g6 12. De5+ Kf7 13. Sb5! c6 14. Dd4!

Auf keinen Fall stärker ist 14. Dh8: Sf6 15. Sc3 Te8 16. b3 (16. 0–0 Dd3!) 16. ... Lc5 17. De8:+ Ke8: 18. 0–0 Dd3 19. Lb2 Dd2: 20. Sa4 Ld4 mit beiderseitigen Aussichten *(Kavalek – Möhring, Marianske Lazne 1962).*

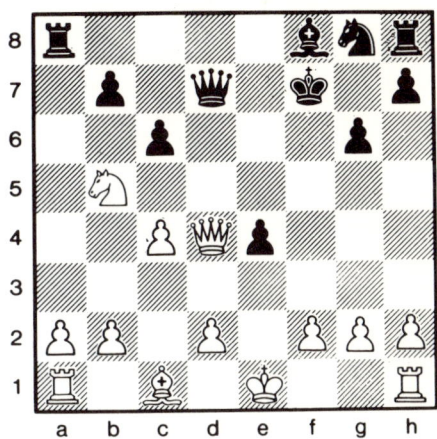

14. ... De7 15. Dh8:
Vielleicht verspricht hier die Empfehlung von Keres 15. Sc3 doch etwas mehr, obgleich der bulgarische Meister Popow der Meinung ist, daß Schwarz nach 15. ... Sf6 16. De3 Td8 17. d4 ed3: gute Chancen hat, z.B.: 18. De7:+ Le7: 19. Ld2 Td4 20. b3 Se4! 21. Se4: Te4:+ 22. Le3 Lb4+! oder 19. Le3 Lb4 20. 0–0–0 Lc3: 21. bc3: The8.
15. ... Sf6 16. b3 Td8! 17. Lb2 Lg7 18. Dd8: Dd8: 19. Sa3 e3?!
Demgegenüber könnte Schwarz hier viel stärker 19. ... Sg4! spielen, und falls 20. 0–0–0, so mit

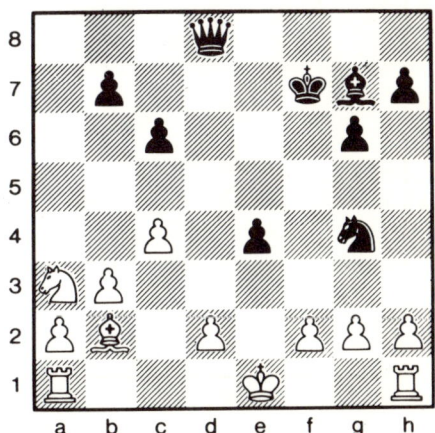

87

20. ... Sf2:! 21. Thf1 Lb2:+ 22. Kb2: Kg7 einen Vorteil erzielen (Analyse von Popow).

20. fe3: Kg8 21. 0–0 Dd6 22. c5! Dd2: 23. Sc4 Dd8 24. Tf3 Sg4 25. Lg7: Kg7: 26. h3 Sf6 27. Taf1, und Schwarz gab auf.

Diese Partie hat die Meinung der Theoretiker über die Hauptvariante des Jänisch-Gambits sehr negativ beeinflußt. Popows Anregung scheint aber die Aussichten hierüber ändern zu können.

Wie fast jedes Gambit kann auch dieses durch ein Gegengambit bekämpft werden:

Glek – Jandemirow (Moskau 1983)

1. e4 e5 2. Sf3 Sc6 3. Lb5 f5 4. d4!?
Eine sehr scharfe Fortsetzung, die zu wilden Stellungen führen kann.

4. ... fe4: 5. Se5: Se5: 6. de5: c6 7. Sc3!

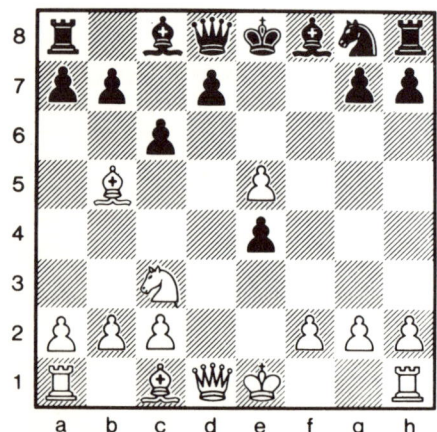

Dieses geistreiche Läuferopfer gibt den Weg für ungemein scharfe Verwicklungen frei.

7. ... cb5:
Schwarz ist praktisch gezwungen, das Opfer anzunehmen, da nach 7. ... d5 8. ed6: Sf6 9. Lc4 Ld6: 10. Lg5! Weiß ohne Zweifel eine günstigere Position hat.

8. Se4: d5 9. ed6: Sf6 10. Lg5!
Die theoretischen Standardwerke analysieren hauptsächlich die Fortsetzung 10. Dd4, die in der Tat auch sehr interessant ist.

10. ... Da5+

Andere Züge sind wesentlich schwächer, z. B.:
1) 10. ... Kf7? 11. 0–0 Lf5 12. Lf6: gf6: 13. Dh5+ Lg6 14. Dd5+ Kg7 15. Db7:+ Lf7 16. Tad1 Tg8 17. Td3, und die Drohung Tg3 ist entscheidend (Murawjew – Morosow, Moskau 1964).
2) 10. ... Lf5? 11. Lf6: gf6: 12. Dh5+ Lg6 13. Db5:+ Kf7 14. Db7:+ Kg8 15. 0–0 Lg7 16. Tfe1! Tb8 17. Da7: h5 18. Tad1 Th7 19. d7 Tb2: 20. Sc5 Lf8 21. Se6 (1–0), *Glek – M. Zeitlin (Moskau 1982).*

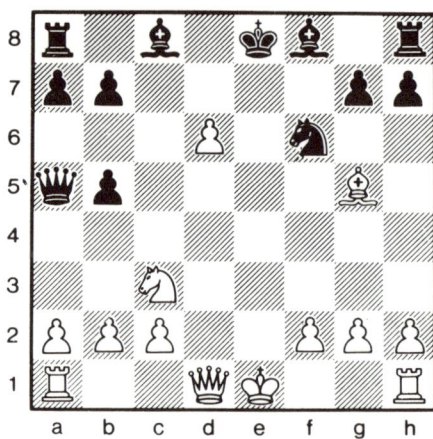

11. Sc3
Nach diesem starken Zug (der übrigens in der »Enzyklopädie« nicht zu finden ist) entsteht die Grundstellung des Gegengambits.

11. ... b4
Die Alternative ist 11. ... Le6, wonach Weiß in der Partie Glek – Krasnow (Moskau 1982) mit 12. De2+ Kd7 13. 0–0 b4 14. Lf6:! bc3: 15. Lc3: Df5 16. Le5! in Vorteil kam.

12. Lf6: gf6: 13. Sd5 Le6!?
Eine interessante Ressource. Nach 13. ... Ld6: kann Weiß zwischen 14. Sf6:+ Kf7 15. 0–0!? und 14. Dh5+ Kd8 15. 0–0 wählen.

14. Dh5+ Kd8 15. 0–0–0 Tg8?
Besser wäre 15. ... b3!?, obzwar nach 16. cb3! Weiß in Vorteil bleibt (16. ... Tg8 17. Df3!).

16. d7! Ld6 17. The1 Le5 18. Te5:! fe5: 19. Dh4 Kd7: 20. De7+, und Weiß gewann.

Sizilianisches Flügelgambit

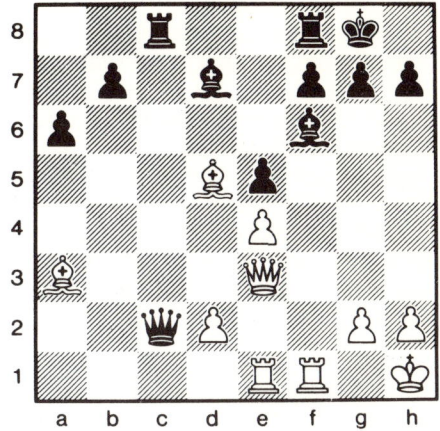

Wie bekannt, ist die aktive Sizilianische Verteidigung eine der besten und meist gespielten Möglichkeiten des Schwarzen gegen 1. e2–e4. Sie führt üblicherweise zu einem lebendigen Spiel, in dem Schwarz sehr oft die Gelegenheit hat, die Initiative zu übernehmen. Um diese Möglichkeiten im Keim zu ersticken, ist man schon im 17. Jahrhundert zu dem Gedanken gekommen, auch diese Eröffnung im Gambitstil zu behandeln, nämlich mit **1. e4 c5 2. b4!?** Damit will Weiß, ähnlich dem Nordischen Gambit (siehe Seite 45), durch das Bauernopfer den schwarzen c-Bauern von der Kontrolle des Feldes d4 entfernen, um dann seinerseits das Zentrum mit d2–d4 fest zu besetzen.

In dieser ursprünglichen Form konnte dieses Sizilianische Flügelgambit trotz einzelner Erfolge keine Gefahr für die Verteidigung darstellen und wurde als Folge sehr selten gespielt. Einige Beispiele mit Licht- und Schattenseiten:

Spielmann – Gebhard (München 1925)

1. e4 c5 2. b4 cb4: 3. a3 ba3:!? 4. Sa3: d6 5. Lc4 (vielleicht ist 5. d4 noch besser) **5. ... Sf6 6. Lb2 Sc6 7. De2 e6** (besser 7. ... g6 8. Sf3 Lg7 9. d4 0–0 10. 0–0; Klaman – Dubinin, UdSSR 1946) **8. Sf3 Le7 9. 0–0 0–0 10. Sb5 Se8** (Eine zu ängstliche Reaktion. Zu versuchen wäre 10. ... d5!?.) **11. De3 a6 12. Sbd4 Ld7 13. Sc6: Lc6: 14. Sd4** (Der Minusbauer spielt in dieser Stellung keine Rolle.) **14. ... Ld7 15. f4 Tc8 16. Lb3 Dc7 17. Kh1 Lf6 18. Tae1 e5?!** (Um e4–e5 zu verhindern, aber das schwächt die weißen Felder entscheidend.) **19. fe5: de5:?!** (Eventuell wäre 19. ... Le5: etwas besser.) **20. Sf5 Sd6 21. Sd6: Dd6: 22. La3 Dc6 23. Ld5!** (Der Qualitätsgewinn 23. Lf8:?! hätte dem Schwarzen noch Rettungschancen gegeben. Jetzt wird die Dame von der 6. Reihe vertrieben, um die folgende Gewinnkombination zu ermöglichen.) **23. ... Dc2:** (siehe nächstes Diagramm)

24. Tf6:! gf6: 25. Dg3+ Kh8 26. Le7!, und Schwarz gab auf.

Rossetto – Iliesco (Mar del Plata 1944)

1. e4 c5 2. b4 cb4: 3. a3 d5! 4. ed5: Dd5: 5. Sf3
Eine gute Alternative ist 5. Lb2 e5 6. ab4: Lb4: 7. Sa3! (besser als 7. Sc3 Lc3: 8. Lc3: Sc6 9. Sf3 Sge7 10. Le2 0–0 11. 0–0 f6 mit Vorteil für Schwarz; Spielmann – Sämisch, Marianske Lazne 1925) 7. ... Sc6 8. Sb5 Dd8 9. Sf3 Sf6 10. Le2 0–0 11. 0–0 Te8 12. d4 mit genügend Kompensation für den geopferten Bauern (Gulko – Pohla, Tallin 1977).

5. ... e5! 6. ab4: Lb4: 7. Sa3
Ein Jahr zuvor hatte Rossetto gegen den gleichen Gegner (Mar del Plata 1943) viel Erfolg mit 7. c3 Lc5 8. Sa3 Sf6 9. Sb5 0–0 10. Le2 Lb6? 11. La3 Td8 12. c4! Dc6 13. c5! Lc7 14. 0–0 Sbd7?! 15. d4! e4 16. Sg5 h6 17. Sf7:! Kf7: 18. Lc4+ Kg6 19. d5 Sd5: 20. Ld5: Db5: 21. Le4:+ (1–0). Das Resultat hätte aber völlig entgegengesetzt sein können, wenn Schwarz im 10. Zug den richtigen Weg gefunden hätte: 10. ... e4! 11. Sd4 Sc6! 12. Sc7 Dg5! mit entscheidendem Angriff.
Geringfügig besser ist 7. La3 La3: 8. Sa3: (oder 8. Ta3: Sc6 9. Sc3 Dd6 10. Sb5 De7 11. Da1 Sf6! zugunsten von Schwarz; Podgorny – Pachman, Meisterschaft der CSSR 1955) 8. ... Sc6 9. Sb5 Dd8 10. Lc4 Sf6 11. 0–0 0–0, und Schwarz behauptet den Bauern bei guter Stellung.

7. ... Sf6! 8. Sb5 0–0 9. Le2

Zieht Weiß seinen Springer auf 9. Sc7?, so folgt 9. ... Dc5 10. Sa8: e4! 11. Sg1 Te8 mit Gewinnstellung.

9. ... e4! 10. Sfd4 Sc6 11. Sc6: bc6: 12. La3 La3: 13. Sa3: Dg5! 14. Kf1

Nach diesem gezwungenen Zug (14. 0–0 Lh3) ist die weiße Stellung kaum zu retten. Es folgte noch:

14. ... Le6 15. Sc4 Lc4: 16. Lc4: Tad8 17. d3 Sg4 18. De1 ed3: 19. cd3: Tfe8 20. Dc3 Df4! 21. f3 Se3+ 22. Kf2 Sg2:! 23. Thf1 Se3 24. Lf7:+ Df7: 25. Tg1 Td7 (0–1).

Janatschkow – Ljangow (UdSSR 1986)

1. e4 c5 2. b4 cb4: 3. a3 d5 4. e5 Sc6 5. d4

Die gleiche Stellung kann auch durch Zugumstellung entstehen: 3. d4 d5 4. e5 Sc6 5. a3.

5. ... Db6 6. Se2

Nach 6. Le3 Lf5 7. Ld3 (oder 7. g4!? Le4 8. f3 Lg6 9. e6 fe6: 10. Ld3 Ld3: 11. Dd3: e5! 12. c3 ed4: 13. cd4: e5 mit Vorteil für Schwarz; Orienter – Grünfeld, Wien 1946) 7. ... Ld3: 8. Dd3: e6 9. Se2 Sge7 10. 0–0 Sf5 steht Schwarz gut.

6. .. Lf5 7. ab4: Sb4: 8. Sa3 Tc8 9. Sf4 Sc2:+!

Eine wesentliche Nuance stärker als 9. ... Lc2:?!, wonach in der Partie Mariotti – Kusmin (Leningrad 1977) überraschend 10. Dg4! e6 11. Lb5+ Sc6 12. Sd5:! folgte und Weiß gute Chancen bekam.

10. Sc2: Lc2: 11. Sd5:

Nach 11. Dg4 e6 hätte Weiß nun nicht mehr den Zug 12. Lb5+. Wenn aber 12. Sd5:, so 12. ... Db3, und Gewinn der Partie.

11. ... Db3

Auch 11. ... Dc6 wäre gut, z.B. 12. Sb4 Dc3+ 13. Ld2 Ld1: 14. Lc3: a6 15. Ld2 Lb3 oder 13. Dd2 Da1: 14. Lb5+ Kd8 15. Sc2: Da2 16. Ld3 e6 mit Vorteil für Schwarz.

12. Df3 Df3:

Gut wäre auch 12. ... e6 oder 12. ... a6.

13. Lb5+ Kd8 14. gf3:, und hier hätte Schwarz mit **14. ... a6! 15. Le2 e6** eine Gewinnstellung erreicht.

Pedersen – Taimanow (Kapfenberg 1970)

1. e4 c5 2. b4 cb4: 3. Lb2 Sf6!

Schwächer ist 3. ... Sc6?!, z. B.: 4. d4 d5 5. ed5: Dd5: 6. c4 bc3: 7. Sc3: Dd8? (7. ... Dd4:? verliert wegen 8. Sd5!! Dd1: 9. Td1: Kd7 10. Sb6++; Romanenko – Besuglow, UdSSR 1969, doch zu versuchen wäre 7. ... Da5) 8. d5 Sb8 9. Sf3 Sf6 10. Lb5+ Sbd7 11. 0–0 a6 (Erweist sich als Zeitverlust, aber guter Rat war schon immer teuer.) 12. Da4 Tb8 13. Tfe1! ab5: 14. Sb5: e6 15. d6 Db6 16. Ld4 Dc6 17. Tac1 Sb6 18. Db3 Dd7 19. Se5 (1–0).

4. e5 Sd5 5. Sf3 e6 6. d4 b6 7. a3 Lb7 8. ab4: Lb4: 9. c3 Le7 10. c4

Vielleicht ist 10. Ld3 Sf4 11. 0–0 Sd3: 12. Dd3: etwas besser, dabei hat aber auch in diesem Fall Weiß keine genügende Kompensation für den Minusbauern.

10. ... Sb4 11. Sc3 0–0 12. Le2 a6 13. 0–0

Der Versuch 13. d5? wird mit 13. ... ed5: 14. cd5: d6 neutralisiert.

13. ... d5 14. ed6: Ld6: 15. Dd2 Sd7 16. Tad1 Dc7

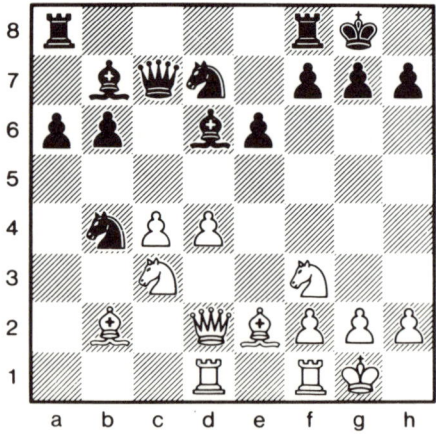

Es ist eine fast normale Stellung mit »hängenden Bauern« entstanden, nur besitzt Schwarz als Bonus einen gesunden Mehrbauern. Der folgende Versuch, einen Angriff zu organisieren, wird kaltblütig abgewehrt.

17. Dg5 Tfe8! 18. d5 f6 19. Dh4 e5 20. Se4 Sc5! 21. Sd6: Dd6: 22. Dg3 Lc8

Schwarz vollzieht jetzt in aller Ruhe eine Umgruppierung und bringt danach seinen Vorteil zur Geltung.

23. Tfe1 Ld7 24. Sh4 a5 25. Lh5 Te7 26. Te3 Sa4! 27. La3 Tc8 28. Td4?

Eine ziemlich gekünstelte Deckung des Bc4, aber Weiß war sowieso schon verloren.

28. ... f5 29. Sg6?! (Strohfeuer …) **29. ... hg6: 30. Lg6: f4 31. Dg5 Le8!** (Die kalte Dusche! Ein großer Fehler wäre 31. ... fe3:?? 32. Th4 e2 33. Th8+! nebst Matt.) **32. Lf5 fe3:** (Jetzt aber!) **33. Th4 e2,** und Weiß gab auf (33. Th8+ Kh8: 34. Dh4+ Dh6 ist ernüchternd).

Das Sizilianische Flügelgambit wurde Ende der 30er Jahre von dem damals jungen Keres zu neuem Leben erweckt: Er opferte den Bauern nicht gleich, sondern im 3. Zug, also **1. e4 c5 2. Sf3 d6 (e6 oder a6),** und jetzt **3. b4!?**

Die Idee dieser Verzögerung ist denkbar einfach: Der Zug Sf3 ist fast immer dem Weißen nützlich, d6, e6 oder a6 gehören nicht zu der besten Verteidigung von Schwarz (die bekanntlich mit d7–d5 verbunden ist). Die folgende Partie, die seinerzeit überall in der Schachpresse der Welt veröffentlicht wurde, demonstriert auf brillante Weise diesen Gedanken.

Keres – Eliskases
(Großmeisterturnier in Semmering, 1937[18])

---

1. e4 c5 2. Sf3 d6 3. b4

Der Kommentar von Botwinnik (der damals diese Partie in »Schachmaty« ausführlich analysierte) zu diesem Zug ist sehr interessant: »Dieses Opfer, das im 2. Zug als fehlerhaft betrachtet wird, bedeutet auch hier keine Gefahr für Schwarz. Der Unterschied besteht darin, daß Schwarz jetzt das Opfer mit 3. ... Sf6 4. bc5: Se4: (oder dc5:) 5. cd6: e6 6. Lb2 Sc6 ablehnen und damit gleiches Spiel erreichen kann.«

3. ... cb4 4. d4 Sf6

In einer Partie *Bronstein – Lewin* (UdSSR 1969) spielte Schwarz etwas passiv 4. ... g6 5. Lc4 Lg7

[18] Es war ein sehr starkes, nur mit Großmeistern besetztes »Super-Turnier«, das mit einem großen Erfolg des damals 21jährigen Paul Keres endete. Das Endergebnis: Keres 9, Fine 8, Capablanca und Reshevsky 7½, Flohr 7, Ragosin und Eliskases 6, Petrow 5.

6. 0–0 e6?! und wurde folgendermaßen überrumpelt: 7. a3! ba3: 8. Sa3: a6 9. Lf4 Sc6 10. d5 Se5 11. de6: Le6:? (besser fe6:) 12. Le6: fe6: 13. Sg5! Ke7 (13. ... Dd7 14. Sb5!) 14. Le5:! de5: 15. Db1! Sh6 16. Db3 Dc8 17. Sc4 b5 18. Db4+ Kf6 19. Se5:! (1–0).

5. Ld3 d5

»Am einfachsten.« (Botwinnik) Möglich ist zunächst auch 5. ... e6 6. 0–0 Le7 7. Sbd2 zu spielen und dann erst 7. ... d5 mit gutem Spiel (Corden – Gligoric, Hastings 1969/70). Dagegen ist 5. ... Lg4?! 6. 0–0 Sc6 7. e5! de5: 8. de5: Sd7 9. Lb2 Dc7 10. e6 Le6: 11. Sg5 mit weißem Angriff schwächer (Lehmann – Mross, 1949) oder 5. ... Sc6 6. d5 Sb8 7. 0–0 g6 8. De1 Lg7 9. Db4: 0–0 10. Lb2 Sbd7 11. a4 mit Vorteil für Weiß (Freymann – Rowner, Kiew 1939).

6. Sbd2

»Auf 6. e5 wäre natürlich 6. ... Se4 gefolgt.« (Botwinnik)

6. ... de4: 7. Se4: Sbd7 8. Seg5

Über die Einschätzung der Stellung nach 8. 0–0 Se4: 9. Le4: Sf6 10. Ld3 e6 11. Se5 scheiden sich die Geister: Botwinnik meint, daß Weiß keine genügende Kompensation für den geopferten Bauern hat, während Keres der Ansicht ist, daß Weiß für den Bauern eine gewisse Kompensation erreicht. Subjektiv, aber psychologisch völlig logisch: Keres war ein Gambitspieler, Botwinnik dagegen nicht. Mit seinem letzten Zug droht nun Weiß 9. Sf7: Kf7: 10. Sg5+ Ke8 11. Lh7: Th7: 12. Sh7: Sb6 13. Sf6:+ ef6: 14. Dh5+ mit starkem Angriff.

8. ... Dc7

Auf 8. ... h6 wollte Keres 9. Se6 Db6 10. Sf8: Sf8: 11. 0–0 antworten.

9. c4

Wieder scheiden sich die Geister: »Der Partiezug, der hauptsächlich positionelle Ziele verfolgt (die Kontrolle über das Feld d5), ist ein wichtiger Tempoverlust, der dem Schwarzen ermöglicht, die Initiative zu übernehmen.« (Botwinnik) Keres dagegen gibt dem Zug ein Ausrufezeichen und schreibt: »Pariert die Drohung 9. ... Dc3+ und schafft ein starkes Bauernzentrum.«

9. ... h6 10. Sh3 g5

Auch bei diesem Zug gibt es unterschiedliche Meinungen. Botwinnik versieht ihn mit einem Ausrufezeichen, andere Kommentatoren meinten, er schwächt den Königsflügel. Keres glaubt, der

Zug ist nicht schlecht, jedenfalls nicht schlechter als das ruhige 10. ... e6.

11. Shg1

Es ist interessant zu bemerken, daß Weiß in dieser Partie eine der klassischen Regeln des Eröffnungsspieles grob verletzt hat: Er hat mit ein und derselben Figur (der Sb1) fünf Züge gemacht, um schließlich auf dem Startfeld des anderen Springers zu landen!

11. ... Lg7 12. Se2 (der sechste Zug!) **12. ... e5 13. Sg3** (der siebente!) **13. ... 0–0 14. 0–0 e4!**

Hier sind sich Botwinnik und Keres aber einig: Der Zug ist sehr gut.

15. Se4: Se4: 16. Le4: Dc4: 17. Ld3

»Mit dem natürlichen Zug 17. Le3 (statt 17. Ld3) konnte Weiß den Bd4 decken, z.B.: 17. Le3 Sb6! 18. Sd2 Db5 oder 18. Tc1 Da2: 19. Lb1 De6 20. Dc2 Dg6, obwohl auch in diesem Fall sich das Spiel zugunsten von Schwarz hätte entwickeln können. Nach dem richtigen 17. Le3 Sb6 18. Dd2! a5 19. Tac1 De6 20. Lb1 Ld7 hätte Schwarz aber große Schwierigkeiten, seinen Vorteil zur Geltung zu bringen.« (Botwinnik)

»Der Zweck des Partiezuges ist, unter Aufopferung des zentralen Bd4 den Angriff weiter zu verstärken. Die passive Fortsetzung 17. Le3 Sf6 hätte dem Schwarzen ermöglicht, dank der Kontrolle über das Feld d5 die Initiative zu übernehmen.« (Keres)

17. ... Dd5 18. Te1 g4

Eine schwerwiegende Entscheidung: Einerseits wird der Bd4 weiter geschwächt, andererseits wird zusätzlich der schwarze Königsflügel ebenfalls weiter geschwächt. Jedenfalls, wie Keres bemerkt, hätte Schwarz auch nach 18. ... Sf6 oder 18. ... Sb6 19. h4! g4 20. Se5 viele Sorgen.

19. Sh4 Sb6

»Es hätte selbstverständlich keinen Sinn, auf die wilden Verwicklungen, die nach 19. ... Dd4 20. Sf5! Da1: 21. Dg4: entstehen, einzugehen. Schwarz beendet kaltblütig seine Entwicklung.« (Botwinnik)

Übrigens, die Verwicklungen, die nach 20. Sf5! entstehen könnten, wären in einer praktischen Partie kaum zu berechnen. Keres, wie alle echte Gambitspieler, folgte ganz einfach seiner Intuition. Spätere Analysen haben dann bestätigt, daß er recht hatte.

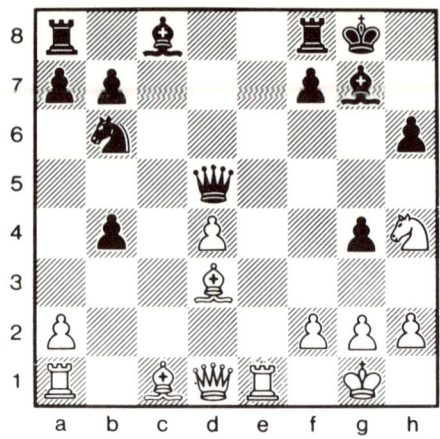

20. Tb1 Ld7 21. Te4?

»Es ist mir bis heute nicht klar, warum ich nicht mit 21. Tb4: das materielle Gleichgewicht wiederhergestellt habe. Die gewählte Fortsetzung ist äußerst riskant.« (Keres)

21. ... Tfe8 22. Tf4 Dd6

»Schwarz könnte hier mit 22. ... Sa4! 23. Tb4: Sc3 24. Dd2 Tac8! (nicht so klar ist 24. ... Sa2: 25. Lc4 Sb4: 26. Ld5: Sd5: 27. Tf5 Lf5: 28. Sf5:) einen entscheidenden Vorteil erreichen.« (Botwinnik)

»Auch nach 22. ... Sa4 hätte Weiß Gegenchancen: 23. Ld2!, und nach 23. ... Sc3 24. Lc3: bc3: hätte 25. Lc2! die doppelte Drohung 26. Lb3 und 26. Dd3 geschafft. Schwarz hatte einen Bauern mehr, aber die offene Stellung seines Königs gibt dem Weißen gute Angriffschancen.« (Keres)

23. Ld2 Sd5 24. Tg4:! Lg4:?

Schwarz sollte das Qualitätsopfer nicht annehmen. Richtiger wäre 24. ... Sc3! 25. Lc3: bc3: 26. Sf5! Lf5: 27. Lf5: oder 26. Lf5 Tac8 27. Dc2, wonach (nach Keres' Ansicht) die Angriffschancen von Weiß am Königsflügel dem starken schwarzen Bc3 gleichwertig werden. Botwinnik betrachtet seinerseits den schwarzen Vorteil als »offensichtlich«.

25. Dg4: Df6 26. Sf5 Kf8 27. Sg7:

Nach der Beseitigung der wichtigsten schwarzen Verteidigungsfigur beherrschen die weißen Läufer das Spiel.

27. ... Dg7: 28. Dh5 Sf6 29. Dh4 h5 30. Tb4: Tac8 31. h3!

Dies ist gegen Möglichkeiten wie Tc1+ oder Dg4 gerichtet.

31. ... Tc7 32. Tb5 Te6 33. Th5:!, und Schwarz gab auf. Auf 33. ... Sh5 folgt 34. Dd8+ Te8 35. Lb4+ nebst Matt in einigen Zügen.

Die widersprechenden Kommentare zweier so großer Meister wie Botwinnik und Keres zu dieser interessanten Partie zeigen noch einmal, wie schwer es ist, das labile Gleichgewicht der Gambitstellungen einzuschätzen.

Morra-Gambit

Die Idee dieses Gambits ist dem Nordischen und Schottischen Gambit sehr ähnlich. Weiß gibt einen Bauern, um eine schnelle Entwicklung im Zentrum zu erreichen. Das Morra-Gambit ist nach der Ansicht vieler Experten (Matulovic, Gufeld u. a.) spielbar und führt zu einem lebendigen und interessanten Spiel. Die folgenden Partien zeigen, wovon die Rede ist:

Matulovic – Segi
(Meisterschaft von Jugoslawien 1953)

1. e4 c5 2. d4 cd4: 3. c3 dc3: 4. Sc3: Sc6 5. Sf3 d6

Fehlerhaft ist **5. ... e5?!** In einer Partie *Bondarewski – Kasparjan (Meisterschaft der UdSSR, Tbilissi 1937)* (wo übrigens diese Stellung nach 1. d4 c5 2. e4 cd4: 3. Sf3 e5?! 4. c3! dc3: 5. Sc3: Sc6 entstand), folgte weiter 6. Lc4 d6 7. Sg5! Sh6 8. 0–0 Lg4?! (Auch 8. ... Le7 9. Dh5 0–0 10. h3 war nicht gerade anziehend für Schwarz.) 9. Lf7:+ Sf7: 10. Dg4: Sg5: 11. Lg5: Le7? (besser 11. ... Dd7) 12. Le7: De7: 13. Sd5 Dd7 14. Dh5+! g6 15. Dh4! Dg7 16. Sf6+ Kd8 17. f4 Tc8 18. Sd5+ Ke8 19. Dh3! Se7 20. Tac1 Tc1: 21. Tc1: Sc6 22. De6+ Kd8 23. Dd6:+ Ke8 24. Sc7+ (1–0).

Für **5. ... g6** siehe die nächste Partie.

6. Lc4 e6 7. 0–0 Sf6

Etwas schwächer ist 7. ... Sge7 8. Lg5! a6, und nun:

1) 9. Dd2 h6 10. Lh4 g5 11. Lg3 Sg6 12. Tfd1 e5 13. Sd5 Lg4 14. Le2 Lf3:? (richtig wäre 14. ... Lg7! 15. Se3 Lf3: 16. Lf3: Sd4!) 15. Lf3: Sd4 16. Lh5 Sf4? (Lg7!) 17. Lf4: gf4: 18. Db4 b5? (Lg7) 19. Td4:! ed4: 20. Dd4: (1–0), *Tarasow – Schestakow (Fernpartie 1970/71)*.

2) 9. De2 h6 10. Le3 Ld7 (Wahrscheinlich besser ist 10. ... Sg6 11. Tfd1 b5 12. Lb3 Le7 13. Tac1 Ld7 14. Sd4 Sd4: 15. Td4: 0–0; Mutschnik – Estrin, Meisterschaft von Moskau 1961.) 11. Tad1 Sg6 12. Sd4 Sa5 (Die Drohung f2–f4–f5 müßte mit 12. ... Sd4: 13. Ld4: Se5! 14. Lb3 Sc6 nebst Le7 und 0–0 abgewehrt werden. Nun folgt eine interessante Kombination.)

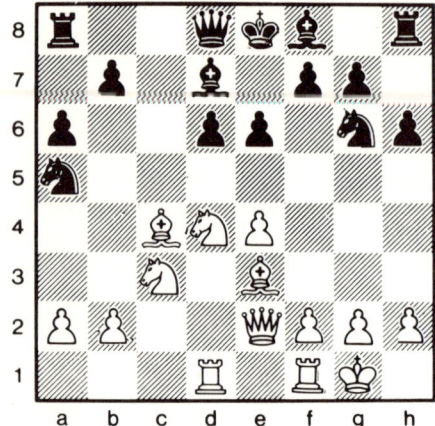

13. Le6:! fe6: 14. Dh5 Kf7 15. f4 Sc4 16. Lf2! (verhindert Dh4) 16. ... Tc8 17. f5 (sehr gut wäre auch 17. Td3) 17. ... Kg8, und Weiß könnte hier mit 18. Dg6:! seinen Angriff mit Erfolg fortsetzen. In der Partie I. Saizew – Sacharow (Meisterschaft der UdSSR, Alma-Ata 1968/69) spielte Weiß fehlerhaft 18. fg6:? und kam nach 18. ... Dg5! in Schwierigkeiten. (Er gewann schließlich aber doch mit Hilfe des Gegners.)

8. De2 a6

Eine gute Alternative ist 8. ... Le7 9. Td1 e5 (Der natürliche Zug 9. ... 0–0? ist nicht gut: 10. e5! Se8 11. ed6: Ld6: 12. Sb5 De7 13. Lg5 f6 14. Le3 Lb8 15. Tac1 b6 16. Lb3 Lb7 17. Lc5!, und Weiß gewinnt; Kiffmaier – Sandmeier 1970.) 10. h3 0–0 11. Le3. Auch 11. b3 käme in Betracht. In einer Partie I. Saizew – Taimanow (Meisterschaft der UdSSR, Moskau 1969) hatte Weiß nach 11. ... a6 12. La3 Da5 13. Db2 Sb4 14. Tac1 b5 15. Lb4: Db4: 16. Sd5 Sd5: 17. Ld5: Ta7 18. g3 Da5 19. b4 ausreichende Kompensation für den Bauern.

9. Td1 Dc7 10. Lf4

Fischer spielte gegen Kortschnoi (Mar del Plata 1960) weniger genau 10. Lg5. Nach 10. ... Le7 11. Tac1 0–0 12. Lb3 h6 kam der Läufer allerdings doch nach f4, wonach Schwarz mit 13. ... e5! 14. Le3 Dd8 15. Sd5 Sd5: 16. Ld5: Ld7 ausgleichen konnte.

10. ... Se5

Besser wäre allerdings 10. ... Le7 11. Tac1 Db8 12. Lb3 (12. e5 Sh5!) 0–0 13. Lg3 Se5 14. h3 b5 (Rodionow – Gik, Moskau 1970). »Weiß hat für den Bauern Kompensation, aber mehr auch nicht.« (Polugajewski)

11. Le5:! de5: 12. Tac1

»Der weiße Entwicklungsvorsprung ist so groß, daß es schon relativ schwierig wird, Schwarz einen guten Rat zu geben. Auf 12. ... Db8 folgt beispielsweise eine Serie schöner Züge: 13. Lb5+! Ld7 14. Ld7:+ Sd7: 15. Sb5! ab5: 16. Td7:! Kd7: 17. Db5:+ Ke7 18. Se5: mit sehr starken Drohungen.« (Gufeld)

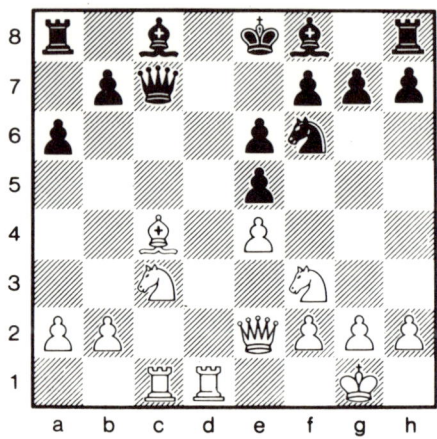

12. ... Ld7

Pariert den oben erwähnten Angriff, Weiß verfügt dabei aber noch über eine andere taktische Möglichkeit.

13. Le6:! Le6:

Oder 13. ... fe6: 14. Sd5 Sd5: 15. ed5: Db8 16. Se5: mit dem entscheidenden Angriff.

14. Sd5 Db8 15. Sc7+ Ke7 16. Dd2! Se8 17. Se6: fe6: 18. Dd7+ Kf6

Der schwarze König wurde ins freie Feld getrieben und wird jetzt erbarmungslos gejagt.

19. Sg5! (noch ein Figurenopfer) 19. ... Kg5:

20. De6: Sf6 21. Df5+ Kh6 22. Tc3 De8

Auf 22. ... Sh5 wäre 23. Th3 g6 24. Th5:+ gh5: 25. Df6+ mit »Epauletten-Matt« gefolgt. Um das zu vermeiden, opfert Schwarz die Dame.

23. Th3+ Dh5 24. g4! Dh3: 25. g5+ Kh5 26. Dh3:+ Kg5: 27. Df5+ Kh6 28. Td3 Sh5 29. Th3 g6 30. Th5:+ Kg7 31. De5:+ Kg8 32. Dd5+ Kg7 33. Db7:+ Kf6 34. e5+ Ke6 35. Dc6+ (1–0).

Sokolow – Petek (Jugoslawien 1955)

1. e4 c5 2. d4 cd4: 3. c3 dc3: 4. Sc3: Sc6 5. Sf3 g6

Damit versucht Schwarz, die typische »Drachenaufstellung« zu erreichen.

6. Lc4 Lg7 7. e5!

Auch die ruhige Fortsetzung 7. 0–0 kann gefährlich werden, z. B.: 7. ... Sf6?! 8. e5 Sg4 9. Lf7:+! Kf7: 10. Sg5+ Ke8 (oder 10. ... Kg8 11. Dg4: Se5: 12. De4 h6 13. Dd5+ e6 14. Se6:!; Tringow – Filtschew, Sofia 1955) 11. Dg4: Se5: 12. Da4 Sc6 13. Td1 Da5 14. Db3 Df5 15. Sb5 Le5 16. Td5 h6 17. Sc7+ Kf8 18. Sf3 Tb8 19. Se5: Se5: 20. f4! (1–0), *Matulovic – Del Pezzo (Neapel 1954).* Schwarz besitzt aber die Möglichkeit, sich besser zu verteidigen: 7. ... Sh6!, und falls 8. Lf4, so 8. ... 0–0 9. h3 Kh8 10. Dd2 Sg8 usw.

7. ... Da5

Günstiger wäre hier, 7. ... Sh6 zu spielen, mit der gleichen Verteidigungsidee wie in der oben gezeigten Variante: 0–0, Kh8, Sg8 usw.

8. 0–0 Se5: 9. Se5: Le5: 10. Sd5 e6 11. Te1 f6 12. Lb3 Kf7

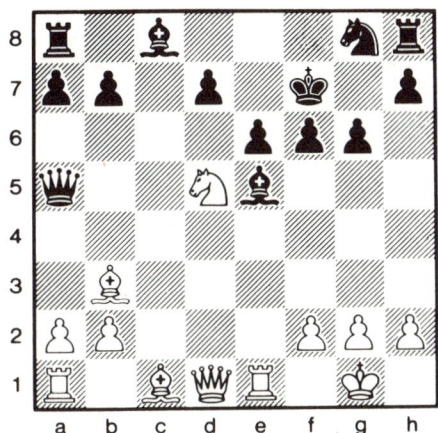

13. Te5:! fe5: 14. Df3+ Ke8 15. Lh6!, und Schwarz gab auf.

Zum Schluß sollte erwähnt werden, daß die Ablehnung des Gambits für Schwarz keine Vorteile einbringt, ganz im Gegenteil:

1) 3. ... d3 4. Ld3: d6 5. c4 Sf6 6. Sc3 g6 (oder
    6. ... e6 7. Sf3 Sc6 8. 0–0 Le7 9. Lg5! 0–0

10. Dd2 mit einem kleinen Vorteil für Weiß; Druck auf der d-Linie) 7. Sf3 Lg7 8. h3 Sc6 9. 0–0 Sd7, und nun hat Weiß sowohl nach 10. Sd5 0–0 11. Tb1 als auch nach 10. Le3 0–0 11. Le2 einen kleinen Vorteil.

2) 3. ... d5 4. ed5: Dd5: 5. cd4: führt zu einer Variante des 2. c3-Systems der Sizilianischen Partie, die für Weiß als vorteilhaft betrachtet wird.

3) 3. ... Sf6 4. e5 Sd5 5. Lc4! (Auch diese Stellung kann aus dem 2. c3-System entstehen: 1. e4 c5 2. c3 Sf6 3. e5 Sd5 4. d4 cd4: 5. Lc4!. Weiß kann aber auch ruhiger spielen, z. B.: 5. Sf3 e6 6. cd4: d6 7. Sc3 Sc3: 8. bc3: mit einem kleinen Vorteil.) 5. ... Dc7 6. De2 Sb6 7. Ld3 Sc6 8. Sf3 g6 9. 0–0 dc3: 10. Sc3: Lg7 11. Te1 mit Kompensation für den geopferten Bauern (Miles – Sax Bath 1973).

Schara-Hennig-Gambit

Trotz des ausgeprägten positionellen Charakters der geschlossenen Spiele sind auch hier Gambitvarianten zu finden. Manchmal entwickelt sich der Kampf etwas anders als in den offenen Spielen (siehe das Benkö-Wolga-Gambit), aber grundsätzlich sind auch diese Fortsetzungen den allgemeinen Gambitregeln unterworfen und können unter Umständen zu einem komplizierten taktischen Spiel führen.

Das Schara-Hennig-Gambit ist ein Modellbeispiel. Es entsteht in der Tarrasch-Verteidigung des Damengambits **(1. d4 d5 2. c4 e6 3. Sc3 c5).** Wie bekannt, führt jetzt die Fortsetzung **4. cd5: ed5: 5. Sf3 Sc6 6. g3 Sf6 7. Lg2 Le7 8. 0–0 0–0** zu einer Stellung mit einem isolierten Damenbauern bei Schwarz, die lange Zeit als vorteilhaft für Weiß betrachtet wurde. Um diese Variante zu vermeiden, schlug der Wiener Amateur Schara die Gambitfortsetzung **4. ... cd4:!?** vor, die später von dem deutschen Meister von Hennig genau analysiert wurde.

Diese Gambitfortsetzung führt zu einem lebhaften Spiel und bietet Schwarz unserer Ansicht nach ausgezeichnete Chancen.

**Pirc – Aljechin
(Großmeisterturnier Bled 1931)**

1. d4 d5 2. c4 e6 3. Sc3 c5 4. cd5: cd4:

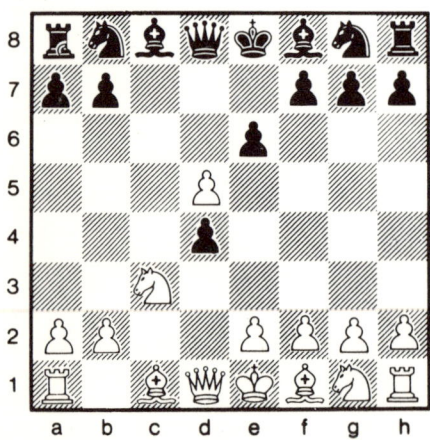

5. Da4+
Natürlich ist es für Weiß auch möglich, 5. Dd4: zu spielen. Das läßt Schwarz nach 5. ... Sc6 6. Dd1 ed5: 7. Dd5: die Wahl zwischen 7. ... Le6!? 8. Dd8:+ Td8: und 7. ... Ld7!, was zurück zur Hauptvariante führt.

5. ... Ld7
Fehlerhaft wäre hier 5. ... Dd7 wegen 6. Sb5 mit Vorteil für Weiß.

6. Dd4: ed5: 7. Dd5: Sc6
Dies ist genauer als 7. ... Sf6, wonach sich Weiß erlauben kann, den Bb7 zu nehmen. Nach 8. Db7: Sc6 9. Db3! Sd4 10. Dd1 Lf5 11. e4! Se4! 12. Sf3! wären die Verwicklungen (laut einer Analyse von Henneberger in »Deutsche Schachzeitung« 1932) eher für Weiß als günstig anzusehen.

8. Lg5
Interessant ist, daß, obwohl die praktischen Ergebnisse mit diesem Zug nicht gut waren, er immer wieder gespielt wird. Bessere Aussichten bietet die Hauptfortsetzung 8. Sf3 Sf6 9. Dd1 Lc5 10. e3 (siehe die nächste Partie).

8. ... Sf6 9. Dd2
Schlecht wäre in diesem Fall 9. Lf6:? Df6: 10. e3 0–0–0 11. Db3 Le6 12. Da4 Lb4 13. Tc1

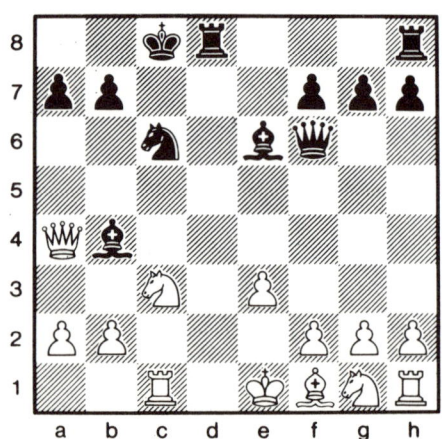

13. ... Td2! 14. Kd2: Df2:+ 15. Sge2 Lf5! (droht Td8 Matt) 16. Db4 Td8+ 17. Dd4 Sd4: 18. Sb5+ Sc6+ 19. Sbd4 Kb8! 20. Kd1 De3: *(0–1, Gaister – I. Saizew, Moskau 1960).*

9. ... h6
»Dieser ziemlich harmlose Versuch, nach der natürlichen Antwort 10. Lh4 neue Drohungen (in Verbindung mit Lb4, g7–g5 und Se4) zu schaffen,

hat unerwartete, aber angenehme Folgen.« (Alje-chin) Eine andere gute Möglichkeit für Schwarz bietet 9. ... Lb4!? (sehr gut wäre auch 9. ... Da5), z.B.: 10. Sf3 h6 11. Lf6: Df6: 12. a3 La5 13. Tc1 0–0–0 14. b4 Lg4! 15. Da2 Lc7 16. Sb5 Lf3: 17. gf3: Lb6 18. Dc4 Kb8 19. Tg1? (Lg2) The8! 20. f4 Se5! 21. De4 Sd3+ 22. ed3: Te4: 23. de4: Lf2:+! (0–1, Ftacnik – Szeles, Zalaegerszeg 1979).

10. Lf6:
»Hieraus ergeben sich für Schwarz mehr Angriffs-chancen als durch 10. Lh4, obwohl es den-noch nicht so schlecht gewesen wäre, wenn Weiß später das Feld d5 richtig benutzt hätte.« (Aljechin)

Auch 10. Lh4 hätte Schwarz die besseren Aus-sichten überlassen, z.B.: 10. ... g5 11. Lg3 Da5 (genauer Lb4) 12. e3 0–0–0 13. Sge2 Lb4 14. a3!? Se4 15. Dc1 Sc5! 16. ab4: Sd3+ 17. Kd1 Db4: 18. Ta7: Le6 19. Ta8+ Kd7 20. Td8:+ Td8: 21. Da1 Ke7 22. Kc2 Db3+ 23. Kd2 Sf2:+ (0–1, Gufeld – Nikolajewski, Ukrainische Meisterschaft 1968).

10. ... Df6: 11. e3 0–0–0 12. 0–0–0?
»Der entscheidende Fehler, der Schwarz erlaubt, den Gambitbauern bei fortdauerndem Druck zu-rückzugewinnen. Notwendig wäre 12. Sd5!, um nach der besten Antwort 12. ... Dg6 mit 13. Se2, gefolgt von Sf4 oder S2c3, Verteidigungsmög-lichkeiten zu haben. Schwarz hat jetzt die Gele-genheit, einen Königsangriff im klassischen Stil zu führen.« (Aljechin)

12. ... Lg4 13. Sd5
Jetzt ist es zu spät!
13. ... Td5:! 14. Dd5:

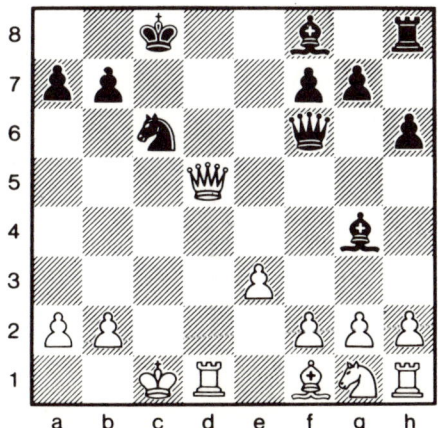

14. ... La3!
Dieser Zug ist viel besser als 14. ... Ld1: 15. Dd1: Df2: 16. Dg4+ f5 17. De2 De2: gefolgt von Lc5, obwohl auch in diesem Fall das Endspiel für Schwarz gewonnen wäre.

15. Db3
Eine bessere Verteidigung gibt es nicht. Auf 15. ba3: folgt 15. ... Dc3+ 16. Kb1 Td8! 17. Dd8:+ Sd8:, und die doppelte Drohung Ld1: und Lf5+ entscheidet. Wenn aber 15. Td2, so 15. ... Lb2:+! 16. Tb2: Dc3+ 17. Kb1 (oder 17. Tc2 Da1+ 18. Kd2 Td8) 17. ... De1+ 18. Kc2 Td8, und Schwarz gewinnt.

15. ... Ld1: 16. Da3: Df2: 17. Dd3 Lg4!
Nicht jedoch 17. ... Td8, da 18. Sh3! Df6 19. Dc3 mit Rettungschancen.

18. Sf3 Lf3: 19. Df5+ Kb8 20. Df3: De1+ 21. Kc2
Auch die Möglichkeit 21. Dd1 De3:+ 22. Dd2 De6! 23. Kb1 Td8 24. Df4+ Ka8 wäre nicht aussichts-reicher gewesen.

21. ... Tc8 22. Dg3+ Se5+! 23. Kb3 Dd1+ 24. Ka3 Tc5!, und Weiß gab vor dem unvermeidli-chen Matt auf.

Die Hauptvariante des Gambits entsteht nach
1. d4 d5 2. c4 e6 3. Sc3 c5 4. cd5: cd4: 5. Da4+ Ld7 6. Dd4: ed5: 7. Dd5: Sc6 8. Sf3 Sf6 9. Dd1 Lc5 10. e3 De7.

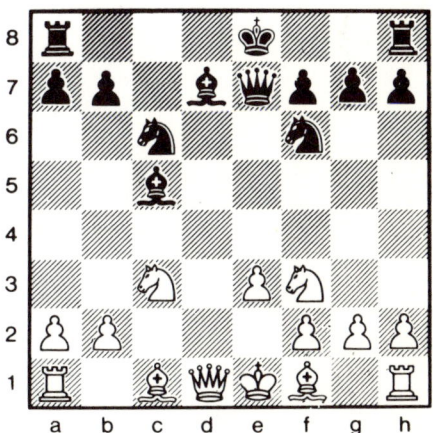

Diese Stellung stand bei sehr vielen Partien auf dem Brett und ist sehr wichtig, um die Chancen beider Spieler richtig einschätzen zu können. Schwarz ist besser entwickelt und ist bereit, nach

0–0–0 allerlei taktische Operationen zu unternehmen. Die Praxis hat gezeigt, daß Weiß keinesfalls passiv vorgehen darf, sondern bei Gelegenheit selber zum Gegenangriff am Damenflügel übergehen sollte. Wir wollen den Leser nicht mit unzähligen Analysen dieser Stellung verwirren, da sie sowieso zu keinem endgültigen Urteil führen. Die folgenden Beispiele erlauben hingegen einen allgemeinen Blick auf die praktischen Chancen, die diese Stellung dem Gambitspieler bietet.

Chanow – Gusew (UdSSR 1955)

11. Ld2 0–0–0
Gut ist auch 11. ... Td8 12. Le2 0–0 13. 0–0 Lf5 14. a3 Sg4 15. Da4 Sce5 16. Tad1 Ld7 17. Dc2 Sf3:+ 18. Lf3: Dh4 mit Angriff (Lax – Aramanowitsch, Fernpartie 1958).
12. Db3 Lf5 13. Tc1 Kb8 14. Sa4 Lb4!

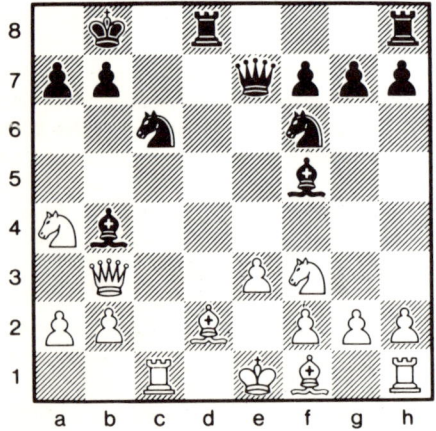

Hier sehen wir eine für dieses Gambit charakteristische Stellung. Weiß hat große Schwierigkeiten mit seinem unrochierten König, die meistens unlösbar bleiben.
15. a3 Ld2:+ 16. Sd2: Sd4! 17. Dc3 Tc8 18. Lc4 Thd8 19. Sb3 Se4 20. Db4 Db4:+, und Weiß gab auf. Eine Figur geht verloren.

Cebalo – Marjanovic (Jugoslawische Meisterschaft, Novi Sad 1985)

11. a3 0–0–0 12. Dc2 Kb8!
Diese Vorsichtsmaßnahme ist fast immer notwendig, um unangenehme Fesselungen entlang der c-Linie zu vermeiden. In einer Partie Kortschnoi – Rodriguez (Rom 1981) versuchte Schwarz, gleich mit 12. ... g5?! den Angriff zu beginnen. Nach 13. b4! g4 14. bc5 gf3: 15. Sb5! Se5 16. Sd6+ erwies sich der weiße Gegenangriff am Damenflügel allerdings als wirksamer.
13. Le2
Auch Weiß muß zunächst Sicherheitsmaßnahmen treffen. Verfrüht wäre, hier mit 13. b4?! fortzufahren, da 13. ... Sd4 14. Sd4: Ld4: 15. Le2 La4! 16. Db2 Le5 17. f4 Se4 18. fe5: Dh4+ 19. g3 Sg3: mit Vorteil für Schwarz (Garnew – Babitschuk, UdSSR 1959).
13. ... g5
Eine interessante Alternative wäre 13. ... Tc8!? 14. 0–0 g5 15. Ld2 g4 16. Se1 The8, und Schwarz hätte genügend Kompensation für den geopferten Bauern (Alexander – Wolf, Berlin 1970).
14. b4
Dieser Partiezug ist vorteilhafter als 14. 0–0 g4 15. Sd2 The8 (Auch 15. ... h5 käme in Frage.) 16. Sb3 Lb6 17. Ld2 De5 mit Angriff (Gurewitsch – Safonow, Moskau 1960).
14. ... g4 15. Sd2
Schwächer wäre 15. bc5: gf3: 16. gf3: (16. Lf3: Sd4 17. Db2 Sf3:+ 18. gf3: Lc6 zugunsten von Schwarz) 16. ... Dc5: mit besseren Aussichten für Schwarz.
15. ... Ld6 16. Sc4
In einer Partie Beljawski – O. Rodriguez (Barcelona 1984) kam Weiß nach 16. Lb2 Se5 17. 0–0–0 Tc8 18. Kb1 Tc7?! 19. Sb3 La4 20. Td4 in Vorteil. Schwarz konnte jedoch mit der Zugfolge 18. ... a5! 19. ba5: La3: 20. a6 Tc7 gute Gegenchancen bekommen.
16. ... Lc7 17. Lb2 Se5 18. Tc1?!
Besser wäre 18. 0–0 Thg8 19. Se5: De5: 20. g3 Lc6 21. Sb5! Dd5 22. e4 mit gleichem Spiel (Analyse von Milic und Bozic).
18. ... Lc6 19. Se5: Le5: 20. 0–0 Se4
(Siehe nächstes Diagramm)
Ein schöner Zug, der den dynamischen Vorteil von Schwarz optimal ausnutzt. Wenn jetzt

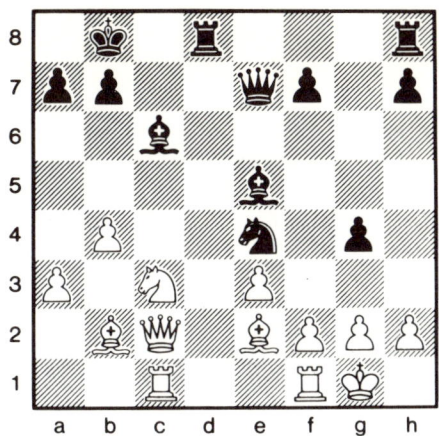

Stellung nach 20. ... Se4

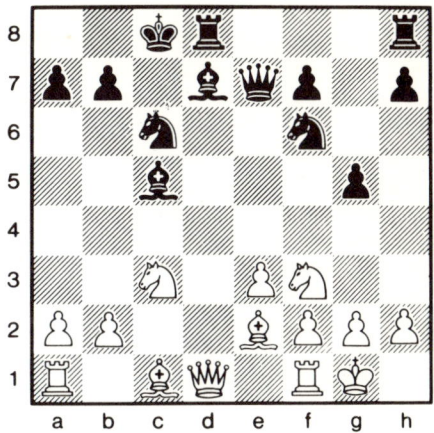

Stellung nach 12. ... g5

21. Se4:, so folgt 21. ... Lb2: 22. Db2: De4: mit Vorteil für Schwarz. Fehlerhaft wäre 21. b5?, da 21. ...
Td2! 22. bc6: Dh4! 23. h3 Tc2: 24. Tc2: gh3:
25. Se4: Lh2+! 26. Kh2: hg2: 27. Kg2: De4:+, und
Schwarz gewinnt.
**21. Sb1 Thg8 22. Le5: De5: 23. Tcd1 Td1:
24. Dd1:** (besser Td1:) **24. ... Sg5! 25. Dd4?**
Etwas besser wäre 25. Sd2 Dd5 (Auch 25. ... f5!?
kommt in Frage.) 26. e4 Se4: 27. Se4: De4: 28. f3
De3+ 29. Tf2 Da3: 30. b5 gf3: 41. bc6: fe2: mit Vorteil für Schwarz (Variante von Milic und Bozic).
**25. ... Dd4: 26. ed4: Sh3+ 27. Kh1 Sf4 28. d5
Ld5: 29. Td1 Lb3! 30. Td2 Tc8,** und Weiß gab auf.
Wieder einmal ein bekanntes Thema: Die Schwäche der Grundreihe.

Portisch – Velimirovic
(Interzonenturnier Rio de Janeiro 1979)

11. Le2 0–0–0
Eine wichtige Alternative ist 11. ... g5!?, um Zeit
für den Angriff zu gewinnen. Darauf kann folgen:
12. 0–0 (Taimanow empfiehlt 12. Sd4) 12. ... g4
13. Sd4 h5 14. b4 Ld6 15. b5 Se5 mit Gegenchancen (Airapetow – Gusew, Aschchabad 1957).
12. 0–0 g5 (siehe nächstes Diagramm)
13. b4
Diese Fortsetzung wird als die für Weiß beste betrachtet. Andere Möglichkeiten sind:
1) 13. a3 g4 14. Sd4 De5!? 15. b4? (Besser

15. f4!? gf3: 16. Sf3: Le3:+ 17. Kh1 De7
18. De1 Tde8 19. Lc4 mit Vorteil für Weiß; Fernpartie Idema – Igberts 1978.) 15. ... Sd4:
16. bc5: Sf3+! mit Vorteil für Schwarz (Borissenko – Spasski, Leningrad 1954).
2) 13. Sd4 g4 (Spasski versuchte einmal gegen
Nowotelnow, Leningrad 1956, 13. ... h5, kam
aber nach 14. a3 g4 15. b4 Ld6 16. Scb5 Lb8
17. Lb2 Se5 18. Dc2 in Nachteil. In Betracht
kommt jedoch 13. ... De5!?, ähnlich der oben
zitierten Partie Borissenko – Spasski.) 14. b4!?
(14. a3 führt zur Variante 1). Mit dem Partiezug
opfert Weiß einen Bauern, um den Gegenangriff am Damenflügel zu beschleunigen. Petrosjan und Suetin haben 14. Lb5 empfohlen,
allerdings bekommt Schwarz nach 14. ...
De5! 15. Dc2 Ld6 16. g3 h5 eine Gegenan-
griffsmöglichkeit) 14. ... Lb4: 15. Lb2, und hier
ist, laut Cholmow, am besten mit 15. ... Kb8
zu antworten. Schamkowitsch empfiehlt
15. ... Thg8!?, gefolgt von Ld6 und De5 oder
Sc6–e5–f3+. Auf 16. Dc2 kann 16. ... Sd4:
17. ed4: Kb8 18. Ld3 Tc8 folgen. In einer Partie
Werner – Kamenets (Moskau 1981) wurde
schwächer 15. ... h5?! gespielt, wonach Weiß
mit 16. Tc1 Kb8 17. Scb5 a6 18. Sc6:+ Lc6:
19. Db3 Th6 20. Tc6:! bc6: 21. Sd4 in Vorteil
kam.
3) 13. Ld2 g4! 14. Sd4 h5 15. Lb5 g3! gibt dem
Schwarzen gute Aussichten, z. B.: 16. hg3: h4
17. Sce2 hg3: 18. Sg3: Se4 19. Dc1 Ld4:
20. Se4: Dh4 21. f4 Tdg8 22. Sg5 Dh2+

99

23. Kf2 Df4:+ 24. Sf3 Lb6 mit Vorteil für
Schwarz; Fernpartie Friedrich – Plchut (1979);
oder 16. Lc6: Lc6: 17. Sc6: bc6:
18. De2 Td2: 19. Dd2: gf2:+ mit gutem Angriff
für Schwarz (Pastorek – Plchut, Fernpartie
1979).

13. ... Lb4:
Eine genauere Untersuchung verdient 13. ...
Sb4:. In einer überall zitierten Partie Sales – Pat-
terson (England 1971) entstand nach 14. Lb2 h5
15. Db3 g4 16. Sd4 h4 17. Tac1 Kb8 eine unklare
Stellung.

14. Db3 g4
Einige Fernpartien haben gezeigt, daß die Verwicklungen nach 14.... Thg8?! 15. Tb1 eher für
Weiß günstig zu beurteilen sind, z. B.:
1) 15. ... Le6 16. Lc4! Td3?! 17. Lb2 Kb8 18. Sd5!
   Td5: (18. ... Tb3: 19. Se7: Lc4: 20. Sc6:+ bc6:
   21. Lf6: Lf1: 22. Tb3: ±; 18. ... Ld5: 19. Dd3:
   Le4 20. Lf6: Ld3: 21. Le7: Lf1: 22. Lf7:±)
   19. Lf6: Dd6 20. Sd4! Sa5 21. Db4: Db4:
   22. Tb4: Td4: 23. ed4: Lc4: 24. Tc1 ± (Brilla
   Banfalvi – Berta, Fernpartie 1970).
2) 15. ... Lf5 16. Tb2 Le6 (16. ... g4 17. Sd4 Sd4:
   18. ed4: Lc3: 19. Dc3:+ Kb8 20. La6! ±; Ne-
   gyesy – Berta, Fernpartie 1971) 17. Lc4 Td3
   18. Tc2 Kb8 19. Lb2 g4 20. Sd4! Sa5 21. Sd5!
   mit Vorteil für Weiß (Brilla Banfalvi – Nunn,
   Fernpartie 1975).

15. Sd4 Sd4: 16. ed4: Le6 17. Db2 Sd5!

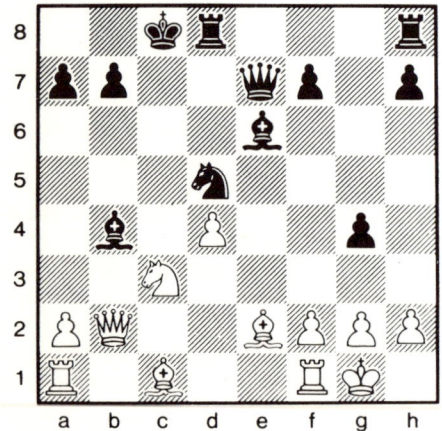

Das ist eine wichtige Verbesserung des schwarzen Spiels im Vergleich zu einer älteren Partie Portisch – Honfi (Budapest 1956), wo Weiß nach

17. ... Lc3:?! 18. Dc3:+ Kb8 19. Dg3+ Ka8
20. Lg5! h6 21. Lh4 Td5 22. Lc4 Tf5 23. d5! in Vorteil kam. Die beiderseitigen Chancen in der Diagrammstellung können als ungefähr gleich eingeschätzt werden. Die taktische Rechtfertigung des
letzten Zuges wird aus der möglichen Variante
18. Sd5: Td5: 19. Lc4 Ld6! 20. Ld5: Ld5: deutlich.
Die dominierenden Läufer geben Schwarz gefährliche Angriffsmöglichkeiten. In der Partie
setzte Portisch anders fort.

18. Sb5 Kb8 19. Lc4 La5 20. Ld2 Ld2: 21. Dd2: Df6 22. Da5 a6 23. Ld5: Ld5: 24. Dc7+ Ka8 25. a4 Tc8 26. Dg3 Lc4?!
Portisch hat seine Chancen am Damenflügel ma-
ximal ausgenutzt, aber dennoch nichts Bedeu-
tendes erreicht. Schwarz könnte hier mit der kalt-
blütigen Antwort 26. ... Dc6! das Gleichgewicht
ziemlich leicht erhalten. Nach dem schwächeren
Partiezug bekommt dann indessen Weiß die
Oberhand.

27. Tfd1 Db6 28. Sd6 Tc6 29. Tab1 Dc7 30. Sb7: Dg3: 31. hg3: Ld5 32. Sc5
Weiß hat einen Bauern gewonnen und hat das
bessere Endspiel. Die Verwirklichung des Vorteils
wäre nun bei einer zähen Verteidigung nicht so
leicht gewesen, aber Schwarz befand sich in Zeitnot und spielte ungenau, was die Aufgabe des
Gegners wesentlich erleichterte. Es folgte noch:

32. ... h5?! (Tb8 oder Te8) 33. Te1! Tb8 34. Tbd1 Td8 35. Te5 Tcd6 36. Tb1 Le6 37. Kh2 Tb8 38. Tb8:+ Kb8: 39. Th5: Lc8 40. Th8 Kc7 41. Th7 Td4: 42. Tf7:+ Kb6
Hier wurde die Partie abgebrochen. Das Endspiel
wurde von Portisch mit guter Technik gewonnen:

43. Tf8 Kc7 44. Tf4 Tf4: 45. gf4: Kb6 46. Sb3 Ld7 47. a5+ Kb5 48. f5 Lf5: 49. Sd4+ Ka5: 50. Sf5: Kb4 51. Se3 a5 52. f4 gf3: 53. g4 Kc3 54. g5 Kd4 55. Sg4 Kd5 56. Kg3 Ke6 57. Se3 (1–0).

Gambitvariante der slawischen Verteidigung

Die Slawische Verteidigung des Damengambits **(1. d4 d5 2. c4 c6)** ist als solide und zuverlässig bekannt. Sie war das Hauptthema der WM-Wettkämpfe zwischen Aljechin und Euwe (1935 und 1937) und wurde auch von anderen großen Meistern (z. B. Smyslow) gerne gespielt.
Auf der Suche nach Mitteln, die Mauern der Hauptvariante **(3. Sf3 Sf6 4. Sc3 dc4: 5. a4 Lf5 6. e3 e6 7. Lc4: Lb4 8. 0–0 0–0)** irgendwie zu durchbrechen, haben die Weißspieler auch an Gambitmethoden gedacht – und diese auch gefunden. Eine solche Gambitfortsetzung ist beispielsweise folgende: **1. d4 d5 2. c4 c6 3. Sf3 Sf6 4. Sc3 dc4: 5. e4!?** Mit dem letzten Zug verzichtet Weiß auf den Rückgewinn des Bc4 (der jetzt mit b7–b5 gedeckt werden kann) zugunsten einer schnellen Besetzung des Zentrums, die Raum- und Entwicklungsvorteil mit sich bringt.
Nach **5. ... b5 6. e5 Sd5 7. a4** entsteht die Grundstellung dieser Gambitfortsetzung.

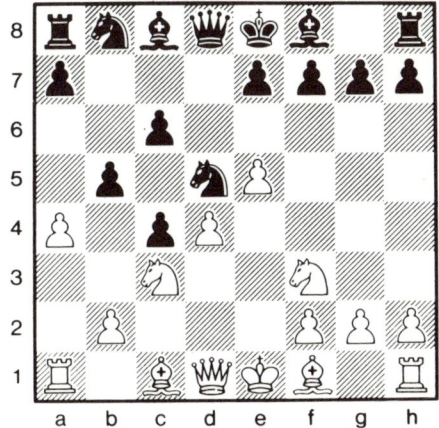

Eine sehr interessante Stellung, die nicht einfach zu behandeln ist. Weiß versucht, den Angriff am Königsflügel mit taktischen Drohungen am Damenflügel zu kombinieren.

7. ... e6
In einigen der ersten mit dieser Gambitvariante gespielten Partien wurde der Versuch gemacht, den Lc8 nicht einzusperren. Allmählich wurde aber klar, daß die Konsolidierung der Stellung des Sd5 wichtiger ist. Nach **7. ... Le6?!** (so spielte Smyslow in der Stammpartie dieser Variante gegen Tolusch, UdSSR-Meisterschaft 1947) kommt Weiß, laut einer Analyse von Taimanow, mit 8. Sg5! (Tolusch spielte 8. ab5:, was schwächer ist) 8. ... Sc3: 9. bc3: Ld5 10. e6! fe6: 11. Lf4! in Vorteil.
Auch **7. ... Lf5?!** führt zu für Schwarz gefährlichen Verwicklungen: 8. ab5: Sb4 (8. ... Sc3: 9. bc3: cb5: 10. Sg5! Lg6 11. e6 oder 10. ... e6 11. g4 Lg6 12. Lg2 Sd7 13. f4 ist sehr vorteilhaft für Weiß; Inkjow – Padewski, Bulgarien 1982.) 9. Lc4:! Sc2+ 10. Ke2 Sa1: 11. Da4!, und trotz des Mehrturms steht Schwarz sehr schlecht (Analyse von Lilienthal).
Der Versuch, mit **7. ... b4?!** sofort einen Gegenangriff zu inszenieren, wurde in der Partie Bondarewski – Kalantar (UdSSR 1947) auf folgende Weise widerlegt: 8. Se4 e6 9. Lc4: Sd7 10. 0–0 Lb7 11. Sfg5 S7b6 12. Ld3 a5 13. Dh5, und Schwarz gab nach einigen Zügen auf.
Daß die Bewachung des Feldes e6 nicht aufgehoben werden darf, zeigt deutlich die folgende kurze Partie: 7. ... Lb7 8. e6! f6 (8. ... fe6: 9. Se5!) 9. g3 Dd6 10. Lh3 Sa6 11. 0–0 g6 12. Sh4 0–0–0 13. De2 f5 14. ab5: Sc3: 15. bc3: cb5: 16. Lf4 Db6 17. De5 Tg8 18. Tfb1 Lg7 19. Db5: Db5: 20. Tb5: (1–0, Najdorf – Ojanen, Mar del Plata 1953).
8. ab5: Sc3: 9. bc3: cb5: 19. Sg5! (droht Df3)
10. ... Lb7 11. Dh5! Dd7
Für die andere mögliche Verteidigung 11. ... g6 siehe die nächste Partie.
12. Le2!
Dieser einfache Zug ist hier der beste. Kasparow hat in einer früheren Partie (mit Kupreitschik, Meisterschaft der UdSSR 1979) die Fortsetzung 12. Sh7:?! mit Erfolg probiert (12. ... Sc6!? 13. Sf8:? Th5:? 14. Sd7: Kd7: 15. Tb1 ±.). Er selbst zeigte aber nach der Partie die Widerlegung 13. ... Dd4:!! mit Vorteil für Schwarz, z. B.:

14. cd4: (14. Dh8: Dc3:+ verliert gleich) 14. ... Th5: 15. Se6: fe6: usw. Schwarz kann außerdem statt 12. ... Sc6!? viel besser 12. ... Dd5 spielen, z. B. 13. Sf6+ gf6: 14. Dh8: b4 (Bagirow – Demirchanjan, UdSSR 1963).

12. ... h6?!
Die Wahl der besten Verteidigung ist gar nicht so einfach. Schlecht ist z. B.: 12. ... Lg2:?!, da 13. Tg1 Ld5 14. Sh7: Sc6 15. Sf6+ gf6: 16. Dh8: 0–0–0 17. Tg8 mit Vorteil für Weiß (A. Saizew – Mnazakanjan, UdSSR 1964) oder 12. ... Sa6?! 13. d5! g6 14. de6: fe6: 15. Dg4!? Sc7 16. 0–0 h5 17. Dg3 mit Vorteil für Weiß (Analyse von Prandstetter).
Die optimale Verteidigung ist laut Kasparow 12. ... Ld5!?, z. B.: 13. Sh7: Sc6 14. Sf8: Tf8: 15. Dg5 a5!? 16. h4!? mit unklarer Stellung.

13. Lf3 Sc6
Nach 13. ... g6 14. Dh3 Sc6 15. Se4 Le7 16. 0–0 a5 17. Lf4 Sd8 18. Tfe1 Ta7 19. Sd6+ Kf8 20. Lb7: Sb7: 21. d5 Sc5 22. Le3 Tc7 23. Ta5: Ld6: 24. ed6: Dd6: 25. Lh6: bekam Weiß entscheidenden Angriff (Szallay – Orendyi, Meisterschaft Ungarn 1961). Der Springer darf natürlich nicht genommen werden: 13. ... hg5:? 14. Dh8: Lf3: 15. La3, und Weiß gewinnt.

14. 0–0 Sd8 15. Se4! a5
Damit hofft Schwarz, Gegenspiel auf dem Damenflügel zu bekommen. Außerdem wird die Möglichkeit La3 mit Eroberung des Feldes d6 ausgeschaltet.

16. Lg5! Ld5 17. Tfe1! Sc6
Nicht besser wäre 17. ... Db7 18. Ld8: Kd8: 19. Sc5 Lc5: 20. Ld5: Dd5: 21. dc5:

18. Lh4 Ta7 19. Dg4! Th7?!
Schwarz hat erhebliche Schwierigkeiten, seine gefährdete Lage zu verteidigen.

20. Sd6+ Ld6: 21. Ld5: Le7
21. ... ed5: 22. ed6:+ Kf8 23. Le7+ Kg8 24. Df3 hätte schnell verloren.

22. Le4 g6 23. Lf6 Kf8
Nach 23. ... Lf6: 24. ef6: Kf8 25. Lc6: Dc6: 26. d5! ed5: 27. Df4 ist die schwarze Stellung nicht mehr zu halten.

24. Df3! Sd8 (siehe nächstes Diagramm)
25. d5!
Der entscheidende Durchbruch im Zentrum.

25. ... ed5: 26. Ld5: Df5 27. De3 Td7 28. Tad1
29. Le7:+ Ke7: 30. Dc5+ Ke8 31. Db5: usw.

28. ... Lf6: 29. ef6: Se6 30. Le4! Td1: (der einzige Zug!)

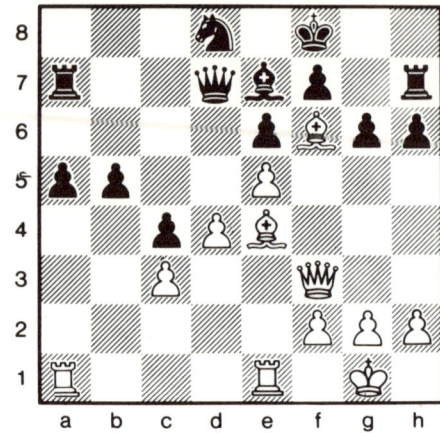

Analysediagramm nach 24. ... Sd8

zige Zug!) **31. Lf5: Te1:+ 32. De1: gf5: 33. De5 Kg8 34. Dg3+,** und Schwarz gab auf. Es folgt Matt in zwei Zügen.

(Die ersten elf Züge wie in der vorigen Partie):
11. ... g6 12. Dg4 Le7
Wahrscheinlich die beste Verteidigung. 12. ... Ld5 wurde lange Zeit als unbefriedigend betrachtet, aber diese Einschätzung sollte u. E. revidiert werden. Nach 13. Df4 Dc7! (Dieser neue Zug des Holländers Van der Tak öffnet dem Schwarzen neue Möglichkeiten. Früher betrachtete man lediglich 13. ... Dd7, wonach 14. Se4! Le4: 15. De4: Dd5 16. Df4 zu Vorteil für Weiß führt.) 14. Df6 (14. Se4 Sd7) 14. ... Tg8 15. Sh7: Le7 16. Df4 Sc6 hat Schwarz gute taktische Gegenchancen.
Auch 12. ... h6 ist nicht so schlecht, wie man früher glaubte. Nach 13. Se4 Sd7 14. Le2 Ld5 15. Ta6 Dc8! (besser als das früher gespielte Dc7) sieht es so aus, daß sich Schwarz behaupten kann.

13. Le2
Simagin hat hier die aggressive Fortsetzung 13. h4 h5 14. Df4 Lg5: 15. hg5: empfohlen, mit genügender Kompensation für den Bauern, z. B.: 15. ... Ld5?! 16. Th4! Tg8 17. g4! hg4: 18. Th7 Dd7 19. La3 Sc6 20. Lc5 Db7 21. Tb1 Sd8 22. Df6 a6

23. Kd2 mit weißem Vorteil (Rogers – Donaldson, Philadelphia 1986). Die günstigste Verteidigung für Schwarz ist wahrscheinlich 15. ... Sc6!, z. B.: 16. Th4 Se7 17. g4 Sd5 18. Dg3 Dc7, und die ungarischen Meister Lukacs und Hazai sind der Ansicht, daß das weiße Gegenspiel nicht weiterkommen kann.

13. ... Sd7
Eventuell wäre 13. ... Ld5 besser, z. B.: 14. Lf3 Sc6 15. Se4 h5 16. Dg3 b4 17. 0–0 bc3:! (oder 17. ... Tb8 18. Lg5! Le4: 19. Le4: Sd4!? 20. cd4: Lg5: 21. d5! ed5: 22. Tfd1! h4 23. Dg4 de4: 24. Td8: Ld8: 25. De4: 0–0 26. Dc4: a5 Remis; *Schaposchnikow – Sadomski, Fernpartie 1958*). »Es ist zweifelhaft, ob Weiß genügend Kompensation für die Bauern hat.« (Hazai und Lukacs)

14. Lf3! Dc7?!
Später wurde festgestellt, daß der Zug 14. ... Dc8 präziser ist. Die Idee ist, daß nach 15. Se4 0–0! 16. Lh6 f5! 17. ef6: Sf6: die schwarze Dame den Be6 deckt. Wenn aber 15. Lb7: Db7: 16. Se4 Dc6 17. Df3 Dd5 18. Ta6 0–0 19. Lh6 (Kindermann – Dür, Graz 1981), so 19. ... Tfb8! 20. h4 b4 21. Lg5 Lf8 22. h5 bc3: mit Gegenspiel.

15. Se4 Sb6 16. Lh6 Tg8?!
»Das ist natürlich ein Fehler, aber wie sollte Schwarz denn spielen? Anscheinend 16. ... Sd5, aber Weiß antwortet 17. Lg5, und Schwarz hat Schwierigkeiten, z. B.: 17. ... 0–0 18. Le7: De7: 19. Sf6+, und der weiße Vorteil ist offensichtlich.« (Geller)

17. Lg5 Le4: 18. Le4: Sd5 19. Ld5: ed5: 20. Le7: De7: 21. 0–0
»Trotz des Mehrbauern ist die Lage von Schwarz schwierig, weil die Verbindung zwischen seinen Türmen unterbrochen ist und der König nicht rochieren kann.« (Geller)

21. ... Kf8
Ein Versuch, »künstlich« zu rochieren.

22. Tfb1 a6 (siehe nächstes Diagramm)

23. Df3!
»Viel stärker als 23. Tb5:, weil Weiß nach 23. ... ab5: 24. Ta8:+ Kg7 25. Tg8:+ Kg8: wegen der Schwäche des Bc3 keine Gewinnchancen mehr hätte.« (Geller)

23. ... De6?
Nach diesem Fehler verliert Schwarz schnell. Besser wäre 23. ... Kg7, aber auch in diesem Fall wäre seine Lage nach 24. Dd5: Tgd8 25. De4 De6 26. f4 f5 27. Df3 Td5 28. Tb5: sehr problematisch.

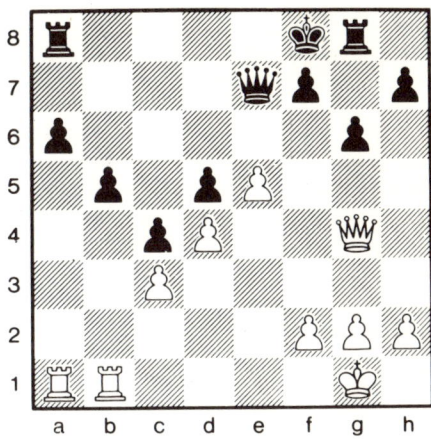

Stellung nach 22. ... a6

24. Df6!
Die Pointe dieses schönen Zuges ist, daß Schwarz nach 24. ... Df6: 25. ef6: keine Zeit hat, sich zu befreien, z. B.: 25. ... g5 26. Tb5: Tg6 27. Ta6:! usw.

24. ... Dc8 25. f4 Db7 26. Ta5 Ke8 27. Tba1 b4 28. cb4: Db4: 29. Td5: Db7 30. e6, und Schwarz gab auf.

Anstelle der Fortsetzung 8. ab5: wurde in letzter Zeit der Zug **8. Sg5!?** geprüft. Die Idee ist nicht neu – der Springerausfall wurde von *Spasski* in einer Partie mit *Mnazakanjan (Moskau 1959)* im 7. Zug (statt 7. a4) mit Erfolg gespielt. Weiß gewann schnell: 7. ... h6 8. Sge4 e6 9. a4 b4 10. Sb1 La6 11. Dg4 b3 12. Ld2 Sb4 13. Sa3 h5 14. Df4 Le7 15. Le2 Sd3+ 16. Ld3: cd3: 17. Tc1 0–0 18. 0–0 f5 19. Sd6 Dd7 20. Tfe1 Td8 21. Lb4 Ld6: 22. ed6: Db7 22. d5! (1–0).

Später wurde festgestellt, daß Schwarz sich mit 8. ... Lf5 besser verteidigen kann, z. B.: 9. g4 Le4: 10. Se4: e6 11. Lg2 Lb4+ 12. Ld2 (Glek – Bagirow, Minsk 1983) 12. ... Da5! mit Ausgleich.

Der Ausfall Sg5 verspricht im 8. Zug mehr Möglichkeiten, wie aus der folgenden Partie zu sehen ist.

Southam – Claesen (Junioren-WM, Adelaide 1988)

8. Sg5 h6 9. Sge4 b4 10. Sb1 La6 11. Sbd2 c3 12. Sc4 Lc4: 13. Lc4: cb2: 14. Lb2:

Beide Spieler sind bis hier der Partie Rajkovic – Meduna (Bad Wörishofen 1987) gefolgt, die als Beispiel für diese Variante in der »Enzyklopädie« genannt wird.

14. ... a5

Meduna spielte in der oben zitierten Partie 14. ... Le7, und Weiß bekam nach 15. 0–0 0–0 16. Dg4 Sbd7 17. Sg3! Kh8 18. Tad1 Tg8 19. Tfe1 genügend Spiel für den Bauern.

In einer späteren Partie Flear – Sadler (London 1988) versuchte Schwarz 16. ... Dc8 (statt Sbd7), aber nach 17. Tae1 Sd7 18. Ld3 f5 19. ef6: S7f6: 20. Dg6 Sf4 21. Sf6:+ Tf6: 22. Dh7+ Kf7 23. d5! war die weiße Initiative doch sehr stark.

Der Partiezug ist ein Versuch von Meduna, die schwarze Verteidigung zu verbessern.

15. 0–0!

In der Partie Blagojevic – Meduna (Prag 1988) erreichte Weiß nichts mit 15. Dg4 Sd7 16. 0–0 g6 17. Tac1 Le7 18. Lb3 Sb8!

15. ... Le7 16. De2 Sf4

Das ist zu optimistisch. Der folgende Angriff von Schwarz am Königsflügel wird kräftig abgewehrt.

17. Dd2 g5 18. g3 Sg6

19. f4!

Das alte Thema: Rückstand in der Entwicklung.

19. ... gf4: 20. gf4: Sh4 (Richtung f5 ...) **21. Sg3! Sd7 22. De2 Tg8 23. Dh5 Lf8**

Nichts hilft mehr. Auf 23. ... Sf8 folgt 24. f5! Sf5: 25. Tf5: usw.

24. f5 Dg5 25. fe6: (1–0).

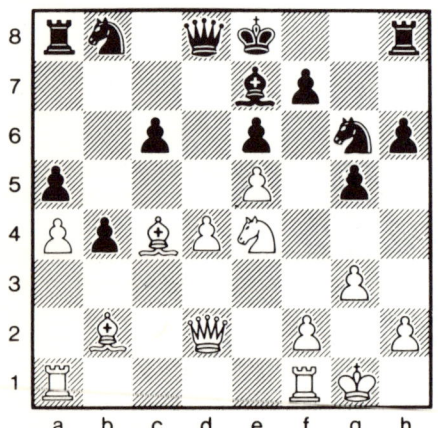

Blackmar-Diemer-Gambit

Dieses Gambit, das von dem Amerikaner A. E. Blackmar um die 80er Jahre des vorigen Jahrhunderts erfunden wurde und von dem Deutschen Emil Josef Diemer mit unerschütterlichem Eifer in den letzten 50 Jahren gespielt, analysiert und propagiert wurde, genießt eine erstaunlich große Popularität, besonders im deutschsprachigen Raum. Wahrscheinlich wurde über kein anderes Gambit (mit Ausnahme des Königsgambits) so viel geschrieben und besonders debattiert, wie über das Blackmar-Diemer-Gambit! Seine Korrektheit wurde nicht nur einmal in Zweifel gezogen. Dies aber hatte lediglich zur Folge, daß seine eifrigen Anhänger die zahlreichen Bemühungen verstärkten, der Schachwelt mit einer enormen Quantität von guten und weniger guten Analysen zu beweisen, daß ihr Gambit richtig und gut sei.

Wir wollen keinesfalls in diese Polemik einsteigen, da es unbedeutend ist, die absolute Korrektheit eines Gambits zu beweisen. Wie wir in der Einführung schon erläutert haben: Man spielt ein Gambit, um das normale Gleichgewicht Material: Raum:Zeit vorübergehend zu ändern und damit die nötigen Voraussetzungen für einen Fehler des Gegners zu schaffen. Für diesen Zweck ist das Blackmar-Diemer-Gambit bestens geeignet: Sehen Sie selbst!

E. J. Diemer – Thum
(Lindauer Stadtmeisterschaft 1948)

1. d4 d5 2. e4!?
Eine andere Form dieses Gambits entsteht nach 2. Sc3 Sf6 3. e4 de4: 4. Lg5.
2. ... de4:
Damit akzeptiert Schwarz die Herausforderung. Vorsichtigere Spieler, die Gambitabenteuer nicht mögen, können natürlich die aggressiven Absichten des Gegners abblasen, indem sie mit 2. ... e6 oder 2. ... c6 in die Französische bzw. Caro-Kann-Verteidigung übergehen. Vom psychologischen Standpunkt her gesehen ist dies wahrscheinlich die beste und sicherlich bequemste Lösung: Nicht jeder ist mit den unzähligen Analy-

sen der Blackmar-Diemer-Gambit-Anhänger vertraut!
3. Sc3 Sf6 4. f3 ef3: 5. Df3:!?
Vorsichtiger wäre 5. Sf3: (siehe weiter).
5. ... Dd4:?
Das Nehmen des zweiten Bauern kann schwerlich gut sein. Besser ist 5. ... g6 (siehe unten die Partie Friedrich – Langhein).
6. Le3 De5?!
Für 6. ... Dg4 siehe dazu die Partie Nillson – Johansson.
7. 0–0–0 a6
Gegen Sb5 und Lf4 gerichtet. Geringfügig besser, doch auch nicht vollkommen befriedigend ist 7. ... c6.
8. Lf4 Da5 9. Dg3 Sc6
Diemer gibt diesem Zug ein Ausrufezeichen. Eigentlich ist Schwarz mehr oder weniger gezwungen, Material zurückzugeben, um seinen Entwicklungsrückstand etwas zu verringern.
10. Lc7: Df5 11. Sf3 Le6 12. h3 g6 13. Ld3 Lh6+ 14. Kb1 Dc5 15. Sa4 Db4 16. Sb6 0–0! 17. a3 Dc5 18. Sa4!
Es hat keinen Sinn, die Qualität mit Sa8: zu nehmen. Die schwarze Dame zu jagen ist viel profitabler.
18. ... Dd5 19. c4 Dh5 20. De1 Lg7 21. g4 Sg4: 22. hg4: Dg4:
Die materiellen Verhältnisse haben sich wieder geändert. Jetzt hat Schwarz drei Bauern für eine Figur ...
23. Df1 Lf5 24. Th4 Ld3:+ 25. Dd3: Df5 26. Df5: gf5: 27. Tg1
Eine prosaische Lösung wäre 27. Sb6 Tae8 28. Sd7 gewesen, aber in diesem Fall hätte E. J. Diemer die Gelegenheit verpaßt, sein »unvergeßliches Matt« zu geben ...
27. ... f6 28. Sb6 Tae8 29. Lf4 Tf7 30. Th2
»Hier sah ich die schöne Mattkombination.« (Diemer)
30. ... e5 31. Lh6 Kh8 32. Sd5 e4 33. Se1 Sa5
»Auf diese Stellung spielte ich. Und ›zufällig‹ steht alles auf dem ›richtigen‹ Fleck!« (Diemer) (Siehe nächstes Diagramm)
34. Lg7:+ Tg7: 35. Sf6:! Tee7?
Erlaubt die geplante Mattwendung. Nach den Zügen 35. ... Tf8 36. Tg7: wäre laut Diemer das Endspiel gewonnen (nach unserem Erachten gar nicht so einfach).
36. Th7:+ Th7: 37. Tg8 Matt.

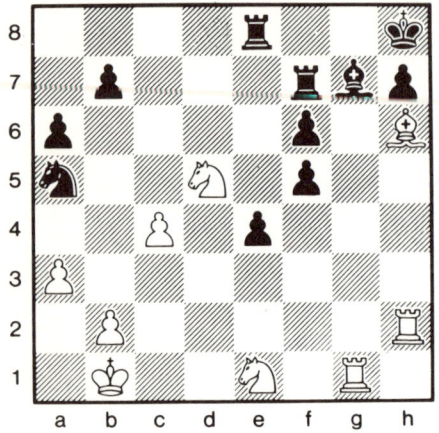

Stellung nach 33. ... Sa5

Nilsson – Johansson
(aus einem schwedischen Ferntumier)

1. d4 d5 2. e4 de4: 3. Sc3 Sf6 4. f3 ef3: 5. Df3: Dd4: 6. Le3 Dg4 7. Df2 e5 8. Ld3 e4 9. Lc4 Df5 10. Dg3 Ld6

Gibt den Bg7 für einen mehr als hypothetischen Gegenangriff.

11. Dg7: Tf8 12. Sb5! Le5 13. 0–0–0 Sg4?

Übersieht die folgende Wendung. Man hätte vielleicht 13. ... Le6 versuchen können.

14. Td8+! Kd8: 15. Df8:+ Kd7 16. Lf7: Sf6 17. Le8+ Kd8 18. Lc6+ Se8 19. De8: Matt.

Honfi – Füster
(Ungarische Meisterschaft 1950)

1. d4 Sf6 2. f3 d5 3. e4 de4: 4. Sc3 ef3: 5. Df3:

Mit Zugumstellung ist die gleiche Stellung wie in den vorigen Partien entstanden.

5. ... c6 6. Ld3 Lg4 7. Df2 e6 8. h3 Lh5 9. Sge2 Sbd7 10. 0–0 Le7?!

Damit opfert Schwarz eine Figur – wahrscheinlich mit der Hoffnung, Gegenangriff am Königsflügel zu bekommen. In Betracht käme 10. ... Lg6, um 11. g4 mit Ld3: beantworten zu können.

11. g4 Lg6 12. g5 Da5

Es ging nicht 12. ... Ld3: wegen 13. gf6: Le2: 14. fg7:, und Weiß gewinnt.

13. gf6: gf6: 14. Sf4 0–0–0 15. Ld2 Dg5+ 16. Kh1 Dh6 17. Dh2! Dh4

Auch 17. ... Ld3: ist nicht möglich, da 18. Se6:! Ld6 19. Lh6: Lh2: 20. Sd8: Lf1: 21. Sf7: mit Gewinn.

18. Tg1 f5 19. b4 e5 20. b5!

Ein schönes Figurenopfer, das die Partie schnell entscheidet.

20. ... ef4: 21. bc6: Sb6 (21. ... bc6:? 22. La6+)
22. cb7:+ Kb7: 23. Lf4: Ld6 24. Ld6: Td6: 25. Dd6: Lh5 26. Dg3 (1–0).

Friedrich – Langhein (Fernpartie 1983)

1. d4 Sf6 2. Sc3 d5 3. e4 de4: 4. f3 ef3: 5. Df3: g6

Ein guter Zug, von Bogoljubow und Pachman empfohlen.

6. Lf4 c6 7. Ld3 Lg7 8. Sge2 Lg4 9. Df2 Sbd7 10. h3 Le6 11. 0–0–0

Eine unbefriedigende Alternative hierzu ist 11. Ld2 Sb6 12. 0–0–0 Lc4 13. Lg5 Ld3: 14. Td3: Sbd5, und Weiß hat keine Kompensation für den Bauern (Grajetzky – Bauerndistel, Fernpartie 1979). Wie man sieht, sind die theoretischen Erkenntnisse in diesem Gambit ziemlich umfangreich.

11. ... Sb6 12. Le5 Lc4 13. Sf4 Ld3: 14. Sd3: Sbd5 15. De1 0–0

Es ist nicht zu sehen, welche Kompensation Weiß für den Gambitbauern erhält.

16. Se4?!

Erlaubt den folgenden Angriff:

16. ... Lh6+ 17. Kb1 Se3 18. Dh4

Der einzige Zug, der Materialverluste vermeidet.

18. ... Lg7 19. Td2 Sf5 20. Df4 (vorsichtiger wäre De1) **20. ... Lh6 21. Sg5 Sd5 22. Dg4 Sde3 23. Df4 f6 24. h4**

Oder 24. Se6 Lf4: 25. Sd8: fe5: mit Materialverlusten für Weiß.

24. ... Sc4 25. Te2 fe5: 26. De4 Lg5: (0–1). Eine prosaische Anti-Gambit-Partie.

Crisovan – Chatelain
(aus einem Schweizer Fernturnier 1955)

1. d4 d5 2. e4 de4: 3. Sc3 Sf6 4. f3 ef3: 5. Sf3:
Diese Fortsetzung ist zweifellos vernünftiger als
5. Df3:
5. ... Lf5 6. Lc4 e6 7. 0–0 Le7 8. Lg5 Sbd7?
Ein typischer Fehler. Die Gefahren lauern in dieser
Variante entlang der f-Linie. Vernünftig war also,
so schnell wie möglich zu rochieren.
9. d5! Sd5:
Falls Schwarz mit dem Bauern zurücknimmt,
dann folgt 10. Ld5: Sd5: 11. Sd5: Lg5: 12. Sg5:
Dg5: 13. Sc7:+ Ke7 14. De2+ Le6 15. Tf7:+! mit
Gewinn. Eine lehrreiche Wendung.
10. Ld5: Lg5: 11. Lb7: Tb8 12. Sg5: Tb7:

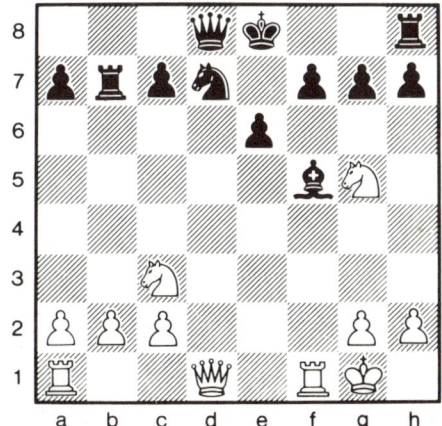

13. Sf7:!
Wie auch im Königsgambit, zeigt sich f7 als der
neuralgische Punkt der schwarzen Stellung.
13. ... Kf7: 14. Tf5:+ Sf6 (14. ... ef5: 15. Dd5+
nebst Db7:) **15. ... Tf6:+ gf6: 16. Dh5+ Ke7?**
Viel besser wäre 16. ... Kg7, wonach eine entscheidende Fortsetzung des gegnerischen Angriffs nicht zu sehen ist.
**17. Td1 Dg8 18. Dc5+ Kf7 19. Td7+ Kg6
20. Se2 e5**
Gegen Sf4+ gerichtet. Auf den Zug 20. ... De8
wäre z. B. 21. Sf4+ Kh6 22. Td8! Db5 (22. ... Dd8:
23. Dh5+ Kg7 24. Se6:+) 23. Db5: Tb5: 24. Th8:
gefolgt.
21. De3 Tb4
Auf 21. ... Dc4 gewinnt Weiß schön mit 22. Dg3+

Kf5 23. Dh3+ Kg6 (23. ... Dg4 24. Sd4+! ed4:
25. Td5+!) 24. Sd4! ed4: 25. Dg4+ Kh6 26. Dg7+
Kh5 27. g4+ Kh4 28. Df6:+ Kh3 29. Df3+ Kh4
30. Tg7 nebst Matt auf g3.
22. Dg3+, und Schwarz gab auf.
Zum Schluß ein paar Worte über das Verhältnis
der Theorie zum Blackmar-Diemer-Gambit
(BDG). Wenn man die »Eröffnungs-Bibel« des
modernen Schachs, die berühmte »Enzyklopädie«, aufschlägt und nach dem BDG sucht, wird
man eine Überraschung erleben. In Band D
(zweite Auflage, 1987, Seite 16, Note 1) sind insgesamt fünf (!) Zeilen über dieses Gambit zu finden, die die Folge einer Partie Cordovil – Sardinha
(Portugal 1967) wiedergeben: 2. e4 de4: 3. Sc3
e5! 4. Le3 ed4: 5. Dd4: (5. Ld4!:?) Dd4: 6. Ld4:
Sc6 7. Lb5 Ld7 8. 0–0–0 0–0–0 mit etwas Vorteil
für Schwarz.
M. Judowitsch (in seiner Broschüre »Gambit«)
zeigt dieselbe Zugfolge, ohne aber die Partie zu
zitieren, mit dem Schlußkommentar: »Weiß darf
nicht an einen Angriff denken, sondern muß sich
Gedanken darüber machen, wie auszugleichen
ist.«
Gegen dieses Urteil ist nichts einzuwenden. Man
fragt sich nur, ob das alles ist, was über diese Variante zu sagen ist. Wie wird beispielsweise je-
mand reagieren, der dieser Empfehlung folgend
3. ... e5 gespielt hat und danach die Probleme,
die nach 4. Se4:!? oder 4. Dh5! entstehen, am
Brett lösen muß?
Das heißt nun wiederum überhaupt nicht, daß
3. ... e5 fehlerhaft ist, sondern nur, daß das danach folgende Spiel bei weitem nicht so einfach
ist, wie durch die als Beispiel angegebene Partie
Cordovil – Sardinha erscheinen könnte. Die folgenden Partien, obwohl nicht fehlerfrei, sind für
die entstehenden Verwicklungen typisch und bei-
spielhaft.

Diemer – NN (Baden 1954)

1. d4 d5 2. e4 de4: 3. Sc3 e5 4. Se4: ed4:
Schwächer ist 4. ... Dd4: 5. Ld3, z. B.
1) **5. ... Sc6** 6. Sf3 Dd8 7. De2 Lg4 8. Lb5 Sge7
9. Lg5 Dd5 10. c4 Lf3: 11. Df3: Dd4 12. Td1!
Db6 13. Dd3! f6 14. b4 a6 15. Le3 Td8 6. Dd8:+

Kf7 17. Sd6+ (1–0), *Kampars – Tejler, Fernpartie USA 1958).*

2) **5. ... f5** 6. Se2 Db6 7. Le3 c5 8. S4c3 Sf6 9. 0–0 Le6 10. b4! Db4: 11. Tab1 Dh4 12. Tb7: c4 13. Sb5 Sa6 14. Lf5:! Td8 15. Le6:! Td1: 16. Td1: Dh5 17. Ta7: Lc5 18. Lc5: Sc5: 19. Lf7+! Df7: 20. Sd6+ (1–0), *van Bockel – van Barendregt (Amsterdam 1958).*

5. Lc4 Sc6

1) **5. ... Lb4+** 6. c3 dc3: 7. Lf7:+ Kf7: 8. Dd8: cb2:+ 9. Ke2 Lg4+ 10. Sf3 ba1D 11. S4g5+ Kg6 12. De8+ Kh6 13. Se6+ g5 14. Lg5 Matt, *Diemer – Bachl (1953).*

2) **5. ... De7** 6. De2 f5 7. Sg5 Sh6 8. Lf4 De2:+ 9. Se2: Sc6 10. 0–0–0 Lc5 11. The1 Kf8 12. Lc7: g6 13. Sd4:! Sd4: 14. Le5 Le7 15. Td4: Lg5:+ 16. f4 Le7 17. Lh8: Sg4 18. Lg7+ Ke8 19. Td2 (1–0), *Diemer – Leonhard (Karlsruhe 1953).*

6. Sf3

Eine amüsante Alternative: 6. Dh5 Lb4+?! 7. c3! De7 8. Se2 dc3: 9. bc3: Sd4 10. 0–0 Se2:+ 11. De2: La5 12. La3! (1–0), *Diemer – Terzl (1954).*

6. ... Lf5 7. S4g5 Lg6 8. Sh4 Sh6 9. 0–0 Le7 10. f4 0–0 11. Sg6: hg6: 12. h4! Sf5 13. h5 Lg5: 14. fg5: Sg3 15. hg6: (1–0).

1. d4 d5 2. e4 de4: 3. Sc3 e5 4. Dh5 ed4:

Schwächer scheint 4. ... Sf6 zu sein, z.B.: 5. De5:+ Le7 6. Lf4 c6 7. Se4: Le6 8. Sg5 Dd5 9. Se6: fe6: 10. Dd5: Sd5: 11. Lg3 Lb4+ 12. Kd1 Sd7 13. a3 Le7 14. c4 mit klarem Vorteil für Weiß (Fernpartie Peters – Fielding, Weltturniere des BDG).

5. Lc4 Dd7

Vorteilhafter wäre 5. ... De7, z.B.: 6. Lg5! Sf6 7. Lf6: Df6: 8. Sd5 Dd6 9. 0–0–0 Sc6 10. Se2 g6 11. Dh4 Lg7! 12. De4:+ Le6 13. Sdf4 0–0–0 14. Se6: fe6: 15. De6:+ De6: 16. Le6: Kb8 17. The1 Td6 18. Lb3 Thd8 mit gleichen Aussichten (Fernpartie Wittmann – Bärschneider, 1973).

6. Se4: De7 7. Se2 Db4+ 8. Sd2 De7 9. 0–0 Sf6 10. Db5+ c6 11. Db3 c5 12. c3 Sc6 13. Sf3 Lg4 14. Sed4: Sd4: 15. cd4: 0–0–0 16. Te1 Dc7 17. Se5 Lh5 18. dc5: Lc5: 19. Lf4! Sg4 20. Lg3 Lf2:+ 21. Lf2: Se5: 22. Tac1 Kb8 23. Te5:!, und Schwarz gab nach einigen Zügen auf.

Auch in der angegebenen Variante **1. d4 d5 2. e4 de4: 3. Sc3 e5 4. Le3** ist nicht alles klar. Nach **4. ... ed4: 5. Ld4:! Sc6 6. Lb5 Ld7 7. Sge2 Sd4: 8. Dd4: c6 9. Lc4 Sf6 10. Se4:** (Zu erwägen ist 10. 0–0–0 mit Verwicklungen.) **10. ... Se4: 11. De4:+ De7 12. Df4 b5 13. Ld3 Db4+ 14. Db4: Lb4:+ 15. c3 Lc5 16. 0–0 0–0–0** mit ungefähr gleichen Aussichten (Fernpartie Doherty – Skorna, BDG Weltturniere).

Wirkung neuer Züge und Systeme in der Eröffnung

Die wichtigste und wirkungsvolle Methode, einen schnellen Sieg zu erreichen, ist – neben dem Gambitspiel – die zielbewußte Anwendung von neuen Zügen oder Systemen in der Eröffnung. Jeder Schachspieler benutzt in seiner Praxis eine Anzahl von Eröffnungen oder Eröffnungsvarianten, die er mehr oder weniger gut kennt. Er ist darauf vorbereitet, bestimmte Varianten anzuwenden und erhofft sich damit, »seine« vorteilhaften Stellungen zu bekommen. Mit der Steigerung seiner Spielstärke wachsen und verfeinern sich auch seine Eröffnungskenntnisse. Dieses Wissen ist bei den Meistern so umfangreich, daß es ein komplettes Eröffnungsrepertoire bildet, das fast jede »normale« theoretische Entwicklung des Spieles voraussieht. Was bedeutet das in der Praxis?

In jeder Schachpartie kommt es zu dem Augenblick, wo die theoretischen Empfehlungen mit einer Einschätzung der Stellung enden. Wie beispielsweise: »Weiß (oder Schwarz) steht (etwas) besser«, »Die Aussichten sind gleich« usw.[19] Von diesem Punkt aus beginnt üblicherweise eine neue Partie, weil einer der Spieler einfach einen neuen, von der Theorie nicht vorgesehenen Zug machen »muß«. Dieser Moment ist von den Kenntnissen der Spieler direkt abhängig. Einer weiß mehr als im Buch steht, z. B., daß in einer bestimmten Stellung Kasparow eine neue, bessere Fortsetzung gewählt hat, während der andere das eben nicht weiß. Dieser Vorteil der besseren Information kann (wie auch im Leben) manchmal von entscheidender Bedeutung sein. Es kann aber auch passieren, daß in einer bekannten Variante, die z. B. von der Theorie als für Weiß günstig eingeschätzt wird, Schwarz einen neuen Zug spielt. Was dann? Der Spieler mit Weiß steht ungefähr vor den folgenden Fragen:

1) Der »neue« Zug ist vielleicht überhaupt nicht neu. Der Gegner könnte besser informiert sein.
2) Der Gegner ist am Ende seiner Theoriekenntnisse. Sein Zug ist erst am Brett gefunden worden. Er kann besser, aber auch schlechter als die Theorieempfehlungen sein.
3) Nach Analyse der Stellung stellt sich heraus: Der neue Zug ist wesentlich besser als die Theoriefortsetzung. Man befindet sich vermutlich vor einer Theoretischen Neuerung (TN). Vorsicht ist geboten!
Der neue Zug ist schlechter als die Theoriefortsetzung. Man muß nach der besten Antwort (oder Widerlegung) suchen.

Ob Amateur oder Meister, die Fragen bleiben ungefähr die gleichen. Unterschiedlich sind nur der Stand der Kenntnisse und die Fähigkeit, den neuen Zug richtig einschätzen zu können. Ein neuer Zug wirkt sich in einer Turnier- oder Wettkampfpartie immer sehr stark psychologisch aus. Der Gegner muß im Rahmen der beschränkten Bedenkzeit, die ihm zur Verfügung steht, eine optimale Antwort finden. Die nötige Voraussetzung, um das schaffen zu können, ist die Bewahrung der Selbstbeherrschung. Unzählige Beispiele aus der Meisterpraxis zeigen indessen, daß das gar nicht so einfach ist. Erfahrene, starke Spieler, Großmeister und sogar Weltmeister kamen mit dieser Aufgabe nicht zurecht. In dieser Hinsicht ist es sehr interessant, was der Ex-Weltmeister Smyslow darüber sagt:

»Jede Eröffnungsneuerung hat nicht nur eine theoretische Bedeutung, sondern, wegen des Überraschungseffektes, auch eine große psychologische Wirkung. Der Spieler denkt immer, daß in einer ihm bekannten und mehrmals in der Praxis geprüften Stellung sich das Spiel nach bekannten Mustern entwickeln wird. Wenn er mit einem neuen, überraschenden Zug konfrontiert wird, so geschieht es oft, daß er den Kopf verliert und eine Fortsetzung wählt, die nicht die beste ist.«

---

[19] Diese Einschätzungen sind in den modernen Informationsquellen meistens durch Symbole ersetzt (=, ± usw. Siehe Tabelle auf Seite 8). Das spart sicher typographischen Raum, hat aber auch bestimmte Nachteile: Die genaue Interpretierung der Symbole kann auf Schwierigkeiten stoßen.

Ein klassisches Beispiel dazu und auf höchstem Niveau ist die 6. Partie des zweiten WM-Wettkampfes Aljechin – Euwe, 1937. Euwe führte mit 3:2. In der 2. und 4. Partie – und auch in vielen Partien des ersten Wettkampfes – wählte er mit Schwarz gegen 1. d4 immer die Slawische Verteidigung des Damengambits. Es war also zu erwarten, daß er in dieser Art weiterspielen würde, besonders weil die erzielten Resultate für Schwarz befriedigend waren. Aljechin wartete aber mit einer sorgfältig vorbereiteten Eröffnungsüberraschung auf.

Aljechin – Euwe
(6. Partie, Wettkampf 1937)

1. d4 d5 2. c4 c6 3. Sc3
In den anderen Wettkampfpartien wurde darauf immer 3. Sf3 gespielt.
3. ... dc4
Außer dieser Fortsetzung verfügt Schwarz über zwei andere Möglichkeiten:
1) **3. ... e5!?** (Winawers Gambitfortsetzung) 4. cd5: cd5: 5. Sf3 (Aljechin wollte hier mit 5. e4, und falls 5. ... de4:, so 6. Lb5+ antworten, zugunsten von Weiß. Es hat sich aber herausgestellt, daß nach 6. ... Ld7 7. de5: Lb4 8. Ld2 e3! 9. Ld7:+ Sd7: 10. Le3: Se5: Schwarz keine Schwierigkeiten hat; Syschkin – Nei, Tallin 1959.) 5. ... e4 6. Se5! Sc6 7. Da4 Ld7 8. Sd7: Dd7: 9. Lf4! mit gutem Spiel für Weiß (Suetin).
2) 3. ... Sf6 4. e3 (4. Sf3 führt zur Hauptvariante: 4. ... dc4: 5. a4 Lf5 usw.) 4. ... g6 mit Übergang zu Schlechter-Variante der Grünfeld-Verteidigung.

4. e4!
»Es ist fast unglaublich, aber dieser so natürliche Zug wurde von den sogenannten Theoretikern nicht analysiert. Weiß erreicht nun, unabhängig von der Antwort von Schwarz, einen wesentlichen Entwicklungsvorsprung.« (Aljechin).
Das ist die erste kleine Überraschung. Die größere kommt noch!
4. ... e5
Zunächst findet Schwarz den guten Weg. Schwächer wäre 4. ... b5?! 5. a4, und das Spiel würde sich zugunsten von Weiß entwickeln, z. B.: 5. ...

b4 6. Sa2 e5?! (oder 6. ... Sf6 7. e5 Sd5 8. Lc4:) 7. Sf3 Le6 8. Se5: Sf6 9. Lc4: Lc4: 10. Sc4: Se4: 11. De2 De7 12. 0–0 (Addison – Benediktsson, Reykjavik 1968) oder 5. ... Da5 6. Ld2 b4 7. Sa2 e6 8. Lc4: Sf6 9. Dc2 Sbd7 10. Sc1! La6 11. Sb3 Db6 12. e5 Sd5 13. a5 Db7 14. Sf3 Lc4: 15. Dc4: (Lengyel – Rukavina, Sombor 1974).
5. Lc4:!?
Das ist nun die von Aljechin sorgfältig vorbereitete Überraschung. Der Zug bereitet das folgende Figurenopfer vor: Eine wirklich seltene Wendung im 6. Zug einer Weltmeisterschaftspartie. Der Kommentar von Aljechin ist vom psychologischen Standpunkt her sehr interessant:
»Diese Opferkombination ist zweifellos sehr verlockend und am Brett sehr schwer zu widerlegen. Sie ist aber keinesfalls eine notwendige Folge des vorigen Zuges von Weiß, der seinen Wert behält, unabhängig von der Korrektheit des Figurenopfers. Die positionelle Verwertung der Raumüberlegenheit bestand in 5. Sf3! ed4: 6. Dd4: Dd4: 7. Sd4:, wonach der Versuch, den Gambitbauern zu decken, dem Schwarzen neue Schwierigkeiten bringt, z. B.: 7. ... b5 8. a4 b4 9. Sd1 La6 10. Le3 Sf6 11. f3, gefolgt von Tc1 und Lc4: mit deutlichem positionellen Vorteil.«
5. ... ed4:
Fehlerhaft ist 5. ... Dd4: wegen 6. Db3 Dd7 7. Lg5! mit siegreichem Angriff.
6. Sf3

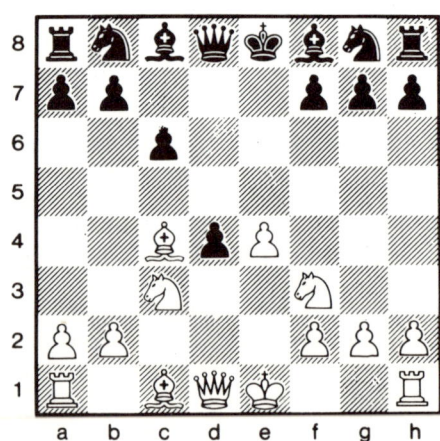

»Stellt Schwarz vor ein sehr schwieriges Problem.« (Aljechin)
6. ... b5?

Die psychologische Wirkung des verblüffenden Opfers brachte Euwe aus dem Gleichgewicht. Daß es sich um ein tückisches, genau vorbereitetes Opfer handelte, war ihm sicherlich klar, so klar, daß er sich nicht wagte, die Herausforderung anzunehmen! Es war natürlich schwer zu glauben, daß ein Spieler von Aljechins Format imstande war, im 6. Zug ein inkorrektes Figurenopfer zu machen. Und dennoch, es war so, obwohl Aljechin sich selbst dessen nicht bewußt war. Seine sehr offenen Kommentare sind recht lehrreich:

»Das Springeropfer konnte tatsächlich angenommen werden, weil Schwarz über eine bessere Verteidigung verfügte als die, die ich analysiert hatte. Meine Hauptvariante war: 6. ... dc3: 7. Lf7:+ Ke7 8. Db3 Sf6 9. e5 Se4 10. 0–0! Db6 (oder 10. ... Sa6 11. Dc4! Sac5 12. Lg5+! Sg5: 13. Sg5: mit siegreichem Angriff) 11. Dc4! cb2: 12. Lb2: Db2: 13. De4: Kf7: 14. Sg5+ Ke8 15. Dc4 Le7 16. Df7+ Kd8 17. Tad1+ Ld7 18. Se6+ Kc8 19. De7: De5: 20. Tfe1 Df6 21. Td7: De7: (21. ... Sd7: 22. Dd6) 22. Te7: mit Gewinnstellung. Schwarz könnte aber statt 8. ... Sf6 8. ... cb2: 9. Lb2: Db6! 10. Lg8: Tg8: 11. Dg8: (oder 11. La3+ c5) 11. ... Db4+ 12. Sd2 Db2: spielen[20], wonach seine Mittelspielaussichten bei ungefähr gleichen materiellen Verhältnissen höher eingeschätzt werden müßten als die Möglichkeiten eines direkten Angriffs, die dem Weißen geblieben sind. Als Folge, falls in dieser letzten Variante keine Verbesserung des weißen Spiels gefunden werde, wird das Springeropfer wahrscheinlich keine Nachahmer finden, zumindest in ernsten Turnieren.«

7. Sb5:!
Interessant ist, daß Euwe (wie er selber zugab) diese Antwort einfach übersehen hatte. Ein seltener Fall in der Großmeisterpraxis, welcher die psychologische Wirkung der Überraschung deutlichst bestätigt. Der Springer darf (wegen Ld5) nicht genommen werden.

7. ... La6 8. Db3!
»Ein wichtiger Zug mit einem dreifachen Ziel: 1) verteidigt den Königsläufer; 2) verhindert Lb4+; 3) verstärkt den Druck auf f7.« (Aljechin)

8. ... De7
Auf 8. ... Lb5: folgt 9. Lf7:+ Kd7 10. Sd4:, und Weiß gewinnt leicht.

9. 0–0 Lb5: 10. Lb5: Sf6 11. Lc4 Sbd7 12. Sd4:
Aljechin zeigt auch hier einen anderen Gewinnweg auf, nämlich 12. e5 Se5: (12. ... Se4 13. Db7) 13. Se5: De5: 14. Db7 Tb8 15. Df7:+ Kd8 16. Da7:; bemerkt aber, daß Schwarz sich nach 16. ... Ld6 mindestens so gut weiter wehren könnte wie in der Partie.

12. ... Tb8 13. Dc2 Dc5
»Weiß muß, um den Sieg zu erreichen, von diesem Moment ab nur einige kleine Fallen vermeiden.« (Aljechin)

14. Sf5 Se5 15. Lf4 (Aber nicht 15. Sg7:+ Kd8!, und zwei weiße Figuren sind angegriffen.) **15. ... Sh5 16. Lf7:+** (eine kleine Vereinfachungskombination) **16. ... Kf7: 17. Dc5: Lc5: 18. Le5: Tb5 19. Ld6** (droht 20. a4) **19. ... Lb6 20. b4! Td8 21. Tad1 c5 22. bc5: Lc5: 23. Td5!,** und Schwarz gab auf.

Aljechins überraschendes Springeropfer gewann nicht nur diese kurze Partie, sondern eigentlich den ganzen Wettkampf. Der Schock dieser Niederlage war so groß, daß Euwe aus den nächsten vier Partien nur einen einzigen halben Punkt holen konnte!

Einen ähnlichen Erfolg mit einer sorgfältig vorbereiteten Neuerung erzielte Botwinnik in der folgenden Partie mit Keres in dem Superturnier für die »absolute« Meisterschaft der UdSSR, 1941. Der psychologische Hintergrund dieser Partie war die tiefe Rivalität zwischen den beiden Kontrahenten. Botwinnik, der seit Jahren unumstrittener Vorkämpfer des sowjetischen Schachs war, fühlte seine Vorherrschaft von Keres bedroht. Der junge Este hatte das große holländische Superturnier von 1938[21] glänzend gewonnen und wurde folglich als erster Weltmeisterschaftsanwärter anerkannt. Mit der »Annexion« Estlands 1940 wurde Keres plötzlich sowjetischer Staatsbürger und nahm als solcher an der 12. Meisterschaft der UdSSR (1940) teil[22].

Er überholte wiederum Botwinnik, der übrigens nur Fünfter bis Sechster wurde. Schließlich wurde, um die Lage zu »klären«, ein Superturnier mit der Teilnahme der sechs Erstplazierten in der

---

[20] Diese Widerlegung des weißen Angriffs wurde von dem russischen Amateur I. Gontchearow gefunden.

[21] Das berühmte AVRO-Turnier (Holland 1938) endete mit dem folgenden Resultat: Keres und Fine 8½, Botwinnik 7½, Aljechin, Euwe und Reshevsky 7, Capablanca 6, Flohr 4½.

[22] Die 12. Meisterschaft der UdSSR, 1940, endete mit einer Überraschung: Bondarewski und Lilienthal 13½, Smyslow 13, Keres 12, Boleslawski und Botwinnik 11½ (20 Teilnehmer).

12. Meisterschaft organisiert. Jeder sollte mit jedem vier Partien spielen . . .
Botwinnik bereitete sich für dieses Turnier sehr
ernsthaft vor. Er wußte, daß das Ergebnis entscheidend für seine Schachkarriere werden
würde. Das Resultat dieser Vorbereitung war ein
glänzender Sieg[23], den er nicht zuletzt dieser Partie mit Keres verdankte.

Keres – Botwinnik (Leningrad 26. 3. 1941)

**1. d4 Sf6 2. c4 e6 3. Sc3 Lb4 4. Dc2 d5 5. cd5:
ed5: 6. Lg5 h6 7. Lh4**
Besser ist 7. Lf6: Df6: 8. a3 Lc3:+ 9. Dc3: 0–0
10. e3 c6 11. Sf3 mit ungefähr gleichen Aussichten, aber auch der Partiezug ist nicht so schlecht,
wie er eine Zeitlang betrachtet wurde.
7. . . . c5 8. 0–0–0
So spielte Botwinnik in zwei Partien der
12. UdSSR-Meisterschaft 1940 gegen Kotow
und Mikenas. Kotow setzte mit 8. e3 fort, wonach
Schwarz mit 8. . . . cd4: 9. ed4: Sc6 10. Lb5 0–0
11. Se2 Db6 12. Dd3 Lc3:+ 13. bc3: Se4 14. 0–0
Lf5 in Vorteil kam. Einige Runden später wählte
Mikenas 8. 0–0–0 und erreichte nach 8. . . . 0–0
9. dc5: Lc3: 10. Dc3: g5 11. Lg3 Se4 12. Da3 eine
vorteilhafte Stellung.
In einer Partie mit Belawenetz aus der Moskauer
Meisterschaft 1941 verbesserte Simagin das
schwarze Spiel mit (8. 0–0–0) 8. . . . Lc3:! 9. Dc3:
g5 10. Lg3 Se4 11. Da3?! cd4:, und aufgrund der
Drohung Lf5 kam Weiß in Schwierigkeiten. Später
wurde festgestellt, daß Weiß besser 11. De3 spielen sollte und damit eine befriedigende Stellung
bekommen würde.
Diese Partie wurde in der wöchentlichen Schachzeitung »64« veröffentlicht. »Botwinnik, der eine
theoretisch wertvolle Partie nie ohne Beachtung
läßt, hat auch diese Partie unter die Lupe genommen und eine sehr wichtige Verstärkung des
schwarzen Spiels gefunden.« (Belawenetz)
»Zufällig wurde diese Partie von Keres nicht bemerkt, anders hätte auch er mit Sicherheit die
Wahrheit entdeckt.« (Botwinnik)

---

[23] Botwinnik 13½, Keres 11, Smyslow 10, Boleslawski 9, Lilienthal 8½, Bondarewski 8. Ein großes Turnier, dessen Partien
wegen des Krieges fast unbekannt geblieben sind.

8. . . . Lc3:! 9. Dc3: g5 10. Lg3 cd4:!
»Natürlich war dieser Zug eine Überraschung für
meinen Gegner. Ich habe ihn in der Stille meines
Arbeitszimmern ausführlich analysiert.«
(Botwinnik)
11. Dd4: Sc6 12. Da4 Lf5

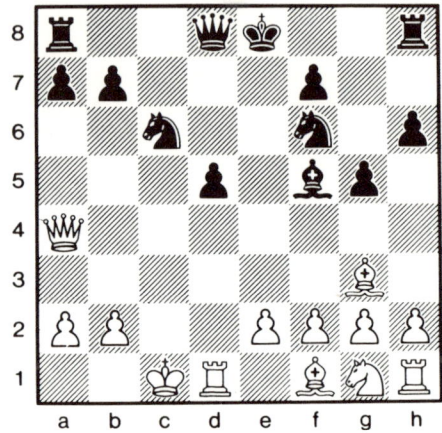

Plötzlich befindet sich der weiße König in Gefahr.
Die Wirkung der schwarzen Figuren entlang der
Diagonale b1–h7 und der c-Linie droht entscheidend zu sein. Es ist bemerkenswert, daß
Schwarz durch seinen neuen Spielplan die gleichen Vorteile erreicht hat, die üblicherweise das
Gambitspiel bringt: Entwicklungsvorsprung und
Übergewicht im Zentrum, freilich ohne etwas zu
opfern.
13. e3
Im Turnierbuch (1947) läßt Botwinnik diesen Zug
ohne Anmerkungen. Fast 40 Jahre später (1984),
in der Sammlung seiner besten Partien, äußerte
er die Meinung, daß Keres »nicht imstande war,
die unangenehme Überraschung stoisch zu über-
winden und hier die Möglichkeit verpaßte, das
Spiel durch 13. f3 Db6 14. e4 ed4: 15. Kb1 zu verschärfen und gleichzeitig seinen König in Sicherheit zu bringen.«
13. . . . Tc8 14. Ld3
Etwas besser wäre 14. Se2, um mit dem Springer
die c-Linie zu schließen, aber auch in diesem Fall
hätte Schwarz nach 14. . . . a6 15. Sc3 b5 16. Da6:
b4 17. Lb5 Ld7 Material gewonnen.
14. . . . Dd7 15. Kb1 Ld3:+ 16. Td3: Df5
Eine sehr lästige Fesselung, die nur durch materielle Opfer beseitigt werden kann.

17. e4 Se4: 18. Ka1 0–0!
Ein Fehler wäre 18. ... Sc5 wegen Te3+ gewesen. Die Rochade entfesselt den Sc6, wonach fast alle schwarzen Figuren an dem Angriff teilnehmen.
19. Td1 b5!
Damit beginnt der Schlußangriff.
20. Db5: Sd4 21. Dd3 Sc2+ 22. Kb1 Sb4, und Weiß gab auf.
Diese Partie ist ein klassisches Beispiel gezielter Vorbereitung einer Eröffnungsüberraschung gegen einen bestimmten Gegner. Botwinnik war ein Spezialist auf diesem Gebiet, und manche seiner »Verbesserungen« oder »Widerlegungen« von Eröffnungsvarianten sind in die Schachtheorie eingegangen. Hier noch ein typischer Fall zur Veranschaulichung.

Botwinnik – Spielmann (Moskau 1935)

1. c4 c6 2. e4 d5 3. ed5: cd5: 4. d4 Sf6 5. Sc3 Sc6 6. Lg5 Db6
Die üblichen Fortsetzungen sind hier 6. ... dc4: und 6. ... e6. Der Partiezug wurde von dem tschechischen Meister Rejfir vorgeschlagen. »Ich habe seinen Artikel gelesen, also wurde ich von diesem Zug kaum überrascht.« (Botwinnik)
7. cd5: Db2:
Spielmann folgt – zu seinem Unglück – Rejfirs Empfehlung. Später fand man, daß die vergleichsweise beste Möglichkeit für Schwarz in 7. ... Sd4: besteht, z. B.: 8. Le3 e5 9. de6: Lc5 10. ef7:+ Ke7 11. Lc4 Td8 12. Sf3 Lg4, obwohl laut Boleslawski mit 13. Ld4: Td4: 14. De2+ Kf8 15. Lb3 a5 16. 0–0 a4 17. Ld1! Weiß in Vorteil bleibt.
8. Tc1! (siehe Diagramm)
»Eine für Schwarz unangenehme Antwort. Spielmann war nur auf die Variante 8. Sa4 Db4+ 9. Ld2 Dd4: 10. dc6: Se4 11. Le3 Db4+ 13. Ke2 bc6: vorbereitet, die dem Schwarzen einen gefährlichen Angriff gibt. Ich fand bei der Hausanalyse eine stärkere Fortsetzung.« (Botwinnik)
8. ... Sb4
Auch andere Fortsetzungen sind nicht besser, z. B.: 8. ... Sd8 9. Lf6: ef6: 10. Lb5+ Ld7 11. Tc2 Db4 12. De2+ Le7 13. Ld7:+ Kd7: 14. Dg4+ usw.
9. Sa4

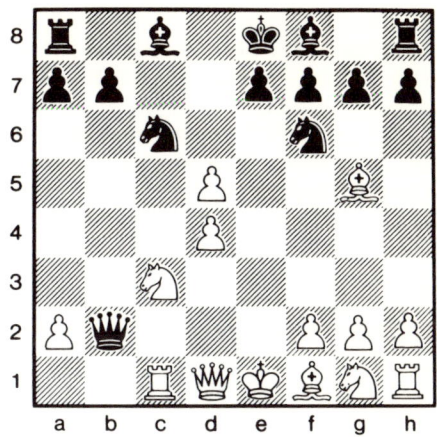

Stellung nach 8. Tc1!

»Mit diesem Zug endete meine Analyse. Die schwarze Dame befindet sich in der Falle, und materielle Verluste können nicht vermieden werden.« (Botwinnik) Es folgte noch:
9. ... Da2: 10. Lc4 Lg4 11. Sf3 Lf3: 12. gf3:
»Nach langer Überlegung gab Spielmann hier die Partie auf. Natürlich hätte er mit einer Figur weniger weiterspielen können (12. ... Da3 13. Tc3 Sc2+), aber er war offensichtlich niedergeschlagen: Nicht ich ging in seine Variantenfalle, sondern er in meine ...« (Botwinnik)
Botwinnik war ein Meister der Vorbereitung. Seine Methoden wurden von vielen Meistern nachgeahmt, und die Zahl der Partien, die eine TN (Theoretische Neuerung) enthalten, ist bis zum heutigen Tage sehr stark gestiegen. Die folgende kleine Auswahl von Beispielen will wenigstens teilweise die vielseitigen Situationen, die entstehen können, erläutern.

Spasski – Fischer (11. Partie des Weltmeisterschafts-Wettkampfes, Reykjavik 1972)

1. e4 c5 2. Sf3 d6 3. d4 cd4: 4. Sd4: Sf6 5. Sc3 a6 6. Lg5 e6 7. f4 Db6 8. Dd2 Db2:
Diese Fortsetzung, deren Namen (»Variante des vergifteten Bauern«) für einen Tatort-Krimi passend wäre, wurde in den letzten Jahrzehnten ungemein viel gespielt. Dennoch blieb die Frage, ob der von Weiß geopferte Bauer wirklich »vergiftet«

ist (und wenn ja, gibt es kein Gegengift?), bis heute ungenügend beantwortet. Offensichtlich war Fischer der Ansicht, daß der Bauer doch nicht so »giftig« ist und »verspeiste« ihn ruhig in der 7. Partie des Wettkampfes, ohne darunter zu leiden... Für diese Partie mischte Spasski das »Gift« etwas besser an.

9. Sb3
Meistens wird hier 9. Tb1 Da3 gespielt, wonach die verschiedenen Fortsetzungen, die dem Weißen zur Verfügung stehen (10. Lf6:, 10. Le2, 10. e5, 10. f5!), zu fast unberechenbaren Verwicklungen führen.
Die Grundidee des Partiezuges ist, die Rückkehr der schwarzen Dame möglichst zu erschweren und gleichzeitig die üblichen Gambitziele des Bauernopfers – Zeit und Raumgewinn – zu erreichen.

9. ... Da3 10. Lf6:
In der 7. Partie des Wettkampfes spielte Spasski 10. Ld3, das führte aber nach 10. ... Le7 11. 0–0 h6 12. Lh4 Se4: 13. Se4: Lh4: 14. f5 ef5: 15. Lb5+ ab5: 16. Sd6:+ Kf8 17. Sc8: Sc6 18. Sd6 Td8 zu Vorteil für Schwarz.

10. ... gf6: 11. Le2 h5
Über die Notwendigkeit, Le2–h5 zu verhindern, sind die Meinungen der Experten geteilt. Jedenfalls ist es keinesfalls bewiesen, daß 11. ... Sc6 12. 0–0 Ld7 13. Kh1 Tc8 14. Lh5 Lg7 15. Tf3 0–0 dem Schwarzen bessere Verteidigungsmöglichkeiten bietet.

12. 0–0 Sc6 13. Kh1 Ld7 14. Sb1!?
Hier ist die vorbereitete Überraschung. Der Zug sieht paradox aus (eine schon entwickelte Figur

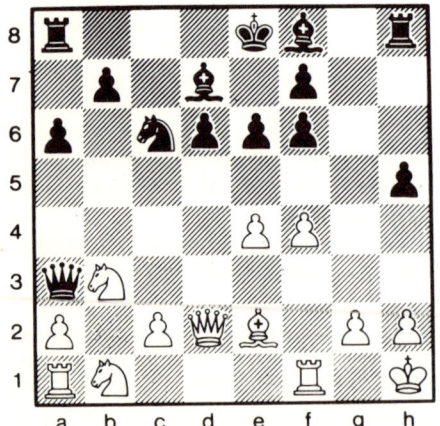

wird auf das Ausgangsfeld zurückgezogen), ist aber gar nicht so einfach zu bekämpfen. Später wurde festgestellt, daß eine richtigere Durchführung dieser Idee in 14. Tf3 Tc8 besteht, und erst jetzt darf 15. Sb1 gespielt werden. Nach 15. ... Da4 (15. ... Db2 16. a3; 15. ... Db4 16. De3) 16. c4 hat Weiß Kompensation für den geopferten Bauern.

14. ... Db4
Die psychologische Wirkung des neuen Zuges wird sofort fühlbar. Intuitiv wollte Fischer seine Dame aus der Gefahr herausholen und bemerkte nicht, daß Weiß nach 14. ... Db2! nichts Besseres tun konnte, als mit 15. Sc3 die Züge zu wiederholen. Tatsächlich, andere Versuche wären nachteilig, z. B.:
1) 15. a4?! Tc8 16. Sa3 (Gligoric) wird kräftig mit 16. ... d5! 17. ed5: Sb4! beantwortet, wonach Schwarz in allen Varianten das bessere Spiel bekommt. Noch stärker ist vielleicht 15. ... d5! 16. ed5: Sb4 17. de6: Le6: 18. Sa3 Td8 19. Dc1 Dc1: 20. Sc1: f5 21. Lf3 b6, und Schwarz hat die Oberhand.
2) 15. De3 Sb4! 16. Db6 (oder 16. c3 Sc2 17. Dd2 La4 18. Lc4 Lh6! 19. g3 h4! 20. Tc1 Lb3:) 16. ... Sc2: 17. Db7: Td8 18. S1d2 Sa1: 19. Ta1: Lh6 zugunsten von Schwarz.

15. De3 d5?
Das ist aber ein Fehler. Sicher, es drohte 16. a3 nebst Sc3 mit Damengewinn, aber die ruhige Antwort 15. ... Se7 hätte die Gefahr beseitigt und Weiß vor die Aufgabe gestellt zu beweisen, daß die erhaltene Initiative den geopferten Bauern wert ist. So spielte Karpow später gegen Qi Jungxuan (Hannover 1983) und erreichte nach 16. c4 f5 17. a3 Da4 18. Sc3 Dc6 19. Sd4 Dc5 20. ef5: Lg7 21. fe6: fe6: 22. Tad1 Ld4: 23. Dd4: Dd4: 24. Td4: Sf5 das bessere Spiel. Nach dem fehlerhaft gemachten Zug geht es mit Schwarz bergab.

16. ed5: Se7 17. c4 Sf5 18. Dd3 h4?
Dieser Versuch, durch die Drohung Sg3+ Gegenspiel zu bekommen, wird leicht entkräftet. Demgegenüber wäre 18. ... Tc8 besser.

19. Lg4 Sd6 20. S1d2 f5?!
Auch das ist nicht gut. Eine letzte Chance wäre 20. ... Tg8 gewesen. Nun gewinnt Weiß die Partie ziemlich schnell.

21. a3 Db6 22. c5! Db5 23. Dc3!
Schwarz hätte nach diesem Zug ruhig aufgeben können. Es folgte aber noch:

23. ... fg4: 24. a4 h3 25. ab5: hg2:+ 26. Kg2: Th3 27. Df6 Sf5 28. c6! Lc8 29. de6: fe6: 30. Tfe1 Le7 31. Te6: (1–0).

Smyslow – Euwe
(Weltmeisterschaftsturnier 1948)

1. e4 e5 2. Sf3 Sc6 3. Lb5 a6 4. La4 Sf6 5. 0–0 Se4: 6. d4 b5 7. Lb3 d5 8. de5: Le6 9. De2

Die klassische Fortsetzung ist 9. c3, wonach Schwarz mehrere gute Möglichkeiten zur Verfügung hat (9. ... Le7, 9. ... Lc5, 9. ... Sc5). Der Plan mit 9. De2 und Td1 wurde von Keres vorgeschlagen und in diesem Turnier in mehreren Partien realisiert.

9. ... Sc5 10. Td1 Sb3: 11. ab3: Dc8

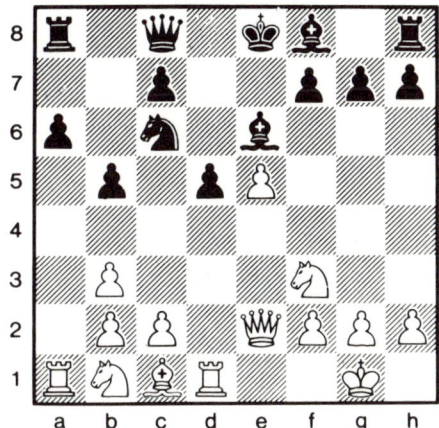

Dieser Zug wurde eine Runde vorher von Reshevsky mit Erfolg gespielt. Sein Gegner Keres fand nicht die richtige Antwort und geriet nach 12. Lg5?! h6 13. Lh4 Lc5 14. Sc3? (richtig war 14. c4!) 14. ... g5 15. Lg3 Db7! in arge Schwierigkeiten.

Die Kommentare von Keres[24] zu dieser Stellung (und zu der Entscheidung, die er getroffen hat), sind für den psychologischen Zustand des Spielers, der mit einem neuen Zug konfrontiert ist, charakteristisch:

»Diese Stellung kam auch in der Partie Smyslow

– Euwe aus der nächsten Runde vor. Weiß, der nach meiner Partie mit Reshevsky genügend Zeit für die Analyse hatte[25], spielte mutig 12. c4! und gewann schnell. Gegen mich wurde der Zug 11. ... Dc8 das erste Mal gespielt, und ich wagte nicht, dieses Bauernopfer anzubieten, besonders weil Reshevsky bis zu diesem Punkt sehr schnell gespielt hatte, und ich überzeugt war, daß er sich für diese Variante – und besonders für eine so naheliegende Gambitfortsetzung wie 12. c4 – sehr gut vorbereitet hatte. Aus diesem Grund entschloß ich mich, c2–c4 nur nach dem Vorbereitungszug Lg5 zu spielen.«

12. c4!

Und hier ein Kommentar des russischen Meisters Panow[26], der diese Partie als Zuschauer erlebte: »Es war sehr interessant, in diesem Moment den Gesichtsausdruck des holländischen Großmeisters zu beobachten (manchmal ist das viel interessanter und lehrreicher, als die Stellung auf dem Demo-Brett zu analysieren). Das Gesicht eines Mannes, auch wenn er trainiert ist, keine Gefühle zu zeigen, kann manchmal besonders deutlich zeigen, daß er die Selbstbeherrschung verloren hat... Smyslows Zug hatte Euwe aus der Fassung gebracht. Die rosafarbigen, gut rasierten Wangen des in Gedanken vertieften Holländers wurden allmählich blaß. Man fühlte, daß Euwe innerlich irgendwie die Niederlage akzeptierte ...«

12. ... dc4: 13. bc4: Lc4: 14. De4

Weiß hat nun für den geopferten Bauern eine wunderbare Stellung erreicht. Die dynamische Überlegenheit seiner Figuren ist unübersehbar (Die beiden Türme und die Dame sind viel aktiver als die schwarzen Opponenten.), und Schwarz steht vor sehr schweren Verteidigungsaufgaben.

14. ... Se7?

Dieser schwache Zug führt zu einer schnellen Niederlage. Richtiger wäre laut Keres 14. ... Sb4 oder 14. ... Db7, obwohl die Chancen von Weiß auch in diesem Fall aussichtsreicher gewesen wären.

15. Sa3! c6

Auf 15. ... Lb3 wäre 16. Td3 Le6 17. Sb5: Lf5 18. Sc7:+ gefolgt.

---

[24] In seinem Buch »Das Match-Turnier für die Schachweltmeisterschaft 1948«, Tallin 1950 (in russischer Sprache).

[25] Die Partie Keres – Reshevsky wurde am 27.04.1948 gespielt. Smyslow spielte mit Euwe am 4.05.1948, er hatte also eine Woche für die Analyse.

[26] Aus dem Buch »Der Angriff« (Moskau 1953).

16. Sc4: bc4: 17. Dc4: Db7

Auf 17. ... De6 wäre die folgende Kombination möglich: 18. Ta6:! Dc4: 19. Ta8:+ Sc8 20. Tc8:+ Ke7 21. Tc7+ Ke6 22. Tc6:+ usw.

18. e6! f6 19. Td7 Db5 20. Db5: cb5: 21. Sd4

Es droht Sb5:. Schwarz ist nun wegen des Entwicklungsrückstandes nicht mehr in der Lage, seine Bauern am Damenflügel zu verteidigen.

21. ... Tc8 22. Le3 Sg6 23. Ta6: Se5 24. Tb7 Lc5 25. Sf5 0—0 26. h3!, und Schwarz gab auf.

Der Überraschungseffekt eines neuen Zuges ist üblicherweise eine Eintagsfliege. Die theoretische Neuerung wird sofort unter die Lupe genommen, wonach entweder festgestellt wird, daß der neue Zug gut ist und so die ganze Variante aus der Turnierpraxis verschwindet (mindestens eine Zeitlang), oder man findet eine Widerlegung (wie in der Partie Euwe – Smyslow), und er wird ad acta gelegt. Es gibt aber noch eine dritte, interessantere Möglichkeit: Der neue Zug (oder die neue Variante) provoziert eine theoretische Debatte, die manchmal Jahrzehnte andauert. Ein typisches Beispiel ist der Marshall-Angriff in der Spanischen Partie, der seit 1918, als er das erste Mal gespielt wurde, ein ständiges Thema für die Eröffnungskenner geblieben ist. Wir wollen hier keinesfalls eine erschöpfende Analyse dieser Spielweise geben, sondern vielmehr, aufgrund der klassischen Stammpartie Capablanca – Marshall, ein klassisches Beispiel kaltblütiger Bekämpfung einer Eröffnungsüberraschung bringen.

Capablanca – Marshall (Meisterturnier des Manhatten Chess Club 1918)

1. e4 e5 2. Sf3 Sc6 3. Lb5 a6 4. La4 Sf6 5. 0—0 Le7 6. Te1 b5 7. Lb3 0—0 8. c3 d5!?

25 Jahre später schrieb Marshall in einem Artikel, der in Chess Review 1943 veröffentlicht wurde, folgendes über seine Erfindung:

»Ich habe diese Variante viele Jahre analysiert und bin zu der Schlußfolgerung gekommen, daß der Angriff gesund sein muß. Ich bin noch heute dieser Meinung. Das heißt nicht, daß Schwarz unbedingt gewinnen muß! Ich behaupte nur, daß der Angriff Schwarz viele Gewinnchancen gibt und mindestens für ein Remis gut ist. Ich habe damals die Partie gegen Capablanca verloren. Der erste

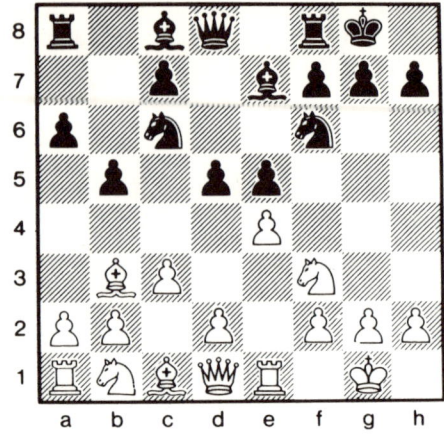

Versuch scheiterte. Capablanca nahm das Bauernopfer an und, obwohl er gegen eine vorbereitete Variante spielte, die er vorher noch nie gesehen hatte, wehrte er mit bewundernswertem Mut und viel Geschicklichkeit den Angriff ab. Das Resultat einer Partie genügt aber nicht, um über den wahren Wert einer Variante zu urteilen. Ich spielte diesen Angriff mit abwechselndem Erfolg in vielen anderen Partien, wo ich, auf der Suche nach der besten Fortsetzung, immer verschiedene Züge versucht habe.«

9. ed5: Sd5: 10. Se5: Se5: 11. Te5: Sf6

Spätere Analysen bewiesen, daß die beste Fortsetzung für Schwarz hier 11. ... c6! ist, wonach besonders Spasski erstaunliche Möglichkeiten für Schwarz fand. Wie weit die Analysen dieser Fortsetzung gegangen sind, kann man aus der folgenden aktuellen Partie sehen, deren erste 22 Züge in der »Enzyklopädie« zu finden sind:

Short – Pinter (Rotterdam 1988): 11. ... c6 12. d4 Ld6 13. Te1 Dh4 14. g3 Dh3 15. Le3 Lg4 16. Dd3 Tae8 17. Sd2 Te6 18. a4 ba4: 19. Ta4: f5 20. Df1 Dh5 21. f4! Tb8! 22. Ld5: cd5: 23. Ta6: (Tal empfiehlt 23. Dg2 De8 24. Dd5: Kh8 25. Kf2 g5 26. Ta6: Tb2: 27. Ta2 mit Kompensation für den Bauern. Der Partiezug wurde aufgrund der folgenden Antwort als fehlerhaft betrachtet.) 23. ... Tbe8, siehe Diagramm Seite 117 links (Jetzt geht 24. Lf2 nicht wegen 24. ... Le2, und wenn Weiß zu 24. Df2 gezwungen wäre, so bekäme Schwarz nach 24. ... g5! ein vortreffliches Spiel.). 24. Db5! (Eine sicherlich nicht am Brett gefundene Überraschung. Der Le3 ist indirekt gedeckt – weil der Ld6 hängt –, und auf die Partiefortset-

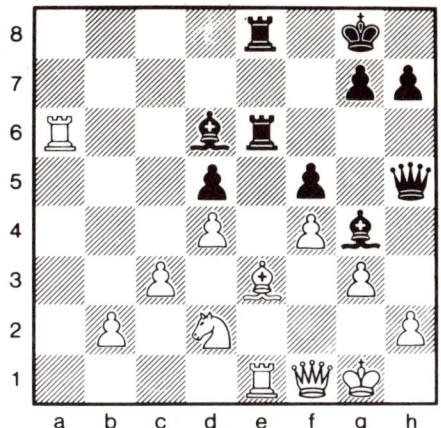

Analysediagramm nach Tbe 8

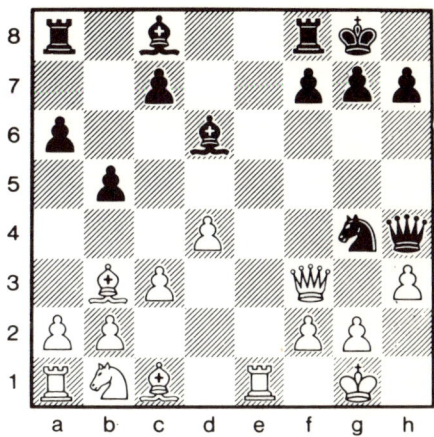

Stellung nach 15. d4

zung folgt eine neue Überraschung.) 24. ... Df7 25. h3!! (Mit der schönen Idee 25. ... Lh3: 26. Sf3 Te3: 27. Te3: Te3: 28. Td6:, und Weiß gewinnt. Wenn aber 26. ... h6, so gewinnt 27. Se5 Le5: 8. de5:.) 25. ... Lh5 26. Dd5: Lf4: (oder 26 ... Te3: 27. Df7:+ Kf7: 28. Te3: Te3: 29. Td6: Te1+ 30. Sf1 Te2 31. g4! fg4: 32. Sg3) 27. Te6: Te6: 8. Sf1 Lg3:? 29. Sg3: f4 30. Dh5: Tg6 31. Kh2 1–0).

12. Te1 Ld6 13. h3 Sg4 14. Df3!
Capablanca meinte, daß der Springer wegen der folgenden Variante nicht genommen werden darf: 14. hg4: Dh4 15. Df3 Dh2+ 16. Kf1 Lg4: 17. Dg4: Dh1+ 18. Ke2 Te8+, und Schwarz kann somit gewinnen.
Der Leningrader Spieler E. Palkin fand aber (36 Jahre später!), daß Weiß trotzdem – in der Endstellung dieser Variante – mit dem schönen Zug 19. Le6!! gewinnen kann. Und dennoch, das Nehmen des Springers ist falsch! Schwarz muß, um die Partie zu gewinnen, statt mit 15. ... Dh2+ nur mit 15. ... Lh2+ 16. Kf1 (16. Kh1 Lg4: 17. Dg4: Dg4: 18. Kh2: Tae8) 16. ... Lg4: 17. De4 Lf4! 18. g3 Dh2! fortfahren (Analyse von L. Schamkowitsch).

14. ... Dh4 15. d4 (siehe nächstes Diagramm)
Zur gleichen Stellung kann man auch durch Zugumstellung kommen: 12. d4 Ld6 13. Te1 Sg4 14. h3 Dh4 15. Df3.

15. ... Sf2:!?
Ein geistreiches Opfer, das am Brett gar nicht so einfach zu bekämpfen ist. Eine andere sehr interessante Fortsetzung des Angriffs wurde von Schamkowitsch vorgeschlagen: 15. ... h5!?, und

falls 16. Le3! [Nach 16. Sd2 erreicht Schwarz mit 16. ... Lh2+! 17. Kf1 Ld6 18. Kg1 (18. hg4: Lg4: 19. g3 Dh2 20. Dc6: Lg3:! mit siegreichem Angriff) 18. ... Lh2+ 19. Kf1 Remis.], so 16. ... Le6!?, aber diese Möglichkeit wurde noch nicht getestet.

16. Te2
Schlecht wäre 16. Df2:? wegen 16. ... Lh2+ 17. Kf1 Lg3 18. De2 Lh3: 19. gh3: Tae8. Spätere Analysen haben gezeigt, daß 16. Ld2! noch stärker als der Partiezug wäre.

16. ... Lg4!?
Tartakower hat seinerzeit behauptet, daß die beste Chance für Schwarz hier 16. ... Sg4 wäre. Ganz so einfach ist die Sache aber nicht. Nach 17. Da8:!? Dg3 18. hg4: Dh2+ 19. Kf2! (Tartakower analysierte 19. Kf1 Lg3 20. Le3 Dh1+ 21. Lg1 Lh2 22. Ke1 Dg1:+ 23. Kd2 Lf4+ mit schwarzem Sieg.), und der schwarze Angriff ist nicht so leicht zu führen, z. B.: 19. ... Lg3+ 20. Ke3 Te8+ 21. Kd3 Lf5+ 22. gf5: Ta8: 23. Ld5 mit materiellem Vorteil für Weiß (Analyse von Heemsoth), oder 19. ... Dh4+ 20. Ke3 Lf4+ 21. Kd3 Lf5+ 22. gf5: Ta8: 23. Ld5 zugunsten von Weiß.

17. hg4: Lh2+ 18. Kf1 Lg3
Auf 18. ... Sg4: hat Weiß die Antwort 19. Lf4, und auf 18. ... Sh1 folgt 19. Le3! Sg3+ 20. Ke1 Se2:+ 21. Ke2: Tae8 22. Sd2 De7 23. Th1, und Weiß muß dann gewinnen.

19. Tf2: Dh1+ 20. Ke2 Lf2:?!
Das gibt dem Weißen die Möglichkeit, auf einfache Weise den Angriff abzuwehren. Wahrheitsgemäß muß aber gesagt werden, daß die schwarze

Stellung auch nach dem besseren Zug 20. ... Dc1: nicht zu halten wäre, z.B.: 21. Dg3! Db2:+ 22. Kd3! Da1: 23. Kc2 b4 24. g5 bc3: 25. Dc3: usw. (Analyse von Tartakower).

21. Ld2! Lh4 22. Dh3! Tae8+ 23. Kd3 Df1+ 24. Kc2 Lf2 25. Df3! Dg1

Auf 25. ... Te2 hätte Weiß 26. a4! De1 27. ab5: gespielt und 27. ... Le3? geht nicht wegen 28. De3:!

26. Ld5 c5 27. dc5: Lc5: 28. b4

Der schwarze Angriff ist endgültig abgewehrt, und der materielle Vorteil des Weißen entscheidet. Es folgte noch:

28. ... Ld6 29. a4 a5 30. ab5: ab4: 31. Ta6! bc3: 32. Sc3: Lb4 33. b6 Lc3: 34. Lc3: h6 35. b7 Te3 36. Lf7:+ Tf7: 37. b8D+ Kh7 38. Th6:+, und Schwarz gab auf (38. ... Kh6: 39. Dh8+ Kg5 40. Dh5 Matt).

Eine sehr interessante Eröffnungsneuerung brachte dem Weltmeister Kasparow einen wertvollen Sieg über Karpow in der 16. Partie des zweiten WM-Wettkampfes 1985.

Karpow – Kasparow (Weltmeisterschaft Moskau 1985)

1. e4 c5 2. Sf3 e6 3. d4 cd4: 4. Sd4: Sc6 5. Sb5 d6 6. c4 Sf6 7. S1c3 a6 8. Sa3

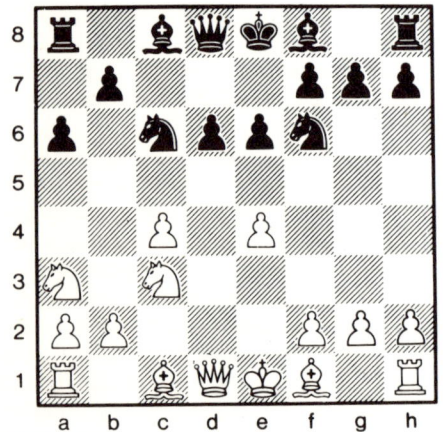

Diese Variante des Paulsen-Taimanow-Systems ist sehr bekannt und kommt in der Turnierpraxis sehr häufig vor. Die übliche Fortsetzung ist 8. ... Le7 9. Le2 0–0 10. 0–0 b6 11. Le3 mit einem komplizierten Kampf unter dem Thema: Kommt Schwarz unter guten Umständen zu d6–d5 oder nicht?

Mit seinem folgenden Zug löst Kasparow diese Aufgabe ähnlich wie Alexander der Große den berühmten Gordischen Knoten:

8. ... d5!?

Ist das möglich? Wir wissen nicht, was Karpow während der 12. Partie des Wettkampfes (wo dieser verblüffende Zug das erste Mal gespielt wurde) gedacht hatte, aber es ist zu vermuten, daß er halb skeptisch, halb vorsichtig war. Jedenfalls spielte er ziemlich unsicher, und die Partie endete schnell mit einem Remis: 9. ed5: ed5: 10. cd5: Sb4 11. Lc4?! Lg4 12. Le2 Le2: 13. De2:+ De7 14. Le3 Sbd5: 15. Sc2 Se3: 16. Se3: De6 17. 0–0 Lc5 18. Tfe1 0–0.

Es war vorauszusehen, daß damit die Debatte über 8. ... d5!? nicht beendet werden würde. Tatsächlich bot Karpow nach zwölf Tagen, in der 16. Partie, seinem Gegner die Möglichkeit, seine Neuerung zu wiederholen. Es war eine Herausforderung, und Kasparow nahm sie an, obwohl er genau wußte, daß sein Gegner sicherlich eine Verbesserung des weißen Spieles parat hatte. Zunächst wiederholten sich ein paar Züge aus der 12. Partie:

9. cd5: ed5: 10. ed5: Sb4 11. Le2

Diesmal will Weiß kein Tempo mit Lf1–c4–e2 verlieren. Karpows Idee ist einfach: Wenn Schwarz jetzt seinen geopferten Bauern mit 11. ... Sbd5: zurückholt, so entsteht nach 12. 0–0 Le7 (12. ... La3: 13. Sd5:) 13. Sd5: Sd5: (13. ... Dd5: 14. Sc4 ist vorteilhaft für Weiß.) 14. Lf3 Le6 15. Sc2 eine einfache Stellung mit einem sehr geringen positionellen Plus für Weiß. Der nächste Zug von Schwarz hat ihm aber wahrscheinlich gar nicht gefallen.

11. ... Lc5!

Kasparow dachte allerdings überhaupt nicht daran, den Bauern zurückzugewinnen. Er spielte diese Stellung in einem bewundernswerten Gambitstil weiter, genau das, was Karpow am allerwenigsten liebt.

12. 0–0 0–0 13. Lf3 Lf5

Auf den ersten Blick könnte man zweifeln, ob der kleine Entwicklungsvorsprung von Schwarz den Minusbauern wirklich kompensiert. Bei einer genaueren Analyse der Stellung wird aber klar, daß Weiß bereits mit gewissen Schwierigkeiten zu

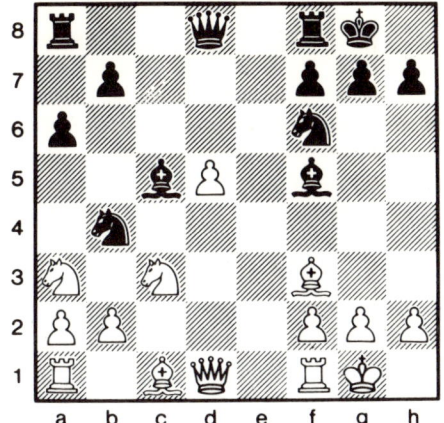

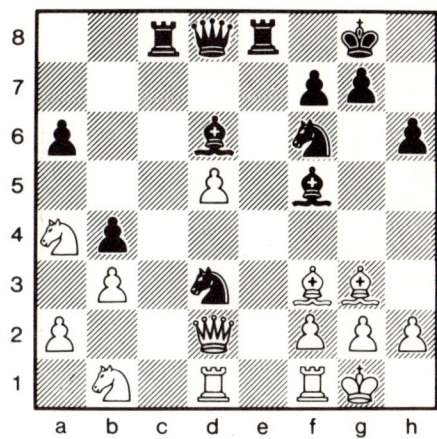

kämpfen hat. Das Hauptproblem ist die schlechte Stellung des Sa3, die nicht so einfach verbessert werden kann. Auf 14. Sc4 z. B. folgt 14. ... Sc2 15. Tb1 Sd4 16. Ta1 Lc2! 17. Dd2 Sf3:+ 18. gf3: Lf5 mit einem ausgezeichneten Spiel für Schwarz.

14. Lg5

Der Versuch, den starken schwarzen Lc5 mit 14. Le3 zu neutralisieren, führt nach 14. ... Le3: 15. fe3: Db6 16. Dd2 (Nach 16. Dd4 Dd4: 17. ed4: Tad8 gewinnt Schwarz seinen Bauern mit gutem Spiel zurück.) 16. ... Tfe8 17. Tfe1 Sd3 18. Te2 Tac8 zu einer unangenehmen Stellung für Weiß (es droht Db2:).

14. ... Te8 15. Dd2 b5

Weiß hat seine Entwicklung beendet, aber der Sa3 steht weiterhin schlecht.

16. Tad1

Nach 16. Df4 Lg6 17. Lf6: Df6: 18. Df6: gf6: hat Schwarz eine mehr als genügende Kompensation für den Bauern.

16. ... Sd3

Schwarz nutzt mit taktischen Mitteln optimal die schlechte Stellung des Sa3 aus. Die Drohung b5–b4 zwingt Weiß zu einem sehr passiven Rückzug.

17. Sab1 h6 18. Lh4 b4 19. Sa4

In dieser Partie ist es das Schicksal der weißen Springer, immer an den Rand des Brettes gedrängt zu werden. 19. Se4? ging leider nicht wegen 19. ... Le4: 20. Le4: Sf2:! 21. Tf2: Se4:!, und Schwarz hat dann die Möglichkeit, diese Partie zu gewinnen.

19. ... Ld6 20. Lg3 Tc8 21. b3

21. ... g5!!

Ein sehr starker Zug, der den Lf3 von der Bewachung des Feldes e4 verdrängen will. Es ist bemerkenswert, wie sich das Spiel von Schwarz unter dem Schutzschirm des Kavallerievorpostens d3, der das weiße Spiel lähmt, entwickelt.

22. Ld6: Dd6: 23. g3 Sd7!

Der zweite schwarze Springer eilt dem ersten zu Hilfe. Seine Rolle wird am deutlichsten, wenn Weiß durch 24. Sb2 den Vorposten d3 anzugreifen versucht. Dann antwortet Schwarz 24. ... Df6! (Nach 24. ... S7e5 25. Lg2 Sb2: 26. Db2: Ld3! 27. Tfe1 Df6 hat Weiß, wie Kasparow zeigte, die starke Antwort 28. d6!.) 25. Sc4 (Nach 25. Sd3: Ld3: 26. Dd3: Se5! verliert Weiß die Dame!) 25. ... S7e5 26. Se5: Se5: 27. Lg2 (oder Le2) Ld3!, und Schwarz steht auf Gewinn.

24. Lg2 Df6 25. a3 a5 26. ab5: ab4: 27. Da2 Lg6 (siehe Diagramm Seite 120)

Der schwarze Druck nähert sich dem Höhepunkt. Beide offenen Linien sind in seinen Händen, der Springer d3 verhindert jeden Befreiungsversuch, und die Schwäche des Feldes f3 gibt ein konkretes Angriffsziel. Weiß leidet dagegen an Raummangel, und ein Teil seiner Figuren (die Dame und die Springer) steht so schlecht, daß eine koordinierte Verteidigung unmöglich ist. Mit seinem nächsten Zug versuchte Karpow, den Plusbauern zurückzugeben, um sich etwas zu befreien, aber Kasparow nahm ihn nicht, sondern setzte den Angriff fort.

28. d6

Der Versuch, mit 28. Lh3 den Sd7 zu fesseln, ist illusorisch: 28. ... S7e5! 29. Lc8: Sf3+ 30. Kh1

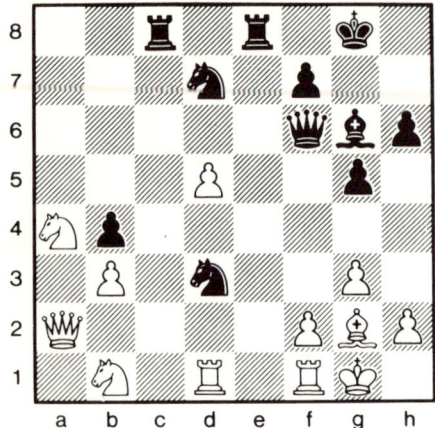

Analysediagramm nach 27. ... Lg6

Le4 mit Mattangriff, z.B.: 31. De2 Dg6! 32. De3 (32. Td3: Sd4+) 32. ... Dh5 oder 31. Lh3 Sd2+ 32. f3 (32. Lg2 Lg2:+ 33. Kg2: Df3+ 34. Kg1 Sf1: 35. Tf1: Se1!) 32. ... Lf3:+ 33. Lg2 Lg2:+ 34. Kg2: Te2+ oder 31. Lg4 h5! 32. Lh5: Dh6! 33. g4 Dd6.

28. ... g4! 29. Dd2 Kg7 30. f3?
Ein letzter Versuch, sich aus der eisernen Umklammerung zu befreien.

30. ... Dd6: 31. fg4: Dd4+ 32. Kh1 Sf6
Der schwarze Angriff entwickelt sich wie eine Lawine, die immer größer wird und alles, was ihr im Weg steht, zerstört.

33. Tf4 Se4 34. Dd3
Es gibt keine andere Wahl. Jetzt folgt ein pikantes Finale:

34. ... Sf2+ 35. Tf2: Ld3: 36. Tfd2 De3
Auch die prosaische Folge 36. ... Te3 hätte genügt, z.B.: 37. Sb2 Tc3 38. Sc3: bc3: 39. Td3: Td3: 40. Sd3: c2, und Schwarz gewinnt.

37. Td3: Te1! 38. Sb2 Df2 39. Sd2 Td1:+ 40. Sd1: Te1+, Weiß gab auf.
Diese im besten Stil Aljechins großartig geführte Partie beendete keinesfalls die Debatte über Kasparows Bauernopfer. Nur ein paar Monate später verbesserte Karpow das weiße Spiel auf folgende Weise:

1. e4 c5 2. Sf3 e6 3. d4 cd4: 4. Sd4: Sc6 5. Sb5 d6 6. c4 Sf6 7. S1c3 a6 8. Sa3 d5!?
In seinen Kommentaren versieht Van der Wiel diesen Zug mit einem »?«, was u. E. etwas übertrieben ist.
9. cd5: ed5: 10. ed5: Sb4 11. Le2 Lc5

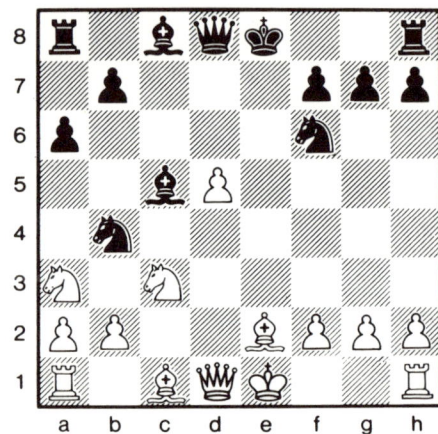

Bis hier wie in der vorigen Partie. Nun aber kommt Karpows Verstärkung:
12. Le3!
Damit erreicht Weiß die Beseitigung der aggressivsten schwarzen Figur, des Springers, der in der vorigen Partie sein Spiel gelähmt hatte.
12. ... Le3: 13. Da4+ Sd7!
Die beste Antwort. Van der Wiel gibt folgende, aber schwächere Alternativen an:
1) 13. ... b5 14. Db4: Lb6 15. 0–0 La5 16. Lb5:+ ab5: 17. Tfe1+ Kd7 18. Db5:+ Kc7 19. d6+ Dd6: 20. Tac1 mit siegreichem Angriff.
2) 13. ... Ld7 14. Db4: Db6 15. Db6: Lb6: 16. Sc4 Ld4 (16. ... Lc5 17. Lf3 ±) 17. Td1 mit Vorteil für Weiß.
14. Db4: Lc5 15. De4+ Kf8 16. 0–0 b5 17. Sc2
Die Lage ist wesentlich besser für Weiß als in der vorigen Partie. Er hat einen Bauern mehr, und die schwarze Kompensation ist viel geringer.
17. ... Sf6 18. Dd3
Zu beachten wäre 18. Dh4!? Lb7 (Aber nicht 18. ... g6? 19. Se4 Le7 20. d6, und Weiß gewinnt.) 19. Tad1 mit Vorteil für Weiß.

18. ... g6 19. Lf3?!

In dieser Partie zeigte Karpow nicht seine übliche technische Präzision. Genauer wäre laut Van der Wiel 19. Sd4 Lb7 20. Lf3 b4 (20. ... Sd5:? 21. Sd5: Ld5: 22. Sf5!) 21. Sa4 Ld6 mit Vorteil für Weiß gewesen.

19. ... Lf5 20. Dd2 h5! 21. Sd4!

Um das geplante 21. ... Dd6 mit 22. Sf5: gf5: 23. Se2, gefolgt von Sf4, zu beantworten.

21. ... Lg4 22. Sc6! Dd6 23. Se4 Se4: 24. Le4: Durch sehr starkes Spiel hatte Karpow die Ungenauigkeit im 17. Zug wieder gutgemacht und stand jetzt klar besser. In der Folge spielte er aber wieder unsicher und gab dem Gegner unerwartete Gegenchancen.

24. ... Kg8 (24. ... Kg7 25. Dc3+; 24. ... Te8 25. Dd3, gefolgt von a2–a4) **25. Tac1?** (Richtig wäre 25. Tfe1! mit der Drohung b2–b4 und a2–a4; falls 25. ... Ld7, so 26. Dg5! ±.) **25. ... Te8 26. Dd3 Lb6 27. Lf3 Lc7 28. g3 Df6** (Plötzlich hat Schwarz Gegenspiel.) **29. Tc3** (Besser wäre 29. Lg4: hg4: 30. Sb4!, z.B.: 30. ... La5 31. Tc6 Db2: 32. Sa6: oder 30. ... Lb6 31. Dc3! Ld4 32. Dc6 ±.) **29. ... Lb6 30. Tb3 Lh3 31. Lg2 Lg4 32. Lf3 Lh3 33. Lg2 Lg4 34. Dc3 Dd6?!** [Auch Van der Wiel verfehlte in Zeitnot den richtigen Weg. Besser wäre 34. ... Dc3: 35. bc3: (35. Tc3: Te2) 35. ... Lc5 36. Sb4! Lc8!, und der weiße Vorteil wäre nur gering.] **35. Te1! Te1:+?** (richtig: 35. ... Kh7 36. h3 Le2 37. Dd2 Lc4) **36. De1: Df6 37. h3 Ld7 38. Tf3** (Es ist wieder eine für Weiß gewonnene Stellung entstanden.) **38. ... Dd6 39. Dc3 Lf5 40. h4 Kh7?!** (Besser wäre 40. ... Th7, aber es war der letzte Zug vor der Zeitkontrolle. Jetzt könnte Weiß mit 41. Sd4! Ld4: 42. Dd4: nebst Tc3 eine technisch einfach gewonnene Stellung erreichen. Merkwürdigerweise, obwohl keine Zeitnot mehr war, machte Karpow einen Fehler, wodurch der Sieg in Frage gestellt wurde.) **41. Lh3? b4!** (Das hatte er wahrscheinlich übersehen.) **42. De1** (Auf 42. Db4: gibt Van der Wiel die folgende Variante: 42. ... Db4: 43. Sb4: Lh3: 44. Tf7:+ Kh6 unklar; 42. De5 De5: 43. Se5: Lh3: 44. Tf7:+ Kg8 45. Tb7!; 42. Sb4:!? Tc8 43. Sc6 Dd5: 44. Tf5:! gf5: 45. Lg2 Dc5 46. Df6 Tc6: 47. Dc6: Df2:+ 48. Kh2 Db2: =; vielleicht noch besser 45. ... De6!?) **42. ... Dd5: 43. Lg2 De6** (Seirawan schlägt 43. ... Lc5!? vor, mit der möglichen Fortsetzung 44. Sb4: Lb4: 45. Db4: Le4 46. De4: De4: 47. Tf7:+ Kg8

48. Le4: Kf7: =.) **44. Db4:** (44. De6: Le6: 45. Sb4: a5 46. Sc6 La2: 47. Sa5: La5: 48. Ta3 Le6 49. Ta5: Tb8 =) **44. ... Dc6: 45. Tf5: Dc1+ 46. Kh2 gf5: 47. Db6: Dh6! 48. Dd4 Te8 49. Lh3 f4 50. gf4: Kg8 51. b4 Dg7?!** (Dc6!) **52. Dd7 Te1 53. Dd8+ Kh7 54. Lf5+ Kh6 55. Dg5+ Dg5: 56. fg5:+ Kg7 57. Ld3 Ta1 58. Lc4 Tb1 59. a3 Ta1 60. La6: Ta3: 61. Le2 Ta2 Remis.**

Damit ist die Debatte halbwegs beendet. Jedenfalls hatte Kasparow das Bauernopfer nicht wiederholt. Bemerkenswert ist, daß in später gespielten Partien auch Karpows Fortsetzung nicht mehr gespielt wurde, sondern man versuchte, mehrmals einen Vorteil für Weiß nach 11. Lc4 Lg4 12. Dd4!? zu beweisen.

Zum Schluß noch eine (amüsante) Bemerkung: Kasparows Bauernopfer hat einen vergessenen Vorgänger! Wie der ungarische Großmeister Adorjan mitteilte, wurde schon 1965 (!) in einer Partie Honfi – Dely in der Ungarischen Meisterschaft so gespielt. Nach 8. ... d5!? 9. ed5: ed5: 10. cd5: Sb4 spielte Honfi 11. Da4+, wonach 11. ... Ld7 12. Db3 Le7?! (12. ... Lf5 oder 12. ... Lg4) 13. Lf4 Lg4! 14. f3 Sfd5:?! (Sbd5!) zu einem komplizierten Spiel führte. Weiß gewann schließlich, nach beiderseitigen Fehlern, die Partie, und wahrscheinlich wurde aus diesem Grund das »Experiment« nicht wiederholt.

Am Ende dieses Kapitels (und des Buches) eine Partie des Autors, die als Beispiel für eine sorgfältige Verbesserung einer theoretischen Variante dienen kann.

Stulik – Samarian (Halbfinale der 4. Fernschach-Weltmeisterschaft 1957–59)

---

1. d4 d5 2. c4 e6 3. Sc3 c5 4. cd5: ed5: 5. Sf3 Sc6 6. g3 c4

Mit diesem Zug beginnt die sogenannte Schwedische Variante der Tarrasch-Verteidigung. Sie trägt diesen Namen, weil die ersten drei Spieler der schwedischen Mannschaft, Stahlberg, Stoltz und Lundin, sie mit viel Erfolg auf der Olympiade in Folkestone 1933 gespielt haben.

7. Lg2

Eine Zeitlang hat man geglaubt, die Schwedische Variante mit 7. e4 am besten bekämpfen zu können. Das hat sich aber als falsch erwiesen. Nach

7. ... de4: 8. Sg5 Dd4: 9. Lf4 Lb4 10. Dd4: Sd4: erreicht Schwarz sowohl nach 11. Lc4: als auch nach 11. 0–0–0 gutes Spiel, z. B.:

1) 11. Lc4: Le6! 12. Se6: Lc3:+ 13. bc3: Se6: 14. Le5 (oder 14. Lb5+ Ke7 15. 0–0–0 Sf4: 16. Td7+ Ke6 17. gf4: a6 18. f5+ Kf6 19. Lc4 Sh6, und Schwarz steht gut) 14. ... Sf6 15. 0–0 0–0 16. Lf6: gf6: 17. f3? Tac8 18. Ld5 e3! 19. Le6: fe6: 20. Tac1 Tfd8 21. Tc2 Td2 22. Tfc1 Tc4 mit gewonnener Stellung für Schwarz (Assis Maia – Samarian, Fernpartie 1957).

2) 11. 0–0–0 Lc3: 12. bc3: Se6 13. Lc4 Sg5: 14. Lg5: Le6 15. Le6: fe6: 16. Td6 Kf7 17. The1 h6 18. Lf4 Sf6, und Schwarz steht besser (Werner – Samarian, Fernpartie 1957).

7. ... Lb4 8. 0–0 Se7 9. a3

Als diese Partie gespielt wurde, galt die Einschaltung der Züge a2–a3 und Lb4–a5 als eine bedeutende Verbesserung des weißen Spiels im Vergleich zur üblichen Variante 9. e4 0–0 10. ed5: Sd5: 11. Sd5:, 11. Dc2 oder 11. Sg5. Später wurde festgestellt, daß Weiß in dieser Abwandlung besser 11. Lg5! spielt (Krogius – Schamkowitsch, UdSSR 1960), aber auch hier verfügt Schwarz über genügend Ressourcen.

9. ... La5 10. e4 0–0 11. ed5: Sd5:

Die »Enzyklopädie« bevorzugt 13. Se5, aber es ist sehr zweifelhaft, ob damit mehr als ein gleiches Spiel zu erreichen ist.

13. ... Dd4: 14. Dc2

Dieser Zug wurde von Dr. Euwe als Verbesserung gegenüber der Fortsetzung der Partie Szabo – Bronstein (Kandidaten-Turnier, Amsterdam 1956) vorgeschlagen, wo Schwarz nach 14. Da4 Ld8! 15. Td1 De5 16. Lf4 Da5 17. Dc4: Lg5: ein angenehmes Spiel bekam.

14. ... Dd3 15. Da4 Lb6 16. Le4

Soweit Euwes Empfehlung. Der russische Meister Konstantinopolski nahm diese Stellung unter die Lupe und veröffentlichte seine Analysen in »Schachmaty«. Beiden Spielern waren diese Analysen bekannt ...

16. ... Db3! 17. Db3: cb3: 18. Lh7:+ Kh8 9. Le4 f6 20. Sf3

Hier erreicht Schwarz laut Konstantinopolski mit 20. ... Lh3 ein gleiches Spiel. Bei der Analyse dieser Stellung hatte ich das Gefühl, daß Schwarz mehr als Ausgleich erreichen kann. Er ist besser entwickelt, und seine Figuren stehen aktiver. Man muß nur starke taktische Wendungen finden, um

den Vorteil zu vergrößern. Eine genaue Untersuchung der Stellung bestätigte diese Überlegungen.

20. ... Lg4!

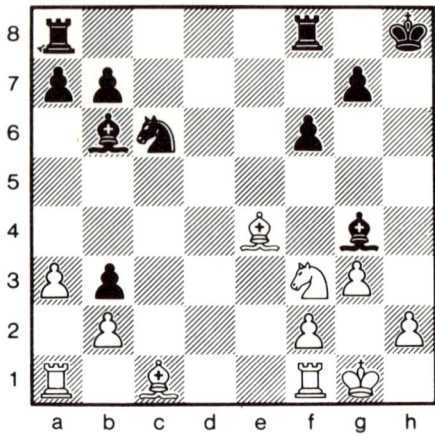

Dieser Zug ist viel stärker als 20. ... Lh3. Für Weiß ist es jetzt schwer, einen guten Plan gegen die Drohung Tfe8 zu finden. Der Tausch auf c6 (in diesem Moment oder später) kommt nicht in Frage, und auf Züge des Lc1 oder des Tf1 kommt Weiß nach Tfe8 in entscheidenden Nachteil.

21. Sh4 Tfe8 22. Lg6 Te2 23. Ld3

Mit einem Remisangebot, aber Schwarz hat andere Gedanken ...

23. ... Tc2!

Die Folgen dieses Zuges waren sehr schwer genau auszurechnen, weil es keine direkte Drohung gibt und Weiß die Wahl zwischen verschiedenen

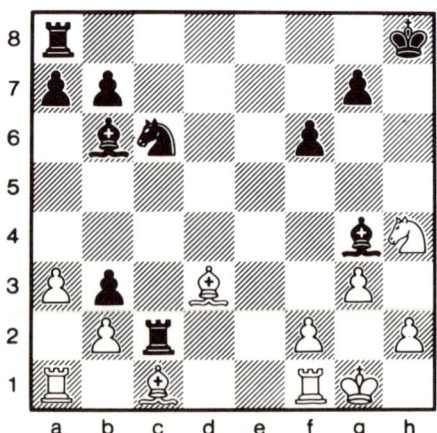

Verteidigungsmöglichkeiten hat. Aber dennoch ist die Folge, die gespielt wurde, bis zur Schlußstellung ausanalysiert worden.

24. Sg2

Wenn Weiß sofort auf c2 schlägt, dann entwickeln sich nach 24. Lc2: bc2: zwei Varianten:

1) 25. Le3 Le3: 26. fe3: Td8 27. Sf3! (um Td2 zu verhindern) 27. ... Lf3:! 28. Tf3: Se5! 29. Tff1 Td2!, und Weiß ist paralysiert.

2) 25. Te1 (um Le3 vorzubereiten) 25. ... Td8! 26. Le3 Le3: 27. fe3: (27. Te3: Td1+ 28. Te1 Te1:+ 29. Te1: Ld1 und gewinnt), und nun 27. ... Td2 nebst Sc6–e5–d3 oder f3+. Auch 27. ... Td1 gewinnt.

Eine andere Verteidigungsidee ist 24. Sg6+ Kg8 25. Lc2: bc2: 26. Le3. Es folgt aber 26. ... Le3: 27. fe3: Td8 28. Tac1 Td2! (mit der Drohung Sc6–a5–b3), und Schwarz muß gewinnen, z.B.: 29. b4 a5 30. b5 Sb4! 31. ab4: ab4: oder 29. Tf2? Td1+ 30. Tf1 Le2 oder 29. Sf4 g5 30. h3 gf4: 31. hg4: fe3: 32. Tfe1 e2.

24. ... Le2!

Der einzige Gewinnzug. Nun ist Weiß gezwungen, den Turm zu nehmen, weil 25. Le2: Te2: natürlich hoffnungslos ist.

25. Lc2: bc2: 26. Le3

Es gibt keine Rettung mehr. Auf 26. Te1 folgt 26. ... Sd4 27. Le3 (27. Kh1 Sb3 28. Te2: Sa1: 29. Se1 Tc8) 27. ... Sf3+ 28. Kh1 Le3:! 29. fe3: (29. Se3: Se1: 30. Te1: Ld1!) 29. ... Td8!, und Schwarz gewinnt. Auf 26. Se3 folgt sehr stark 26. ... Sd4.

26. ... Lf1: 27. Kf1: Ld4!

In der Vorausberechnung war dieser Zug – der einzige, der gewinnt – nicht leicht zu finden.

28. Ld4: Sd4: 29. Tc1 Tc8

Nach langem Nachdenken gab Weiß auf. Die Schlußstellung ist ein Diagramm wert:

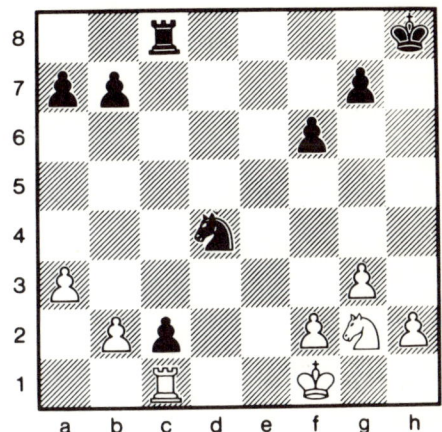

Weiß ist machtlos. Er kann den Bauern c2 nicht mit dem König angreifen, da Sb3+ droht. Er muß 30. Se3 spielen und dann das unvermeidliche Ende abwarten. Der schwarze König kommt in das Zentrum (e6) und zwingt Weiß, f4 zu ziehen. Die schwarzen Damenflügelbauern gehen nach a5 und b5 und drohen b5–b4. Wenn Weiß b4 spielt, folgt darauf Tc3.

Spielerindex

A

Alatorzew 42
Alburt 70
Alderson 46
Alfeewski 26
Alföldi 85, 86
Aljechin 57, 59, 96, 110
Apscheneek 51
Autovic 83
Axelsson 86

B

Bachl 108
Bakonyi 57
Balkow 25
Balogh 86
Bangiew 18
Baranow 29
Barendregt, van 108
Basmann 21
Belibekow 61
Belomestnych 87
Betin 87
Björkmann 85
Bledow 31
Bockel, van 108
Bogoljubow 25
Bondarewski 93
Bontsch-Osmolowski 29
Botwinnik 112, 113
Böhm 87
Brauer 77
Breyer 35
Bronstein 19, 21, 35, 39, 52, 91
Burn 14

C

Capablanca 79, 116
Cebalo 98
Chalibeili 61
Chanow 98
Charousek 14, 24
Chatelain 107
Cholmov 22, 84
Claesen 104
Crisovan 107

D

Dawidow 38
Del Pezzo 95
Diemer 105
Diemer 107
Diemer 108
Doesburgh, van 59
Dubois 38
Duras 39

E

Eliskases 91
Estrin 33, 50, 80, 81, 85
Euwe 64, 110, 115

F

Fedorowicz 65
Filipowicz 30
Fischer 41, 113
Freymann 39
Friedrich 106
Furmann 26
Füster 106

G

Gabris 30
Gebhard 89
Geller 102
Glek 88
Gretschkin 81
Griffith 21
Grünfeld 40
Gulko 70
Gurewitsch 70
Gusew 98

H

Hajek 87
Hartmann 25
Hasow 26
Helling 54
Herrmann 22
Honfi 106
Hromadka 31
Hund 73
Hübener 54

I
Illesco 89
Ivensson 46

J
Jackson 24
Janatschkow 90
Jandemirow 88
Jänisch 49
Johansson 106
Juchtmann 47
Juferow 54

K
Kampars 108
Kamyschow 51
Karpow 118, 120
Kasparjan 93
Kasparow 101, 118
Katz 61
Kenworthy 77
Keres 26, 27, 33, 91, 112
Kinzelmann 86
Kljawin 82
Kofmann 66
Kollar 86
Koltanowski 9
Kopylow 68
Kosakow 62
Kotkow 61
Kotlemann 61
Kovacevic 65
Krjukow 85
Kudaschew 61
Kunerth 26
Kupreitschik 54

L
la Bourdonnais 12
Langhein 106
Larsen 62
Lawrence 24
Lazard 37
Leonhardt 38, 108
Leow 65
Lepeschkin 25
Lewin 91
Li 57
Liberson 87
Lilienthal 33

Ljangow 90
Ljubcjevic 49
Lokuciewski 86
Lögdahl 86

M
MacDonnel 12
Marjanovic 98
Maròczy 46
Marshall 35, 116
Matulcvic 93, 95
Mayet 49
Mayr 18
Merènyi 54
Mieses 46, 50, 63
Mikenas 52, 82
Minic 41
Möller 28
Murey 41

N
Naganjan 65
Nederkoorn 82
Nestorenko 87
Nilsson 106
Nyholm 45
Nymann 62, 80

O
Ornstein 17

P
Pedersen 67, 90
Peilen 108
Petek 95
Peters 108
Petrosjan 21
Petrow 33
Petursson 101
Pinkas 83
Pinter 116
Pirc 96
Portisch 49, 69, 99
Prins 9

R
Rabinowitsch 57
Radulescu 57
Reddehase 73
Ree 37

Rellstab   19
Renet   70
Reti   35, 45, 57, 64, 79
Richter   59
Rivière   38
Rossetto   89
Rubinstein   31, 56

S
Sabjan   59
Sagirow   84
Saizew   19
Samarian   121
Sämisch   15
Schestakow   93
Schlage   59
Segl   93
Seirawan   70
Serebrijskij   42
Sevecek   50
Sharif   41
Short   37, 116
Simagin   68
Skokan   87
Smyslow   51, 115
Sokolow   95
Sokolski   66
Southam   104
Spasski   113
Spasski   17, 22, 25, 26, 39, 113
Spielmann   113
Spielmann   25, 28, 35, 38, 40, 89, 113
Sprinkhuizen   47
Staunton   49
Steinitz   43
Sterk   57
Stoljar   42
Stoll   47
Stoller   27
Stoltz   15, 19
Stulik   121
Szabò   59, 67
Szèkely   54
Szklarczyk   77

T
Taimanow   90
Tal   47
Tarassow   93
Tarrasch   9, 35
Tartakower   37, 59, 63
Tejler   108
Terzl   108
Thum   105
Timman   87
Tolusch   42
Tompa   84
Trifunovic   51
Tschigorin   9, 24, 38, 43

U
Unzicker   102

V
v. d. Lasa   31
Van der Sterren   77
Van der Tak   82
Van der Wiel   120
Velimirovic   99
Vidmar   56
Vitolins   73

W
Waismann   35
Wasjukow   69
Wiksna   73
Wockenfuß   87
Wolf   50
Woljak   62

Y
Yrjölä   57

Z
Zeitlin   88
Zeschkowski   70

Symbolik

±	Vorteil für Weiß
∓	Vorteil für Schwarz
⩲	Weiß steht etwas besser
⩱	Schwarz steht etwas besser
:	schlägt
+	Schach
=	gleiches Spiel
#	Matt
~	unklares Spiel
!	guter Zug
?	schlechter Zug
!?	beachtenswerter Zug (laut »Enzyklopädie«)
?!	zweifelhafter Zug
!!	ausgezeichneter Zug
??	grober Fehler
0–0	kurze Rochade
0–0–0	lange Rochade
1–0	Weiß gewinnt
0–1	Schwarz gewinnt
0–0	Remis
BL	Bundesliga
FP	Fernpartie
WK	Wettkampf
WM	Weltmeisterschaft